SQL Server 2008

SQL, Transact SQL

ISBN : 978-2-7460-4198-1
ISSN : 1627-8224
Imprimé en France

Editions ENI

ZAC du Moulin Neuf
Rue Benjamin Franklin
44800 St HERBLAIN
Tél. 02.51.80.15.15
Fax 02.51.80.15.16

e-mail : editions@ediENI.com
http://www.editions-eni.fr

Auteur : Jérôme GABILLAUD
Collection **Ressources Informatiques** dirigée par Joëlle MUSSET

A. Préambule

Ce livre s'adresse principalement aux développeurs d'applications ou à ceux qui souhaitent le devenir. Dans un premier temps, l'accent est mis sur le modèle relationnel et l'algèbre relationnelle. Cette algèbre est à l'origine du langage SQL. Comprendre cette algèbre permet par la suite de travailler efficacement avec le langage SQL, et ceci quel que soit le serveur de base de données choisi. Ensuite, la partie gestion de la structure ou SQL DDL est abordée puis la gestion des données avec le SQL DML. Enfin, le Transact SQL, langage de programmation sur SQL Server, est détaillé. Les chapitres suivants sont consacrés à la découverte et l'apprentissage de différentes fonctionnalités offertes par SQL Server au développeur d'applications pour lui faciliter le travail : intégration de code .Net dans SQL Server, gestion des données de type XML...

L'ensemble des tâches relatives à l'administration du serveur comme la gestion de l'espace disque, la gestion de la sécurité, les sauvegardes, la restauration, la réplication... sont développées dans un autre livre aux Éditions ENI.

SQL Server 2008 représente une évolution conséquente du gestionnaire de base de données de Microsoft.

Au niveau du développement, SQL Server propose un ensemble d'outils et de fonctionnalités qui permettent de coder encore plus vite. SQL Server permet également de réduire l'écart qui existe encore entre l'aspect développement et l'administration de la base de données et du serveur.

L'objectif recherché est bien sûr d'améliorer les performances mais aussi de permettre la gestion de toutes les données présentes dans l'entreprise et avec lesquelles les utilisateurs ont l'habitude de travailler. SQL Server 2008 introduit donc de nouveaux types de données pour la gestion des données de type date et heure afin d'améliorer la pertinence des données. Il introduit un type de données hiérarchique fin de gagner en facilité de gestion et le type FILESTREAM afin d'autoriser la gestion de données non structurées depuis une base relationnelle.

Vous pouvez télécharger gratuitement des exemples à partir du site des Editions ENI : **http://www.editions-eni.fr**.
Cliquez sur le signe ⊞ du cadre **Nos collections**. Cliquez sur la collection **Ressources Informatiques** puis sur **SQL Server 2008 - SQL, Transact SQL**.
Dans l'encadré **En savoir plus**, cliquez sur **Des fichiers complémentaires**.

Le modèle relationnel — Chapitre 1

Implémentation des bases de données — Chapitre 2

Les ordres du SQL

Chapitre 3

Transact SQL : le langage procédural

Chapitre 4

Gestion des données distribuées Chapitre 5

Les types évolués Chapitre 6

CLR

Chapitre 7

Annexes

Chapitre 1 : Le modèle relationnel

La mise en œuvre (ou implémentation) des bases de données consiste en un certain nombre de responsabilités spécifiques, à distinguer de celles de l'administration.

Les différents rôles de l'implémenteur sont :

- Conception du schéma logique des données.
- Passage au modèle physique de données.
- Conception et mise en œuvre des contraintes d'intégrité.
- Programmation du serveur des données.

A. Rappels sur le stockage des données

Le stockage des données représente un problème aussi vieux que l'informatique. Au fur et à mesure de l'évolution des capacités techniques du matériel et du volume des données manipulées, la façon de stocker et d'organiser les données a lui aussi évolué.

Dans le cadre d'une application de gestion, toutes les catégories de données ne sont pas concernées de la même façon par ces problèmes d'organisation.

1. Les différentes catégories de données

Dans un premier temps, il convient de définir la catégorie des données. Cette catégorisation est issue de quelques questions simples :

- À quoi servent les données ?
- Combien de temps est-il nécessaire de conserver ces données ?

a. Les données de base

Ce type de données est au cœur de tout système d'information. Il s'agit des données à partir desquelles il est possible de travailler. Ainsi, dans le cadre d'une gestion commerciale, les données de bases seront les informations sur les clients et sur les produits. Les données de ce type sont aussi volumineuses que possible et bien entendu elles ont une durée de vie très longue. Comme ce sont des données de base, elles devront être accessibles facilement et rapidement.

b. Les données de mouvement

Ces données sont générées à partir des données de base. Contrairement à ces dernières, leur durée de vie sera limitée mais leur volume sera beaucoup plus important. Par exemple, toujours dans le cadre d'une gestion commerciale, les informations relatives à chaque commande sont considérées comme des données de mouvement. Le volume est important car l'entreprise compte bien que chaque client passe plusieurs commandes au cours d'une même année comptable. Par contre, la durée de vie de ces informations est bien moindre. En effet, il n'est pas nécessaire de conserver ce type d'informations plusieurs années en ligne, mais plutôt sur un support d'archivage autre et moins coûteux.

c. Les données de travail

Il s'agit de données générées dans un but précis, avec un volume parfois important mais une durée de vie très courte. Dès que le travail est réalisé il n'est pas nécessaire de conserver ces données. Ainsi, par exemple, les données extraites de la base et qui vont servir à la réalisation de graphiques sont à ranger dans cette catégorie. Dès que les graphiques sont réalisés, il n'est plus nécessaire de conserver les données extraites de la base qui ont permis de les obtenir.

d. Les données d'archive

Il s'agit de données très volumineuses et avec une durée de vie très longue mais qui présentent la caractéristique de ne pas être directement accessibles. Lorsqu'elles le sont, c'est uniquement en lecture. Par exemple, dans le cadre d'une application de gestion commerciale, il peut s'agir des données relatives aux années comptables passées.

2. L'organisation des données

a. Directe

Cette organisation est sans doute la plus simple à utiliser. Les données sont enregistrées les unes à la suite des autres dans un fichier. Chaque ensemble de données possède une longueur fixe et les enregistrements sont stockés les uns derrière les autres. Ainsi, la connaissance de la longueur d'un enregistrement permet par simple calcul d'accéder directement au 10ème enregistrement.

Ce type d'organisation est coûteux en espace disque et ne permet pas d'extraire facilement les informations sur des critères autres que leur position dans l'ordre d'enregistrement.

b. Séquentielle

Avec l'organisation séquentielle les données sont enregistrées les unes à la suite des autres. Un caractère spécial est utilisé pour marquer la séparation entre les différents champs tandis qu'un autre est utilisé pour marquer la fin de chaque enregistrement. Les caractères retenus sont couramment la virgule (,) et la fin de ligne (CR). Les fichiers qui retiennent ces séparateurs sont alors décrits comme des fichiers CSV (*Comma Separated Values*).

Ce type d'organisation permet d'optimiser l'espace de stockage utilisé et résoud ainsi l'un des problèmes majeurs des fichiers avec un accès direct. Par contre, comme pour l'organisation directe, lorsque l'on recherche des données répondant à des critères de sélection bien précis il est nécessaire de parcourir l'ensemble des données, ce qui s'avère d'autant plus long que le volume de données (nombre d'enregistrements) est important.

c. Séquentielle indexée

Les données sont toujours stockées au format séquentiel mais afin de permettre un accès plus rapide aux informations, des index peuvent être définis pour chaque fichier. À l'intérieur de ces index les données sont triées par ordre alphanumérique. Le parcours de l'index est réalisé de façon séquentielle et permet un accès direct aux informations stockées dans le fichier de données.

Le parcours de l'index, bien que séquentiel, est rapide car le volume de données manipulé est faible. De plus, comme les données sont triées, il n'est pas nécessaire de lire la totalité de l'index.

Enfin, il est possible de définir plusieurs index sur un même fichier de données. Par exemple, sur un fichier stockant des informations relatives aux clients, il est possible de définir un index sur les noms et un autre sur les villes.

Avec ce type d'organisation, la difficulté consiste à maintenir à jour les index lors des opérations d'ajout, de suppression et de mise à jour. De plus, comme avec les organisations directe et séquentielle, les fichiers ne sont pas liés les uns aux autres et il n'existe pas de contexte de sécurité au niveau des données. Par exemple, rien ne s'oppose, au niveau des données, à la suppression d'un client même s'il possède des commandes en cours. De même, toute personne en mesure de travailler avec les données, peut accéder à la totalité des données en lecture et en écriture. Ces inconvénients posent plus de problèmes avec l'organisation séquentielle indexée car des volumes de données important peuvent être gérés ainsi avec de nombreux utilisateurs connectés.

Cette solution séquentielle indexée a été adoptée de façon massive pour des applications petites à moyennes car afin de faciliter les développements, de nombreux langages de programmation proposaient un moteur de gestion de ce type d'organisation.

d. Base de données hiérarchique

Avec ces bases de données, les problèmes de sécurité d'accès aux données ainsi que la liaison entre les données ont été résolus. Par contre, chaque moteur a été développé de façon indépendante par les différents éditeurs. L'apprentissage du moteur est donc à recommencer à chaque fois que l'on développe avec un nouveau moteur (le langage d'interrogation, l'API d'accès aux données). Ce à quoi il faut ajouter une organisation complexe des données. Ces solutions hautement propriétaires sont souvent très coûteuses pour l'entreprise qui les choisit.

e. Base de données relationnelle

Fondée sur une représentation logique des données en respectant le modèle relationnel, les bases de données relationnelles ont su s'imposer car elles s'appuient toutes sur le même langage standardisé et normalisé qu'est le SQL.

3. La normalisation du schéma relationnel

Lorsque le schéma relationnel est défini afin de répondre à tous les besoins des utilisateurs, il est nécessaire de le normaliser afin d'éviter toute redondance d'information ainsi que toute structure non conforme avec le modèle relationnel. Lorsque cette opération est réalisée, le schéma pourra alors être dénormalisé bien que cette opération soit rarement la meilleure. Si le développeur dénormalise le schéma, il doit également mettre en place l'ensemble du mécanisme qui permet de maintenir la cohérence des données. En effet, le modèle relationnel, et donc les SGBDR (Système de Gestion de Base de données Relationnelle), ne peuvent garantir la cohérence des données que sur des modèles normalisés.

Les formes normales permettent de s'assurer que le schéma est bien conforme au modèle relationnel. Il existe de façon théorique cinq formes normales, mais dans la pratique, seules les trois premières sont appliquées.

L'application des formes normales nécessite de bien maîtriser le concept de dépendance fonctionnelle. Une donnée dépend fonctionnellement d'une autre lorsque la connaissance de la seconde permet de déterminer la valeur de la première. Par exemple, il est possible de dire que dans une application de gestion commerciale, il existe une dépendance fonctionnelle entre un code TVA et le taux de TVA ou bien entre la référence d'un article et sa désignation.

Première forme normale : une table est dite en première forme normale lorsque toutes les colonnes contiennent des valeurs simples.

Par exemple, si une table des clients contient un champ Telephones dans lequel les différents numéros de téléphone d'un client son stockés, alors cette table n'est pas en première forme normale. Il est alors nécessaire de définir les colonnes Bureau et Mobile afin de mieux structurer les données.

Clients	Numero	Nom	Prenom	Telephones	Commande	Du
	1	DUPONT	Jean	01 02 03 04 05 06 07 08 09 10	1350	01/01/2008
	1	DUPONT	Jean	01 02 03 04 05 06 07 08 09 10	1352	15/01/2008
	2	DURAND	Pauline	01 03 05 07 09	1351	02/01/2008

La table présentée ci-dessus ne respecte pas la première forme normale.

Clients	**Numero**	Nom	Prenom	Bureau	Mobile	**Commande**	Du
	1	DUPONT	Jean	01 02 03 04 05	06 07 08 09 10	1350	01/01/2008
	1	DUPONT	Jean	01 02 03 04 05	06 07 08 09 10	1352	15/01/2008
	2	DURAND	Pauline	01 03 05 07 09		1351	02/01/2008

Cette table respecte la première forme normale.

Deuxième forme normale : une table est dite en deuxième forme normale si elle est en première forme normale et si toutes les colonnes non clés dépendent fonctionnellement de la clé primaire.

En reprenant l'exemple présenté ci-dessus, il est possible d'admettre dans un premier temps que la clé de la table des clients est composée des colonnes Numero et Commande.

Dans ce cas, les valeurs des colonnes Nom, Prenom, Bureau et Mobile dépendent uniquement du numéro tandis que la colonne Du est liée au numéro de la commande. La table n'est donc pas en seconde forme normale. Il est donc nécessaire de définir deux tables : clients et commandes.

Client	**Numero**	Nom	Prenom	Bureau	Mobile
	1	DUPONT	Jean	01 02 03 04 05	06 07 08 09 10
	2	DURAND	Pauline	01 03 05 07 09	

Commande	**Numero**	Du	Client
	1350	01/01/2008	1
	1352	15/01/2008	1
	1351	02/01/2008	2

Les deux tables présentées ci-dessus respectent la deuxième forme normale.

Troisième forme normale : une table est dite en troisième forme normale si elle est en deuxième forme normale et s'il n'existe pas de dépendance fonctionnelle entre deux colonnes non clé.

Par exemple, si dans la table des clients les colonnes Civilite et Sexe sont ajoutées de la façon suivante :

Client	**Numero**	Nom	Prenom	Bureau	Mobile	Civilite	Sexe
	1	DUPONT	Jean	01 02 03 04 05	06 07 08 09 10	M	M
	2	DURAND	Pauline	01 03 05 07 09		Mlle	F

Il est alors possible de dire qu'il existe une dépendance fonctionnelle entre le sexe et la civilité. En effet, le fait de connaître la civilité (Mlle, Mme ou M) permet de déduire le sexe. La table des clients ne respecte donc pas la troisième forme normale. La table des civilités est définie de façon à obtenir le schéma suivant :

Client	**Numero**	Nom	Prenom	Bureau	Mobile	Civilite
	1	DUPONT	Jean	01 02 03 04 05	06 07 08 09 10	M
	2	DURAND	Pauline	01 03 05 07 09		Mlle

Civilite	**Valeur**	Sexe
	Mlle	F
	Mme	F
	M	M

Les deux tables présentées ci-dessus respectent la troisième forme normale.

B. Le modèle relationnel

L'organisation des données au sein des Systèmes de Gestion des Bases de Données Relationnelles (SGBDR ou RDBMS en anglais) repose entièrement sur le modèle relationnel. Ce modèle fut mis au point par Edgar Franck Codd sous l'impulsion d'IBM au cours des années 70. En plus de ce modèle, une algèbre (l'algèbre relationnelle) fut également créée afin d'extraire les données stockées dans ce modèle. La compréhension de ce modèle et de son algèbre permet d'aborder l'apprentissage du SQL de façon sereine car il ne s'agit plus alors que de transposer les concepts théoriques en lignes de commandes. Ce travail permettra de plus de s'adapter beaucoup plus facilement aux différents perfectionnements que le SQL peut subir au fur et à mesure des versions.

L'algèbre relationnelle a conduit à la mise au point du SQL qui est devenu le standard en ce qui concerne la gestion des données.

Le fait que les SGBDR respectent le modèle relationnel conduit à travailler avec une structure logique d'organisation des données (tables, vues, index, ...) qui est indépendante de la structure physique (fichiers, ...). C'est le rôle de chaque SGBDR que de fournir une vue logique à l'utilisateur tout en assurant un stockage physique des informations.

Cette contrainte est également la force des SGBDR car la gestion des données d'un point de vue logique est d'une grande simplicité d'utilisation. Ainsi, des utilisateurs peu ou pas habitués à développer des applications peuvent s'initier sans difficultés au SQL.

1. Concepts et définitions

Le modèle relationnel repose sur des concepts de base simples (domaine, relation, attribut), auxquels s'appliquent des règles précises.
La mise en œuvre de la base est facilitée par un langage assertionnel (non procédural) simple, basé sur une logique ensembliste.

Domaine

C'est un ensemble de valeurs caractérisé par un nom.

Cardinal

C'est le nombre d'éléments d'un domaine.

Exemple

Le dictionnaire des données de l'analyse d'une gestion commerciale peut comporter, entre autres, des spécifications sur la gestion des états de commande ou des numéros d'ordre à afficher.

Le modèle relationnel les traduira de la manière suivante :

```
États des commandes = {"EC","LI","FA","SO"};cardinal 4
Numéros d'ordre = {n | 1<=n<=9999};cardinal 9999.
```

Produit cartésien

Le produit cartésien P entre plusieurs domaines D1, D2,..., Dn noté P = D1 X D2 X ... X Dn est l'ensemble des n-uplets (tuples) (d1, d2, ..., dn) où chaque di est un élément du domaine Di.

Exemple

Si on veut gérer deux domaines (codes et taux), on pourra obtenir des 2-uplets composés d'un code et d'un taux.

```
Codes = {1,2,3,4}
Taux de TVA = {0,5.5,19.6}
Codes X Taux de TVA ={(1,0),(1,5.5),(1,19.6),
(2,0),(2,5.5),(2,19.6),(3,0),(3,5.5),(3,19.6),
(4,0),(4,5.5),(4,19.6)}
```

Relation

Une relation définie sur les domaines D1, D2,... , Dn est un sous-ensemble du produit cartésien de ces domaines caractérisé par un nom.

Attribut

C'est une colonne d'une relation caractérisée par un nom.

Degré

C'est le nombre d'attributs d'une relation.

Exemple

Pour associer un seul taux par code, seuls trois 2-uplets doivent être concernés.

```
Relation TVA = {(1,0),(2,5.5),(3,19.6)}
```

Représentation

Elle se fait sous forme de tableau (table), en extension :

TVA	CODE	VALEUR
	1	0.00
	2	5.50
	3	19.60

ou en compréhension :

```
TVA (CODE:codes, VALEUR:Taux de TVA)
ou
TVA (CODE, VALEUR)
```

2. Principales règles

Le modèle relationnel gère donc un objet principal, la relation, associée aux concepts de domaine et d'attribut.

Des règles s'appliquent à cette relation afin de respecter les contraintes liées à l'analyse. Quelques-unes de ces règles sont :

Cohérence

Toute valeur prise par un attribut doit appartenir au domaine sur lequel il est défini.

Unicité

Tous les éléments d'une relation doivent être distincts.

Identifiant

Attribut ou ensemble d'attributs permettant de caractériser de manière unique chaque élément de la relation.

Clé primaire

Identifiant minimum d'une relation.

Clés secondaires

Autres identifiants de la relation.

Intégrité référentielle

Cette règle impose qu'un attribut ou ensemble d'attributs d'une relation apparaisse comme clé primaire dans une autre relation.

Clé étrangère

Attribut ou ensemble d'attributs vérifiant la règle d'intégrité référentielle.

Exemple

L'analyse d'une gestion commerciale nous impose de gérer des clients ayant des caractéristiques (Nom, adresse) et des commandes que passent ces clients.

On pourra proposer le modèle suivant :

CLIENTS	NUMEROCLI	NOMCLI	ADRESSECLI
	15	DUPONT S.A.	NANTES
	20	Etb. LABICHE	PARIS
	35	DUBOIS Jean	NANTES
	138	DUBOIS Jean	TOURS

COMMANDES	NUMEROCDE	DATECDE	NUMEROCLI	ETATCDE
	1210	15/10/94	15	SO
	1230	18/10/94	35	SO
	1301	20/11/94	15	EC
	1280	02/11/94	20	LI
	1150	18/03/94	15	SO
	1250	02/11/94	35	EC

```
CLIENTS (NUMEROCLI,NOMCLI,ADRESSECLI)

NUMEROCLI identifiant clé primaire de CLIENTS
NOMCLI,ADRESSECLI identifiant clé secondaire de CLIENTS

COMMANDES (NUMEROCDE,DATECDE,NUMEROCLI,ETATCDE)

NUMEROCDE identifiant clé primaire de COMMANDES
NUMEROCLI clé étrangère de COMMANDES, référençant
NUMEROCLI de CLIENTS
```

Valeur nulle

Dans le modèle relationnel, la notion de nullité est admise. C'est une valeur représentant une information inconnue ou inapplicable dans une colonne.
Elle est notée _ , ^ ou NULL.

Contrainte d'entité

Toute valeur participant à une clé primaire doit être non NULL.

Exemple

Dans la relation article, on admet que le prix ou le code TVA peuvent être inconnus, mais la référence de l'article (clé primaire) doit être renseignée.

ARTICLES	REFART	DESIGNATION	PRIX	CODETVA	CATEGORIE
	AB10	Tapis de Chine	1 500.00	2	IMPORT
	AB22	Tapis Persan	1 250.10	2	IMPORT
	CD50	Chaîne HIFI	735.40	2	IMPORT
	ZZZZ	Article bidon	NULL	NULL	DIVERS
	AA00	Cadeau	0.00	NULL	DIVERS
	AB03	Carpette	150.00	2	SOLDES
	AB	Tapis	NULL	2	DIVERS
	ZZ01	Lot de tapis	500.00	2	DIVERS

C. L'algèbre relationnelle

C'est une méthode d'extraction permettant la manipulation des tables et des colonnes. Son principe repose sur la création de nouvelles tables (tables résultantes) à partir des tables existantes, ces nouvelles tables devenant des objets utilisables immédiatement.

Les opérateurs de l'algèbre relationnelle permettant de créer les tables résultantes sont basés sur la théorie des ensembles.

La syntaxe et les éléments de notations retenus ici sont les plus couramment utilisés.

1. Opérateurs

Union

L'union entre deux relations de même structure (degré et domaines) donne une table résultante de même structure ayant comme éléments l'ensemble des éléments distincts des deux relations initiales.
Notation : Rx = R1 ∪ R2

Exemples

Soient les tables CLIOUEST et CLICENTRE :

CLIOUEST	NOCLI	NOMCLI	ADRESSE
	15	DUPONT S.A.	NANTES
	35	DUBOIS Jean	NANTES
	152	LAROCHE	LE MANS

CLICENTRE	NOCLI	NOMCLI	ADRESSE
	20	Etb. LABICHE	PARIS
	138	DUBOIS Jean	TOURS
	152	LAROCHE	LE MANS
	36	BERNARD S.A.	PARIS

Clients des deux régions :

```
CLIENTS=CLIOUEST ∪ CLICENTRE
```

CLIENTS	NOCLI	NOMCLI	ADRESSE
	15	DUPONT S.A.	NANTES
	35	DUBOIS Jean	NANTES
	152	LAROCHE	LE MANS
	20	Etb LABICHE	PARIS
	138	DUBOIS Jean	TOURS
	36	BERNARD S.A.	PARIS

Intersection

L'intersection entre deux relations de même structure (degré et domaines) donne une table résultante de même structure ayant comme éléments l'ensemble des éléments communs aux deux relations initiales.
Notation : Rx = R1 $\cap$ R2

Exemple

Clients communs aux deux régions :

```
CLICOMMUN=CLIOUEST ∩ CLICENTRE
```

Clients communs aux 2 régions
CLICOMMUNS = CLIOUEST ∩ CLICENTRE

CLICOMMUN	NOCLI	NOMCLI	ADRESSE
	152	LAROCHE	LE MANS

Différence

La différence entre deux relations de même structure (degré et domaines) donne une table résultante de même structure ayant comme éléments l'ensemble des éléments de la première relation qui ne sont pas dans la deuxième.
Notation : Rx = R1 - R2

Exemple

Clients gérés uniquement par la région OUEST :

```
CLIOUESTSEUL=CLIOUEST - CLICENTRE
```

CLIOUESTSEUL	NOCLI	NOMCLI	ADRESSE
	15	DUPONT S.A.	NANTES
	35	DUBOIS Jean	NANTES

Division

La division entre deux relations est possible à condition que la relation diviseur soit totalement incluse dans la relation dividende. Le quotient de la division correspond à l'information qui, présente dans le dividende, n'est pas présente dans le diviseur.

Il est également possible de définir la division de la façon suivante :
Soit R1 et R2 des relations telles que R2 soit totalement inclus dans R1.
Le quotient R1÷R2 est constitué des tuples t tels que pour tous tuples t' définis sur R2, il existe le tuple t.t' défini sur R1.
Notation: Rx=R1÷R2

Exemple :

Soient les relations personnes qui contiennent des informations relatives à des individus :

PERSONNES	NOCLI	NOMCLI	ADRESSE	TELEPHONE
	15	DUPONT S.A.	NANTES	0203040506
	35	DUBOIS Jean	NANTES	0206070888
	204	MARTIN	BREST	0233445566
	152	LAROCHE	LE MANS	0277889922

Soit la relation cliouest :

CLIOUEST	NOCLI	NOMCLI	ADRESSE
	15	DUPONT S.A.	NANTES
	35	DUBOIS Jean	NANTES
	152	LAROCHE	LE MANS

La division entre les deux relations permet d'isoler l'information complémentaire aux clients et présente dans la relation individu :

QUOTIENT	TELEPHONE
	0203040506
	0206070888
	0277889922

Restriction

La restriction repose sur une condition. Elle produit, à partir d'une relation, une relation de même schéma n'ayant que les éléments de la relation initiale qui répondent à la condition.
Notation : Rx = σ (condition) R1

La condition s'exprime sous la forme :

```
[NON] [(] attribut opérateur valeur [)] [{ET/OU}condition]
```

`opérateur`

Un opérateur de comparaison : =, , >, <, >=, <=

`valeur`

Une constante ou un autre attribut.

Exemples

Clients de NANTES :

```
CLI44=σ(ADRESSE="NANTES")CLIOUEST
```

CLI44	NOCLI	NOMCLI	ADRESSE
	15	DUPONT S.A.	NANTES
	35	DUBOIS Jean	NANTES

Articles de la famille AB :

```
ART1=σ(REFART>="AB" ET REFART<"AC")ARTICLES
```

ART1	REFART	DESIGNATION	PRIX	CODETVA
	AB10	Tapis de Chine	1 500.00	2
	AB22	Tapis Persan	1 250.10	2
	AB03	Carpette	150.00	2
	AB	Tapis	-	2

Tapis dont le prix est inférieur à 1000 :

```
ART2=σ(PRIX<=1000)ART1
```

ART2	REFART	DESIGNATION	PRIX	CODETVA
	AB03	Carpette	150.00	2

Projection

La projection d'une relation sur un groupe d'attributs donne une relation résultante ayant comme schéma uniquement ces attributs, et comme éléments les n-uplets distincts composés par les valeurs associées de ces attributs.
Notation : Rx = π R (A1, A2,.. An).

Exemple

Commandes et états de commande :

```
CDE= π COMMANDES(NUMEROCDE,NUMEROCLI,ETATCDE)
```

CDE	NUMEROCDE	NUMEROCLI	ETATCDE
	1210	15	SO
	1230	35	SO
	1301	15	EC
	1280	20	LI
	1150	15	SO
	1250	35	EC

Clients ayant des commandes :

```
CLICDE1= π COMMANDES(NUMEROCLI)
```

CLICDE1	NUMEROCLI	
	15	→ 1210, 1301, 1150
	35	→ 1230, 1250
	20	

regroupe les lignes : 1210, 1301, 1150 / 1230, 1250

Clients et états de commande :

```
CLIDE2= π COMMANDES(NUMEROCLI,ETATCDE)
```

CLICDE2	NUMEROCLI	ETATCDE
	15	SO
	35	SO
	15	EC
	20	LI
	35	EC

regroupe les lignes :
1210, 1150

Produit cartésien

Le produit cartésien entre deux relations produit une relation ayant comme schéma tous les attributs des deux relations existantes et comme éléments l'association de chaque ligne de la première table avec chaque ligne de la deuxième.
Notation : Rx = S1 X S2

Exemple

Soient les tables :

DEPOTS	CODE	NOM
	NW	NANTES
	SE	NICE
	P1	PARIS I

ART2	REFART	DESIGNATION
	AB	TAPIS
	CD	HIFI

```
INVENTAIRE = DEPOTS X ART2
```

INVENTAIRE	CODE	NOM	REFART	DESIGNATION
	NW	NANTES	AB	TAPIS
	NW	NANTES	CD	HIFI
	SE	NICE	AB	TAPIS
	SE	NICE	CD	HIFI
	P1	PARIS I	AB	TAPIS
	P1	PARIS I	CD	HIFI

Jointures

La jointure entre deux relations est produite par la restriction sur le produit cartésien.
notation : Rx = S1 JOIN (condition) S2.

Exemple

Soient les tables :

CDEEC	NUMEROCDE	NUMEROCLI
	1301	15
	1250	35

LIGNESCDE	NOCDE	NOLIG	REFART	QTE
	1210	1	AB10	3
	1210	2	CD50	4
	1230	1	AB10	1
	1301	1	AB03	3
	1301	2	AB22	1
	1250	1	CD50	5
	1280	1	AB10	15
	1150	1	AB03	7
	1150	2	AB22	5
	1150	3	AA00	1

```
LIGCDEEC = CDEEC JOIN (CDEEC.NUMEROCDE =
LIGNESCDE.NOCDE) LIGNESCDE
```

LIGCDEEC	NUMEROCDE	NUMEROCLI	NOCDE	NOLIG	REFART	QTECDE
	1301	15	1301	1	AB03	3
	1301	15	1301	2	AB22	1
	1250	35	1250	1	CD50	5

Les différents types de jointures sont :

Theta-jointure

La condition est une comparaison entre deux attributs.

Equi-jointure

La condition porte sur l'égalité entre deux attributs.

Jointure naturelle

Équi-jointure entre les attributs portant le même nom.

Calculs élémentaires

Projection sur une relation associée à un calcul portant sur chaque ligne pour créer un ou plusieurs nouveaux attributs.
Notation : Rx = π S (A1,...,N1 = expression calculée,...)

L'expression calculée peut être :

- une opération arithmétique,
- une fonction mathématique,
- une fonction portant sur une chaîne.

Exemple

*On veut obtenir le montant d'une ligne de commande (Prix * Quantité).*

LIGCDE	NOCDE	NOLIG	REFART	QTECDE	PRIXHT
	1301	1	AB03	3	150.00
	1301	2	AB22	1	1 250.10
	1250	1	CD50	5	735.40

```
LIGCDEVALO = π LIGCDE(NOCDE,NOLIG,REFART,
VALOLIG=QTECDE*PRIXHT)
```

LIGCDEVALO	NOCDE	NOLIG	REFART	VALOLIG
	1301	1	AB03	450.00
	1301	2	AB22	1 250.10
	1250	1	CD50	3 677.00

Calcul d'agrégats

Projection sur une relation associée à un ou des calculs statistiques portant sur un attribut pour tous les éléments de la relation ou du regroupement lié à la projection afin de créer un ou plusieurs nouveaux attributs.
Notation : Rx = π S (A1,...,N1= fonction statistique (Ax),...)

Les principales fonctions statistiques sont :

COUNT (*) nombre de lignes.

COUNT (attribut) nombre de valeurs non nulles.

SUM (attribut) somme des valeurs non nulles.

AVG (attribut) moyenne des valeurs non nulles.

MAX (attribut) valeur maximum (non nulle).

MIN (attribut) valeur minimum (non nulle).

Exemple

Nombre total de clients dans la table.

```
NBCLI=π CLIENTS(N=COUNT(*))
```

NBCLI	N
	6

Total des montants de la ligne par commande :

```
CDEVALO=πLIGCDEVALO(NOCDE,TOTCDE=SUM(VALOLIG))
```

CDEVALO	NOCDE	TOTCDE
	1301	1 700.10
	1250	3 677.00

Prix les plus élevés, les moins élevés et moyenne des prix par catégorie d'articles :

```
STATART=π ARTICLES(CATEGORIE,PLUSCHER=
MAX(PRIX),MOINSCHER=MIN(PRIX),
MOYENNE=AVG(PRIX))
```

STATART	CATEGORIE	PLUSCHER	MOINSCHER	MOYENNE
	IMPORT	1 500.00	735.40	1 161.85
	DIVERS	500.00	0.00	250.00
	SOLDES	150.00	150.00	150.00

2. Étapes de résolution d'un problème

À partir d'une base de données connue (schémas, domaines, relations, éléments), il faut :

Analyser le besoin

- Transcrire sous forme de relation résultante des besoins exprimés par le prescripteur.
- Déterminer les attributs et les relations à utiliser.
- Exprimer les calculs élémentaires et d'agrégats pour créer les attributs inexistants.

Établir la "vue"

La vue est une relation intermédiaire contenant tous les attributs permettant de réaliser l'extraction avec leurs relations d'origine, leurs classes d'utilité, et les opérations à appliquer.

Classes d'attribut

Classe a : attribut participant à la relation résultante.
Classe b : attribut participant à un calcul.
Classe c : attribut participant à une restriction.
Classe d : attribut participant à une jointure.

Ordonnancer et exprimer les opérations

Cas général

① Relations concernées.

② Restrictions (pour éliminer les lignes inutiles).

③ Jointures, Produits cartésiens, Unions, Intersections, Différences (pour associer les lignes restantes).

④ Calculs élémentaires (pour créer les nouvelles colonnes).

⑤ Calculs d'agrégats (pour les colonnes statistiques).

⑥ Jointure entre la table obtenue en ⑤ et la table initiale en ④ (pour ajouter les colonnes statistiques aux autres).

⑦ Répéter les étapes du ⑤ pour les autres regroupements.

⑧ Restrictions par rapport aux attributs calculés.

⑨ Projections pour éliminer les doublons.

⑩ Projection finale pour éliminer les attributs inutiles dans la table résultante.

Exemple traité dans le livre

Base de données GESCOM
L'analyse de la gestion commerciale (CLIENTS, STOCKS, COMMANDES) d'une entreprise d'assemblage et de vente, a fourni les schémas de tables suivants :
CLIENTS (NUMERO_CLI, NOM, PRENOM, ADRESSE, CODE_POSTAL, VILLE, TELEPHONE)
La table CLIENTS contient une ligne par client, avec toutes les caractéristiques pour pouvoir contacter le client ou lui envoyer des courriers.
Contraintes :
NUMERO_CLI clé primaire.
NOM obligatoire (non NULL).
CODE_POSTAL au format français.

CATEGORIES (CODE_CAT, LIBELLE_CAT)
Une catégorie d'articles est un regroupement statistique interne codifié (01 : Micros complets, 02 : Logiciels, etc.).
Contraintes :
CODE_CAT clé primaire.

ARTICLES (REFERENCE_ART, DESIGNATION_ART, PRIXHT_ART, CODE_ CAT)
Cette table doit contenir une ligne par article, ses caractéristiques, notamment son prix, et la catégorie à laquelle il appartient.
Contraintes :
REFERENCE_ART clé primaire.
CODE_CAT clé étrangère référençant CATEGORIES.
DESIGNATION_ART obligatoire (non NULL).
PRIX_HT positif.

STOCKS (REFERENCE_ART, DEPOT, QTE_STK, STOCK_MINI, STOCK_MAXI)
L'entreprise dispose de plusieurs dépôts en France qui peuvent distribuer les matériels. La quantité d'articles par dépôt doit pouvoir être gérée, ainsi que des valeurs limites de quantités stockées.
Contraintes :
L'identifiant clé primaire est l'association des colonnes REFERENCE_ART et DEPOT.
REFERENCE_ART clé étrangère référençant ARTICLES.
STOCK_MINI doit être inférieur ou égal à STOCK_MAXI.
QTE_STK doit être comprise entre -100000 et +100000.

COMMANDES (NUMERO_CDE, DATE_CDE, TAUX_REMISE, NUMERO_CLI, ETAT_CDE)
Lorsqu'un client passe une commande, celle-ci est identifiée par un numéro unique. On peut appliquer une remise globale sur la commande et il est possible de savoir si la commande est en cours de livraison, en cours de facturation ou soldée, par un indicateur (ETAT_CDE).
Contraintes :
NUMERO_CDE clé primaire, les numéros doivent être affectés dans l'ordre de création.
ETAT_CDE ne peut prendre que les valeurs : EC (en cours), LP (livrée partiellement) , LI (livrée), SO (Soldée).
NUMERO_CLI clé étrangère référençant CLIENTS.
TAUX_REMISE ne peut excéder 50%.

LIGNES_CDE (NUMERO_CDE, NUMERO_LIG, REFERENCE_ART, QTE_CDE)
Chaque commande comporte au moins une ligne article, avec la quantité commandée.
Contraintes :
L'identifiant clé primaire est l'association des colonnes NUMERO_CDE et NUMERO_LIG.

NUMERO_CDE clé étrangère référençant COMMANDES.
REFERENCE_ART clé étrangère référençant ARTICLES.
Toutes les zones sont obligatoires (non NULL).
HISTO_FAC (NUMERO_FAC, DATE_FAC, NUMERO_CDE, MONTANTHT, ETAT_FAC)

L'interface avec la comptabilité doit fournir des informations concernant les (une ou plusieurs) factures associées à chaque commande, en particulier le montant total hors taxes, et l'état de la facture (réglée partiellement ou totalement, non réglée). Une commande dont toutes les factures sont réglées est considérée comme soldée.
Contraintes :
NUMERO_FAC clé primaire.
NUMERO_CDE clé étrangère référençant COMMANDES.
ETAT_FAC prend les valeurs : NR (non réglée), RP (réglée partiellement), RC (réglée complètement).

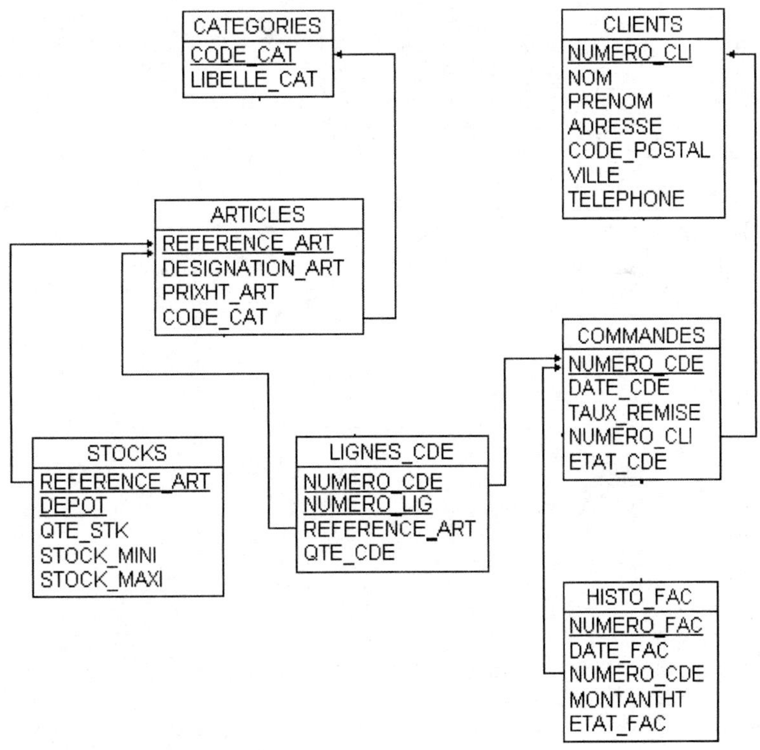

Exemple

On veut obtenir la confirmation de la commande n° 1301.
Maquette du document :

le (date du jour)		Confirmation de la commande	n° (N° de la commande) du (date de la commande)	
	CLIENT :	(Nom du client) (Adresse du client)		
	Article	**Prix**	**Quantité**	**Montant H.T.**
(référence)	(désignation)	(Prix HT)	(Qté commandée)	(Prix*Qté)
"	"	"	"	"
"	"	"	"	"
"	"	"	"	"
"	"	"	"	"
"	"	"	"	"
			Total Hors Taxe :	(Somme des Montants HT)

Analyse de la maquette :

```
Date du jour : information pouvant être placée lors de la mise en page.
N° de commande: NUMERO_CDE de COMMANDES
Date de la commande: DATE_CDE de COMMANDES
Nom du client : NOM de CLIENTS
Adresse du client : ADRESSE de CLIENTS
Référence : REFERENCE_ART de LIGNES_CDE
Désignation : DESIGNATION_ART de ARTICLES
Qté commandée : QTE_CDE de LIGNES_CDE
Prix HT: PRIXHT_ART de ARTICLES
Montant HT : zone à calculer
Total HT : zone à calculer
```

Pour établir le document il faudrait donc la table suivante :

```
CONFCDE(NUMERO_CDE, DATE_CDE, NOM, ADRESSE,
REFERENCE_ART, DESIGNATION_ART, PRIXHT_ART, QTE_CDE, MTHT, TOTHT)
Avec MTHT= PRIXHT_ART*QTE_CDE par ligne de commande et TOTHT=SUM(MTHT)
pour la commande.
```

Vue

Attribut	Table	Classe	Opération
NUMERO_CDE	COMMANDES LIGNES_CDE	a,c,d	Restriction sur NUMERO_ CODE=1301 Jointure naturelle entre COMMANDES et LIGNES_CDE
DATE_CDE	COMMANDES	a	
NUMERO_CLI	COMMANDES CLIENTS	d	Jointure naturelle entre COMMANDES et CLIENTS
NOM	CLIENTS	a	
ADRESSE	CLIENTS	a	
REFERENCE_ART	ARTICLES LIGNES_CDE	a,d	Jointure naturelle entre LIGNES_CDE et ARTICLES
QTE_CDE	LIGNES_CDE	a,b	Calcul de MTHT
DESIGNATION_ART	ARTICLES	a	
PRIXHT_ART	ARTICLES	a,b	Calcul de MTHT
MTHT		a,b	Calcul de TOTHT
TOTHT		a	

Opérations

Restriction sur le numéro de commande :

```
T1= (NUMERO_CDE =1301)COMMANDES
```

T1	NUMERO_CDE	DATE_CDE	TAUX_REMISE	NUMERO_CLI	ETAT_CDE
	1301	08/02/2001	0	15	EC

Jointure naturelle entre COMMANDES et CLIENTS :

```
T2=T1 JOIN(T1.NUMERO_CLI=CLIENT.NUMERO_CLI) CLIENTS
```

T2	NUMERO_CDE	DATE_CDE	NUMERO_CLI	NOM	ADRESSE	...
	1301	08/02/2001	15	DUPONT	CREBILLON	...

Jointure naturelle entre COMMANDES et LIGNES_CDE :

```
T3=T2 JOIN(T2.NUMERO_CDE=LIGNES_CDE.NUMERO_CDE) LIGNES_CDE
```

T3	NUMERO_CDE	DATE_CDE	NOM	ADRESSE	REFERENCE_ART	QTE_CDE	...
	1301	08/02/2001	DUPONT	CREBILLON	AB03	3	...
	1301	08/02/2001	DUPONT	CREBILLON	AB22	1	...

Jointure naturelle entre LIGNES_CDE et ARTICLES :

```
T4=T3 JOIN (T3.REFERENCE_ART=ARTICLES.REFERENCE_ART) ARTICLES
```

T4	NUMERO_ CDE	DATE_CDE	NOM	ADRESSE	REFERENCE_ ART	QTE_ CDE	DESIGNATION_ ART	PRIXHT_ ART	...
	1301	08/02/2001	DUPONT	CREBILLON	AB03	3	VELO	3500	...
	1301	08/02/2001	DUPONT	CREBILLON	AB22	1	CASQUE	200	...

Projection de calcul élémentaire de MTHT et élimination des colonnes inutiles :

```
T5=ΠT4(NUMERO_CDE, DATE_CDE, NOM, ADRESSE, REFERANCE_ART,QTE_CDE,
DESIGNATION_ART, PRIXHT_ART,MTHT=PRIHT_ART*QTE_CDE)
```

T5	NUMERO_ CDE	DATE_CDE	NOM	ADRESSE	REFERENCE_ ART	QTE_ CDE	DESIGNATION_ ART	PRIXHT_ ART	MTHT
	1301	08/02/2001	DUPONT	CREBILLON	AB03	3	VELO	3500	10500
	1301	08/02/2001	DUPONT	CREBILLON	AB22	1	CASQUE	200	200

Projection de calcul d'agrégat pour TOTHT :

```
T6=ΠT5(TOTHT=SUM(MTHT))
```

T6	TOTHT
	10700

Produit cartésien pour avoir toutes les colonnes dans la table résultante :

```
T7=T5xT6
```

T7	NUMERO _CDE	DATE_CDE	NOM	ADRESSE	REFERENCE _ART	QTE_ CDE	DESIGNATION _ART	PRIXHT _ART	MTHT	TOTHT
	1301	08/02/01	DUPONT	CREBILLON	AB03	3	VELO	3500	10500	10700
	1301	08/02/01	DUPONT	CREBILLON	AB22	1	CASQUE	200	200	10700

Chapitre 2 : Implémentation des bases de données

A. Gérer une base de données

La création et la maintenance d'une base de données SQL Server vont toucher des domaines d'activité variés, qui sont :

- la gestion de l'espace de stockage,
- la configuration de la base de données,
- la gestion des objets de la base,
- la traduction des contraintes de l'analyse,
- la gestion de la sécurité d'accès,
- les sauvegardes.

Certains de ces domaines touchent également l'administrateur et seront étudiés ultérieurement. La gestion et la configuration de SQL Server peuvent se faire de deux manières ; soit en Transact SQL, en interactif ou par script, soit par Microsoft SQL Server Management Studio, avec l'interface graphique.

Avec SQL Server 2008, il existe trois types de base de données :

- Les bases OLTP (*OnLine Transaction Processing*), c'est-à-dire des bases qui vont supporter les transactions des utilisateurs. C'est ce type de base qui se trouve en production. Les principales caractéristiques de ce type de base sont que, malgré un volume de données conséquent et de nombreux utilisateurs connectés, les temps de réponse doivent être optimum. Heureusement, les utilisateurs travaillent sous forme de transaction courte et chaque transaction manipule un faible volume de données.
- Les bases OLAP (*OnLine Analytical Processing*), c'est-à-dire une base qui va permettre de stocker un maximum d'informations afin de faire des requêtes d'aide à la prise de décision. C'est le monde du décisionnel qui n'est pas abordé dans cet ouvrage.
- Les bases de type snapshot, qui sont des réplications plus ou moins complètes de la base d'origine afin d'accéder de façon rapide à des données éloignées par exemple. Ce type de base n'est pas abordé dans cet ouvrage.

Seule la notion de base de données de type utilisateur est abordée ici. La gestion des bases de données systèmes n'est pas évoquée.

1. Gérer l'espace de stockage

SQL Server utilise un ensemble de fichiers pour stocker l'ensemble des informations relatives à une base.

Fichier primaire

Il en existe un seul par base de données, c'est le point d'entrée. Ce fichier porte l'extension *.mdf.

Fichiers secondaires

Il peut en exister plusieurs par base de données. Ils portent l'extension *.ndf.

Fichiers journaux

Ces fichiers (il peut y en avoir plusieurs) contiennent le journal des transactions et portent l'extension *.ldf.

Les groupes de fichiers

Il est possible de préciser un groupe de fichiers lors de la mise en place des fichiers. Ces groupes présentent l'avantage d'équilibrer les charges de travail sur les différents disques du système. Les données sont écrites de façon équitable sur les différents fichiers du groupe.

Structure des fichiers de données

Les fichiers de données sont découpés en pages de 8 Ko. Les données sont stockées à l'intérieur des pages, ainsi la taille maximale d'une ligne est de 8060 octets hors types texte et image. Cette taille de 8 Ko autorise :

- de meilleurs temps de réponse lors des opérations de lecture/écriture.
- de supporter des lignes de données plus longues et donc de moins faire appel aux types texte et image.
- une meilleure gestion des bases de très grande taille.

Ces pages sont regroupées dans des extensions. Les extensions sont constituées de huit pages contiguës (64 Ko). Elles représentent l'unité d'allocation d'espace aux tables et aux index. Pour éviter de perdre de la place disque, il existe deux types d'extensions :

- Uniforme
  Réservée à un seul objet.
- Mixte
  Partagée par plusieurs objets, 8 au maximum.

Lorsqu'une table est créée, les pages sont allouées dans une extension mixte. Quand les données représentent huit pages, alors une extension uniforme est allouée à la table.

Les fichiers de données

Les fichiers de données peuvent être redimensionnés de façon dynamique ou manuelle. Lors de la création du fichier, il faut préciser :

- Le nom logique du fichier pour le manipuler avec le langage Transact SQL.
- Le nom physique pour préciser l'emplacement du fichier.
- Une taille initiale.
- Une taille maximale.
- Un pas d'incrémentation.

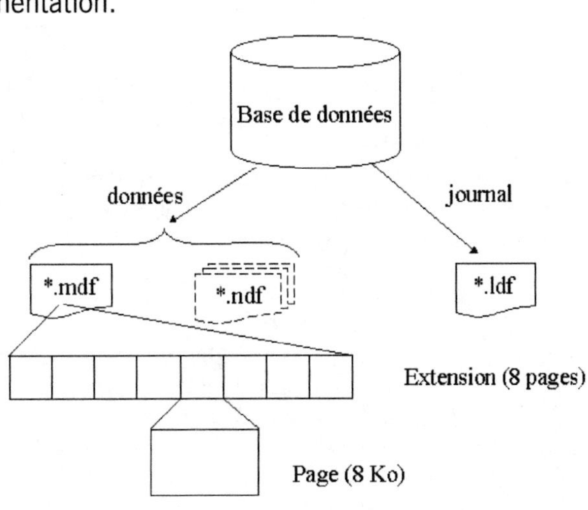

2. Gérer l'objet DATABASE

Une DATABASE contient tous les autres objets :

- Le catalogue de base de données.
- Les objets utilisateurs (tables, defaults, views, rules, triggers, procédures).
- Les index, les types de données, les contraintes.
- Le journal de transactions.

La personne qui crée la base doit disposer des droits suffisants et devient le propriétaire de la base. SQL Server est capable de gérer 32767 bases de données.

Les fichiers qui constituent une base de données ne doivent pas être placés sur un système de fichiers compressé ou un répertoire réseau partagé.

Lors de leur création, les fichiers sont initialisés avec des zéros de façon à écraser toutes les données déjà présentes. Cette opération entraîne une surcharge de travail lors de la création des fichiers mais elle permet d'optimiser les temps de réponse lorsque la base est en production.

Il est possible d'allouer de l'espace disque à la base sans qu'il soit initialisé par des 0. Cette opération est identifiée sous le terme initialisation instantanée. Les données anciennement présentes sur le disque sont écrasées au fur et à mesure des besoins de la base.

SQL Server est capable d'utiliser des partitions brutes pour la création des fichiers de bases de données. Cependant, dans la très grande majorité des cas, la méthode à privilégier est de créer les fichiers sur une partition NTFS.

En effet, l'utilisation d'une partition brute ne permet pas de signaler au système d'exploitation, et donc à l'administrateur, que cette partition est actuellement utilisée par SQL Server. L'espace, non utilisé du point de vue système, peut ainsi être facilement utilisé pour étendre une partition ou bien créer une nouvelle partition. En utilisant des partitions brutes le risque de mauvaises manipulations augmente donc considérablement pour un gain qui n'est que peu significatif.

Les fichiers créés sur des partitions NTFS supportent sans soucis la compression NTFS et éventuellement certains groupes de fichiers peuvent être positionnées en lecture seule. Ces considérations ne s'appliquent qu'aux bases de données utilisateur et ne peuvent pas être appliquées sur les fichiers relatifs aux bases de données système.

a. Créer la base

Pour créer une base de données, il faut être connecté en tant qu'administrateur système, ou avoir la permission d'utiliser CREATE DATABASE, et être dans la base de données système master.

L'objet DATABASE doit être créé en premier lieu. Une base de données contient tous les autres objets :

- Le catalogue de base de données.
- Les objets utilisateurs (tables, valeurs par défaut, vues, règles, déclencheurs, procédures).
- Les index, les types de données, les contraintes d'intégrité.
- Le journal des transactions.

Le nom de la base de données doit être unique dans une instance SQL Server. Ce nom est limité à 128 caractères en respectant les règles de construction des identificateurs. Cette longueur maximale est réduite à 123 caractères si le nom du journal n'est pas précisé lors de la création de la base.

Syntaxe

```
CREATE DATABASE nom_base[ ON [PRIMARY]
[( [ NAME = nomLogique, ]
FILENAME = 'nomPhysique'
[, SIZE = taille]
[, MAXSIZE = { tailleMaxi | UNLIMITED } ]
[, FILEGROWTH = valeurIncrément] ) [,...]]
[ LOG ON { fichier } ]
[COLLATE nom_classement]
[ FOR ATTACH | FOR ATTACH_REBUILD_LOG ]
```

`NAME`

Nom logique du fichier.

`FILENAME`

Emplacement et nom physique du fichier.

`SIZE`

Taille initiale du fichier en mégaoctets (MB) ou kilo-octets (KB). La taille par défaut est de 1 mégaoctet.

`MAXSIZE`

Taille maximum du fichier indiquée en kilo ou mégaoctets (par défaut mégaoctets). Si aucune valeur n'est précisée, alors la taille du fichier sera limitée par la place libre sur le disque.

`UNLIMITED`

Pas de taille maximum, la limite est la place libre sur le disque.

`FILEGROWTH`

Précise le pas d'incrément pour la taille du fichier, qui ne pourra jamais dépasser la valeur maximale. Ce pas peut être précisé en pourcentage ou de façon statique en kilo ou mégaoctets.
Les extensions possèdent une taille de 64 Ko. C'est donc la valeur minimale du pas d'incrément qu'il faut fixer.

`LOG ON`

Emplacement du journal de transactions. Le journal de transactions stocke les modifications apportées aux données. À chaque INSERT, UPDATE ou DELETE, une écriture est faite dans le journal avant l'écriture dans la base. La validation des transactions est également consignée dans le journal. Ce journal sert à la récupération des données en cas de panne.

`COLLATE`

Indique le classement par défaut de la base de données. Le nom de classement peut être un classement SQL ou Windows. S'il n'est pas précisé, c'est le classement par défaut de l'instance SQL Server qui est utilisé.

`FOR ATTACH`

Pour créer une base en utilisant des fichiers déjà créés. Cette commande est utile lorsque la base est créée avec plus de 16 fichiers.

`FOR ATTACH_REBUILD_LOG`

Avec cette option, il est possible de créer la base en lui attachant les fichiers de données (mdf et ndf) mais pas nécessairement les fichiers journaux. Les fichiers journaux sont alors reconstruits à vide. Si une base est attachée de cette façon, il est important d'effectuer rapidement une sauvegarde complète de la base et de planifier tous les processus de sauvegarde. En effet, il n'est pas possible de s'appuyer sur les sauvegardes faites avant l'attachement car les séquences des journaux ne correspondent plus.

Exemple

Création de la base de données Gescom (6 Mo) avec le journal de transaction (2 Mo).

```
CREATE DATABASE GESCOM
ON PRIMARY(
  name=gescom_data,
  filename='C:\Program Files\Microsoft SQL Server\MSSQL10.MSSQLSERVER\MSSQL\DATA\gescom_data.mdf',
  size=6MB,
  maxsize=15MB,
  filegrowth=1MB)
LOG ON(
  name=gescom_log,
  filename='C:\Program Files\Microsoft SQL Server\MSSQL10.MSSQLSERVER\MSSQL\DATA\gescom_log.ldf',
  size=2MB,
  maxsize=2MB,
  filegrowth=0MB)
COLLATE French_CI_AI;
```

Messages

```
Command(s) completed successfully.
```

Il est bien sûr possible de réaliser cette opération depuis la console graphique SQL Server Management Studio. Pour cela, après avoir sélectionné le nœud Bases de données depuis l'explorateur, il faut faire le choix **New Database** (Nouvelle Base de données) depuis le menu contextuel pour voir l'écran suivant s'afficher.

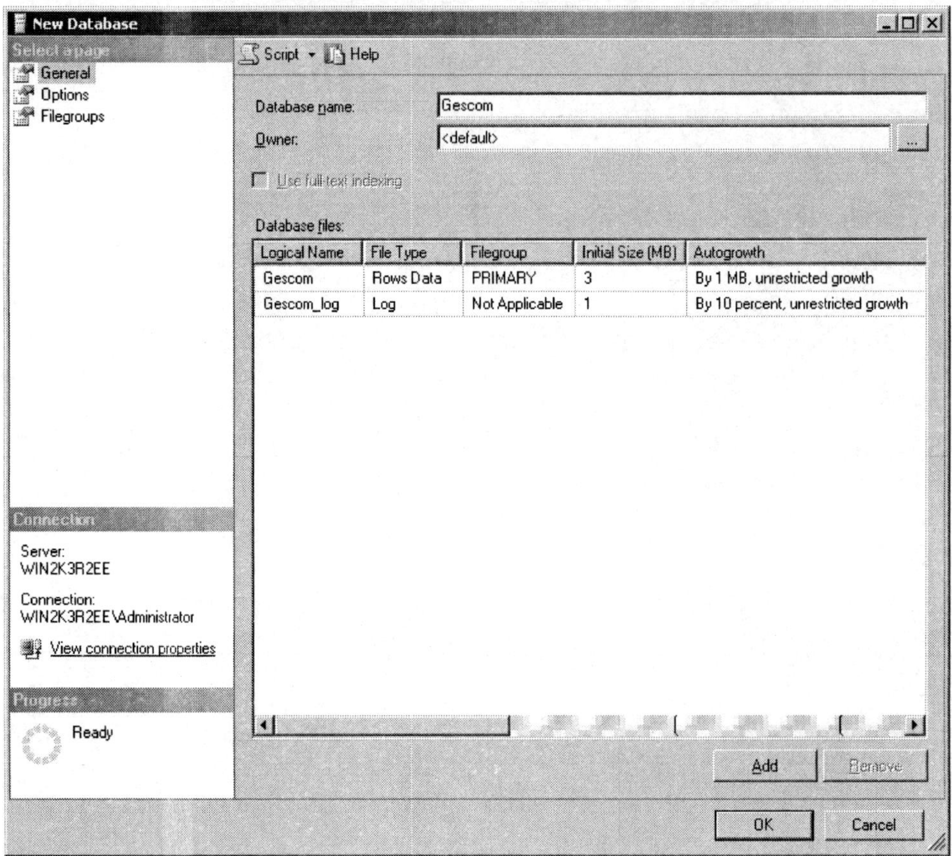

Depuis cette boîte de dialogue, il est possible de définir les différentes options de création de la base de données.

b. Modifier la taille

Il est possible d'augmenter ou de diminuer la taille des fichiers de façon automatique ou manuelle.

Augmenter la taille

Si un pas d'incrément (FILEGROWTH) et une taille maximum sont précisés lors de la création du fichier, le fichier changera de taille en fonction des besoins.

Il est possible de modifier manuellement la taille, la taille maximale et le taux d'augmentation d'un fichier de données avec la commande ALTER DATABASE.

```
ALTER DATABASE nom
MODIFY FILE
(NAME=nomLogique
[,SIZE=taille]
[,MAXSIZE=tailleMaxi]
[FILEGROWTH=valeurIncrément])
```

Exemple

Augmenter la taille d'un fichier existant :

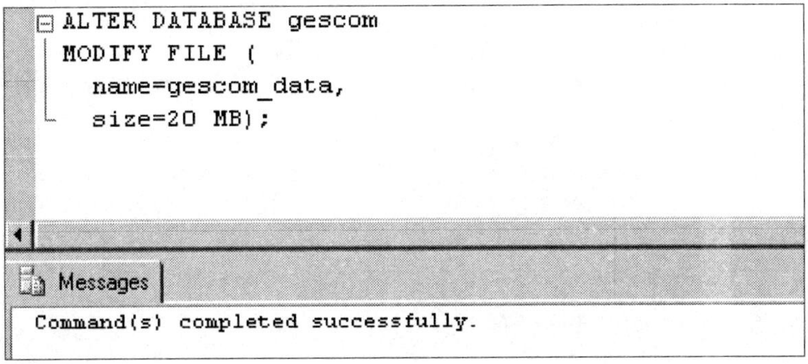

```
ALTER DATABASE gescom
MODIFY FILE (
  name=gescom_data,
  size=20 MB);
```

```
Messages
Command(s) completed successfully.
```

Il est également possible d'ajouter des fichiers.

```
ALTER DATABASE nom
ADD FILE (
NAME = nomLogique,
FILENAME = 'nomPhysique'
[, SIZE = taille]
[, MAXSIZE = { tailleMaxi | UNLIMITED } ]
[, FILEGROWTH = valeurIncrément] )
```

Exemple

Ajout d'un deuxième fichier à la base GESCOM :

```
ALTER DATABASE GESCOM
ADD FILE(
  name=gescom_data2,
  filename='C:\Program Files\Microsoft SQL Server\MSSQL10.MSSQLSERVER\MSSQL\DATA\gescom_data2.ndf',
  size=3MB
);
```

Messages

```
Command(s) completed successfully.
```

La commande ALTER DATABASE permet une action beaucoup plus importante sur la base que la simple modification de taille des fichiers. Il est ainsi possible d'ajouter et de supprimer des fichiers et des groupes de fichiers, de modifier le nom de la base, de préciser le mode de fin par défaut des transactions en cours et de changer le classement de la base.

 Pour connaître les différents classements disponibles sur le serveur, il faut exécuter la requête suivante :

```
SELECT * FROM ::fn_helpcollations()
```

Diminuer la taille

La taille des fichiers peut diminuer de façon automatique si l'option **auto-shrink** a été positionnée sur la base.

Les commandes DBCC SHRINKFILE et DBCC SHRINKDATABASE permettent d'exécuter manuellement la diminution de taille. DBCC SHRINKFILE ne va porter que sur un fichier en particulier tandis que DBCC SHRINKDATABSE va scruter tous les fichiers de la base.

L'opération de réduction des fichiers commence toujours par la fin du fichier. Par exemple, si la base dispose d'un fichier de 500 Mo que l'on souhaite ramener à une taille de 400 Mo ce sont les 100 derniers mégaoctets du fichier qui vont être réorganisés afin de ne plus détenir aucune donnée avant leur libération.

La quantité d'espace réellement libérée est fonction de la taille idéale fixée en paramètre à DBCC SHRINKFILE et de la réalité des données. Si dans l'exemple précédent, le fichier contient 450 Mo d'extensions utilisés, alors seulement 50 Mo d'espace seront libérés.

Syntaxe

```
DBCC SHRINKFILE (nom_fichier {[ ,taille_cible ]
| [ , { EMPTYFILE | NOTRUNCATE | TRUNCATEONLY } ] })
DBCC SHRINKDATABASE  ( nom_base [ , pourcentage_cible ]
[ , { NOTRUNCATE | TRUNCATEONLY } ] )
```

`DBCC SHINKFILE`

Réduit la taille du fichier de données ou du fichier journal pour la base de données spécifiée.

`DBCC SHRINKDATABASE`

Réduit la taille des fichiers de données dans la base de données spécifiée.

`Taille_cible`

Indique la taille souhaitée du fichier après réduction.

`Pourcentage_cible`

Indique le pourcentage d'espace libre que l'on souhaite obtenir dans le fichier de données après réduction de la base.

`EMPTYFILE`

Permet de demander à la commande DBCC_SHRINKFILE de transférer toutes les données présentes dans ce fichier de données vers un autre fichier du même groupe. Une fois vide, le fichier pourra être supprimé à l'aide d'une commande ALTER TABLE.

`NOTRUNCATE`

Réorganise le fichier en positionnant les pages occupées en haut de fichier, mais il n'est pas diminué.

```
TRUNCATEONLY
```

Coupe le fichier sans faire aucune réorganisation du fichier.

c. Supprimer la base

La commande DROP DATABASE permet de supprimer la base. Les fichiers physiques sont également supprimés.

Si certains fichiers sont détachés de la base avant sa suppression alors ils ne seront pas supprimés et il sera nécessaire d'effectuer cette opération de façon manuelle depuis l'explorateur de fichiers.

Enfin, si des utilisateurs sont connectés sur la base il n'est pas possible de la supprimer. Pour forcer la déconnexion de ces derniers et permettre la suppression de la base il est nécessaire de basculer vers le mode SINGLE_USER à l'aide de l'instruction ALTER DATABASE.

L'instruction DROP DATABASE ne peut être exécutée que si le mode autocommit est activé (ce qui est le cas par défaut). Il n'est pas possible de supprimer les bases système.

d. Renommer une base

Il est possible de renommer une base de données par l'intermédiaire de l'instruction ALTER DATABASE.

Syntaxe

```
ALTER DATABASE nomBase MODIFY NAME= nouveauNomBase
```

La procédure sp_renamedb est maintenue pour des raisons de compatibilité ascendante. Il faut veiller à ne plus l'utiliser dans SQL Server 2008.

e. Configurer une base

Il est possible de configurer une base de données pour fixer un certain nombre d'options afin d'obtenir le comportement souhaité de la base en fonction des besoins des utilisateurs. On accède à ces différentes options, soit de façon graphique par SQL Server Management Studio en se positionnant sur la base puis en appelant la fenêtre des propriétés par la touche [F4], soit par le menu contextuel associé à la base, ou bien encore par le menu **View - Properties Window** (Affichage - Fenêtre Propriétés) dans le menu général de SQL Server Management Studio.

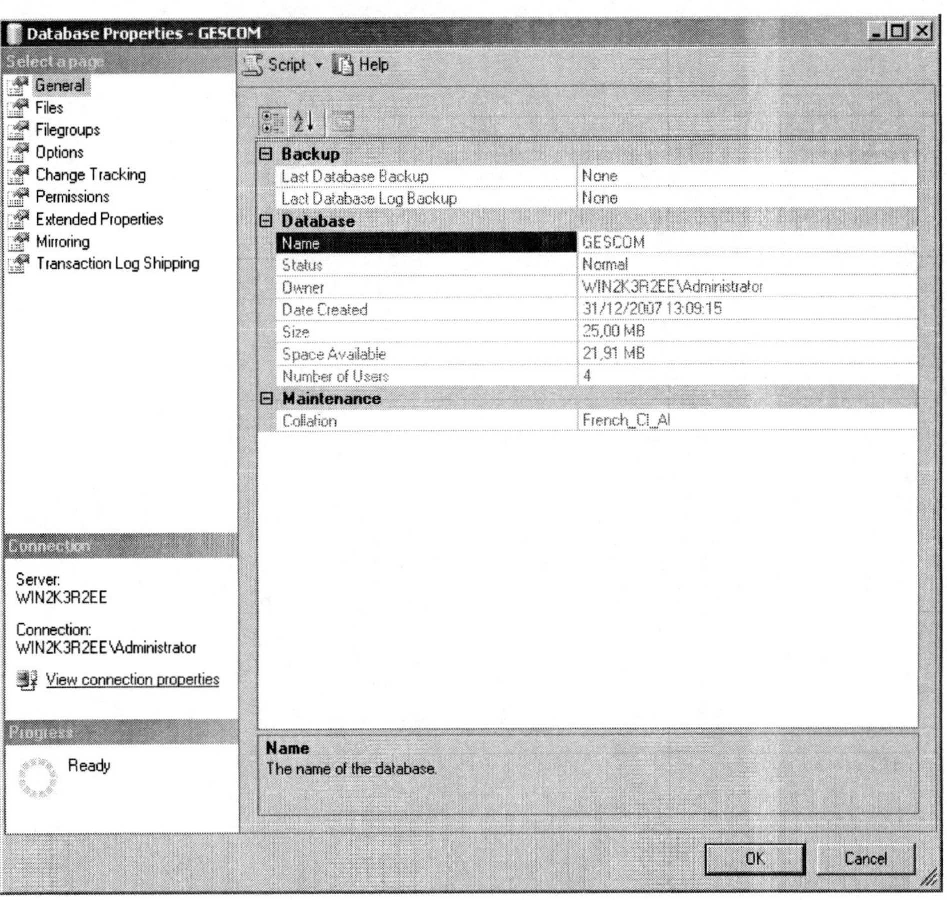

Jusqu'à présent, SQL Server utilisait la procédure stockée **sp_dboption** pour définir les options de configuration de la base. Cette procédure existe encore avec SQL Server 2008 mais uniquement pour maintenir la compatibilité des scripts existants. La procédure **sp_dboption** n'existera plus dans les prochaines versions de SQL Server. Il faut utiliser l'instruction ALTER DATABASE ou bien la procédure stockée **sp_replicationdboption** lorsque les options sont liées à la réplication.

Syntaxe

```
ALTER DATABASE nomBase SET option ;
```

État de la base

`ONLINE`

Permet de rendre la base de données de nouveau visible.

`OFFLINE`

Permet de rendre inaccessible la base de données. La base de données est fermée et arrêtée proprement. Il n'est pas possible de faire des opérations de maintenance sur une base de données offline.

`EMERGENCY`

La base de données est mise en lecture seule, la journalisation est désactivée et son accès est limité aux seuls administrateurs du serveur.

Accès

`SINGLE_USER`

Accès limité à un seul utilisateur.

`RESTRICTED_USER`

Seuls les membres des rôles db_owner, dbcreator, ou sysadmin peuvent se connecter à la base.

MULTI_USER

C'est le mode par défaut qui permet à tous les utilisateurs disposant de privilèges suffisants d'accéder à l'information.

Opérations possibles

READ_ONLY

La base est accessible uniquement pour les opérations de lecture.

READ_WRITE

La base est accessible pour les opérations de lecture/écriture.

Accès

DBO use only

La base n'est accessible que par son propriétaire.

Paramétrage

ANSI_NULL_DEFAULT

Définit la valeur par défaut de la contrainte de nullité de colonne. Selon la norme ANSI, une colonne peut être NULL par défaut.

RECURSIVE_TRIGGERS

Autorise la récursivité des triggers.

TORN_PAGE_DETECTION

Permet de détecter les pages incomplètes.

AUTO_CLOSE

La base est arrêtée et les ressources sont libérées après la déconnexion du dernier utilisateur.

AUTO_SHRINK

Les fichiers de la base pourront être automatiquement réduits.

AUTO_CREATE_STATISTICS

Toutes les statistiques manquantes lors de l'optimisation d'une requête sont créées. Cette option est active (positionnée à ON) par défaut.

AUTO_UPDATE_STATISTICS

Toutes les statistiques obsolètes pour la bonne optimisation d'une requête sont recalculées.

AUTO_UPDATE_STATISTICS_ASYNC

Les statistiques qui permettent de représenter la pertinence des index sont mises à jour de façon asynchrone. La requête qui provoque la mise à jour des statistiques n'attend pas que les statistiques soient à jour pour s'exécuter. Ce sont les futures requêtes qui profiteront de cette mise à jour. Cette option est active (positionnée à ON) par défaut.

QUOTED_IDENTIFIERS

Les identificateurs délimités peuvent être encadrés par des guillemets doubles.

ANSI_NULLS

Si le paramètre est vrai (true), alors toutes les comparaisons avec une valeur NULL sont évaluées à inconnues. Si le paramètre est faux (false) alors les comparaisons avec les valeurs NULL et les valeurs non unicode sont évaluées à VRAI si les deux valeurs sont NULL.

ANSI_WARNINGS

Permet de faire remonter des messages d'erreur ou des avertissements lorsque certaines conditions sont remplies.

ARITHABORT

Permet d'arrêter le traitement du lot d'instructions lors d'un dépassement de capacité ou d'une division par zéro.

CONCAT_NULL_YIELDS_NULL

Le résultat est NULL si l'un des deux opérandes d'une opération de concaténation est NULL.

CURSOR_CLOSE_ON_COMMIT

Permet de fermer tous les curseurs lors de la définition d'une transaction ou lors de la fin d'une transaction.

CURSOR_DEFAULT

Les déclarations de curseur ont pour valeur par défaut LOCAL.

NUMERIC ROUNDABORT

Une erreur est levée si une perte de précision intervient au cours d'un calcul.

RECOVERY

Permet de préciser la stratégie de sauvegarde planifiée au niveau de la base. Ce paramètre à une incidence directe sur les informations conservées dans les journaux de transactions.

PAGE_VERIFY

Cette option permet de valider la qualité des informations stockées au niveau de chaque page. L'option par défaut CHECKSUM est celle recommandée par SQL Server.

SUPPLEMENTAL_LOGGING

En positionnant cette option à ON (OFF par défaut), des informations complémentaires vont être ajoutées au journal. Il est possible de connaître l'état de cette option en examinant la valeur contenue dans la colonne is_supplemental_logging_enabled de la vue sys.databases.

PARAMETERIZATION

En mode SIMPLE, par défaut les requêtes sont paramétrées en fonction des règles en vigueur sur le serveur. En utilisant le mode FORCED, SQL Server paramètre toutes les requêtes avant de dresser le plan d'exécution.

Gestion des transactions

`ROLLBACK AFTER nombre`

L'annulation des transactions est effective après `nombre` secondes d'attente.

`ROLLBACK IMMEDIATE`

L'annulation de la transaction est immédiate.

`NO_WAIT`

Si la transaction n'accède pas immédiatement aux ressources qui lui sont nécessaires, elle est annulée.

`ANSI_PADDING`

Permet de spécifier si les espaces à droite sur les données de type caractère doivent être supprimés ou pas.

`COMPATIBILITY`

Permet de fixer le niveau de compatibilité de la base de données : 80 pour SQL Server 2000, 90 pour SQL Server 2005 et 100 pour SQL Server 2008.

`DATE_CORRELATION_OPTIMISATION`

Avec cette option SQL Server se charge de maintenir la corrélation des statistiques entre deux tables liées par une contrainte de clé étrangère et qui possèdent toutes les deux une colonne de type datetime.

Accès externe

`DB_CHAINING`

Permet de gérer les contextes de sécurité lors de l'accès à la base à partir d'une autre base.

`TRUSTWORTHY`

Des modules internes (procédures stockées, fonctions) peuvent accéder à des ressources externes au serveur en utilisant un contexte impersonnate.

Service Broker

`ENABLE_BROKER`

Active le service Broker.

`DISABLE_BROKER`

Désactive le service Broker.

`NEW_BROKER`

Permet de préciser que la base doit recevoir un nouvel identifiant Service Broker.

`ERROR_BROKER_CONVERSATIONS`

Les conversations en cours vont recevoir un message d'erreur et vont ainsi être clôturées.

Snapshot (Capture instantanée)

`ALLOW_SNAPSHOT_ISOLATION`

Lorsque ce mode est activé, toutes les transactions sont capables de travailler avec une capture instantanée (snapshot) de la base telle qu'elle était au début de la transaction.

`READ_COMMITTED_SNAPSHOT`

Lorsque ce mode est activité, toutes les instructions perçoivent les données telles qu'elles étaient au début de l'instruction.

B. Gérer les tables et les index

1. Identifiant

Tous les éléments créés dans SQL Server sont parfaitement identifiés par leur nom qui est utilisé en tant qu'identifiant. En effet, deux objets de même type ne peuvent pas avoir le même nom s'ils sont définis au même niveau. Par exemple, sur une instance de SQL Server, il n'est pas possible d'avoir deux bases de données avec le même nom, par contre, c'est totalement possible si les bases sont définies sur deux instances distinctes de SQL Server. De même, au sein d'une base de données, il n'est pas possible d'avoir deux tables avec le même nom. C'est à partir de l'identifiant qu'il est possible de manipuler via le SQL les objets. Il est donc important de définir correctement ces identifiants.

Les identifiants sont composés de 1 à 128 caractères. Ils commencent toujours par une lettre ou l'un des caractères suivants : _, @, #.

Les caractères suivants sont des caractères alphanumériques.

Bien entendu aucun identifiant ne peut correspondre à un mot clé du Transact SQL.

Il existe deux catégories d'identifiants : les réguliers et les délimités.

Les identifiants réguliers

Cette catégorie d'identifiant est la plus communément utilisée et c'est celle à privilégier. En effet, ce type d'identifiant est présent dans toutes les bases et présente beaucoup de souplesse au niveau de l'écriture des requêtes car la casse n'est pas conservée.

Exemple :

```
ENIEditions, RessourcesInformatiques
```

Les identifiants délimités

Cette catégorie d'identifiant permet de conserver des caractères spéciaux dans les identifiants comme les caractères accentués, les espaces, ... mais également de conserver la casse. Ces identifiants sont utilisés entre des crochets [] ou bien des guillemets "". L'utilisation de ce type d'identifiant ne permet que rarement de gagner en clarté car l'écriture des requêtes est plus lourde. Il est donc préférable d'utiliser des identifiants réguliers.

Exemple :

```
[ENI éditions], "Ressources Informatiques", …
```

2. Les types de données

Lors de la définition d'une colonne, on précisera le format d'utilisation de la donnée ainsi que le mode de stockage par le type de la colonne.

a. Types de données système

Ces types sont disponibles pour toutes les bases de données en standard.

Caractères

`char[(n)]`

Chaîne de caractères de longueur fixe, de n caractères maximum. Par défaut 1, maximum 8000.

`varchar(n|max)`

Chaîne de caractères à longueur variable, de n caractères maximum. Par défaut 1, maximum 8000 caractères. En précisant max, la variable peut contenir des données de type texte allant jusqu'à 2^{31} caractères.

`nchar[(n)]`

Chaîne de caractères unicode, maximum 4000 caractères.

`nvarchar (n|max)`

Chaîne de caractères unicode, maximum 4000. En précisant max, la variable peut contenir des données de type texte allant jusqu'à 2^{31} octets.

Le type sysname, qui est rencontré lorsque l'on travaille avec les tables système, est utilisé pour référencer les noms d'objets. Ce type est identique à un nvarchar(128) avec pour particularité que les valeurs null sont interdites.

Numériques

`decimal [(p[,d])]`

Numérique exact de précision p (nombre de chiffres total), avec d chiffres à droite de la virgule.
p est compris entre 1 et 38, 18 par défaut.
d est compris entre 1 et p, 0 par défaut.
Exemple : pour décimal (8,3) l'intervalle admis sera de -99999,999 à +99999,999.
Les valeurs sont gérées de -10^{38} à 10^{38} -1.

`numeric [(p[,d])]`

Identique à `decimal`. Pour le type decimal, la précision pourra être parfois plus grande que celle requise.

`bigint`

Type de données entier codé sur 8 octets. Les valeurs stockées avec ce type de données sont comprises entre -2^{63}(-9 223 372 036 854 775 808) et 2^{63}-1(9 223 372 036 854 775 807).

`int`

Nombre entier entre -2^{31} (-2147783648) et $+2^{31}$ -1 (+2147483647). Le type de données **int** est spécifique SQL Server et son synonyme **integer** est quant à lui compatible ISO.

`smallint`

Nombre entier entre -2^{15} (-32768) et 2^{15} -1 (+32767).

`tinyint`

Nombre entier positif entre 0 et 255.

`float[(n)]`

Numérique approché de n chiffres, n allant de 1 à 53.

`real`

Identique à `float(24)`.

`money`

Numérique au format monétaire compris entre
-922 337 203 685 477, 5808 et
+922 337 203 685 477, 5807 (8 octets).

`smallmoney`

Numérique au format monétaire compris entre -214 748,3648
et +214 748,3647 (4 octets).

Binaires

`binary[(n)]`

Donnée binaire sur n octets (1 à 255), la longueur est fixe.

`varbinary (n|max)`

Donnée binaire de longueur variable de n octets (1 à 8000). L'option max permet de réserver un espace de 231 octets au maximum.

Date

Pour la gestion des données de types date et heure SQL Server 2008 propose de nouveaux types de données afin d'optimiser le stockage des données. Ces nouveaux types de données sont introduits pour permettre une gestion plus fine des données de types date et heure. Tout d'abord, il existe des types particuliers pour stocker les données de type heure et d'autres types pour stocker les données de type date. Cette séparation est bénéfique car elle permet de donner plus de précision tout en limitant l'espace utilisé par les données de tel ou tel type. Par exemple, est-il nécessaire de conserver des données de type heures, minutes et secondes lorsque seule la date de naissance d'un client doit être conservée ? Sans aucun doute, non. Le simple fait de conserver ces informations peut induire des erreurs lorsque par la suite des calculs vont être faits. Il est donc plus raisonnable et plus performant d'adopter pour cette donnée, un type qui ne conserve que la date.

Ces nouveaux types de données, pour les données de type date et heure, vont également permettre une meilleure compatibilité avec les autres systèmes de gestion de données et faciliter les opérations de reprise de données.

Bien entendu SQL Server offre la possibilité avec les types `datetime2` et `datetimeoffset` de conserver des informations de type date et heure de façon simultanée.

Le type `datetimeoffset` permet non seulement de stocker des informations de type date et heure avec une précision pouvant aller jusqu'à 100 nanosecondes, mais en plus c'est l'heure au format UTC qui est conservée ainsi que le décalage (en nombre d'heures) entre cette heure UTC et la zone horaire depuis laquelle travaille l'utilisateur qui introduit les informations dans la base.

Les types `datetime` et `smalldatetime` sont toujours présents dans SQL Server, mais il est préférable de privilégier les types `time`, `date`, `datetime2` et `datetimeoffset` dans les nouveaux développements. En effet, ces types offrent plus de précision et un meilleur respect des standards SQL.

`datetime`

Permet de stocker une date et une heure sur 8 octets. 4 pour un nombre de jours par rapport au 1er janvier 1900, 4 pour un nombre de millisecondes après minuit. Les dates sont gérées du 1er janvier 1753 au 31 décembre 9999. Les heures sont gérées avec une précision de 3,33 millisecondes.

`smalldatetime`

Permet de stocker une date et une heure sur 4 octets. Les dates sont gérées du 1er janvier 1900 au 6 juin 2079, à la minute près.

`datetime2`

Plus précis que le type `datetime`, il permet de stocker une donnée de type date et heure comprise entre le 01/01/0001 et le 31/12/9999 avec une précision de 100 nanosecondes.

`datetimeoffset`

Permet de stocker une donnée de type date et heure comprise entre le 01/01/0001 et le 31/12/9999 avec une précision de 100 nanosecondes. Les informations horaires sont stockées au format UTC et le décalage horaire est conservé afin de retrouver l'heure locale renseignée initialement.

`date`

Permet de stocker une date comprise entre le 01/01/0001 et le 31/12/9999 avec une précision d'une journée.

`time`

Permet de stocker une donnée positive de type heure inférieure à 24h00 avec une précision de 100 nanosecondes.

Spéciaux

`bit`

Valeur entière pouvant prendre les valeurs 0, 1 ou null.

`timestamp`

Donnée dont la valeur est mise à jour automatiquement lorsque la ligne est modifiée ou insérée.

`uniqueidentifier`

Permet de créer un identificateur unique en s'appuyant sur la fonction NEWID().

`sql_variant`

Le type de données **sql_variant** permet de stocker n'importe quel type de données à l'exception des données de type **text**, **ntext**, **timestamp** et **sql_variant**. Si une colonne utilise ce type de données, les différentes lignes de la table peuvent stocker dans cette colonne des données de type différent. Une colonne de type **sql_variant** peut posséder une longueur maximale de 8016 octets. Avant d'utiliser une valeur stockée au format **sql_variant** dans une opération, il est nécessaire de convertir les données dans leur format d'origine. Les colonnes utilisant le type **sql_variant** peuvent participer à des contraintes de clés primaires, de clés étrangères ou d'unicité, mais les données contenues dans la clé d'une ligne ne peuvent excéder les 900 octets (limite imposée par les index).
sql_variant ne peut pas être utilisé dans les fonctions CONTAINSTABLE et FREETEXTTABLE.

`table`

C'est un type de données particulier qui permet de stocker et de renvoyer un ensemble de valeurs en vue d'une utilisation future. Le mode principal d'utilisation de ce type de données est la création d'une table temporaire.

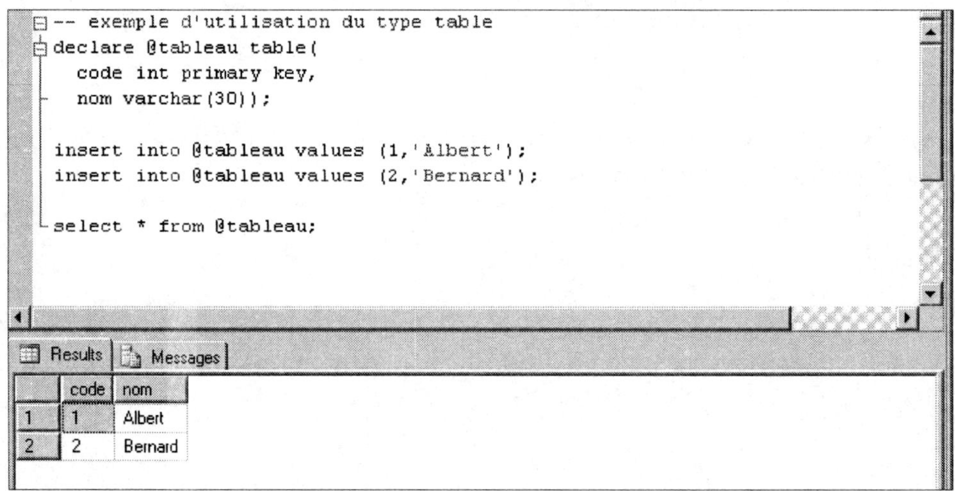

`xml`

Ce type permet de stocker un document xml dans une colonne au sein d'une table relationnelle.

Les types `text`, `ntext` et `images` sont maintenus pour des raisons de compatibilité. Il faut maintenant leur préférer `varchar(max)` et `varbinary(max)`.

SQL Server propose également un certain nombre de synonymes par rapport à ses propres types de base. Les synonymes sont souvent présents pour assurer la compatibilité avec le standard ISO.

Synonyme	Type SQL Server
Caractères	
char varying	varchar
character(*n*)	char(*n*)
character varying(*n*)	varchar(*n*)
national character(*n*)	nchar(*n*)
national char(*n*)	nchar(*n*)
national character varying(*n*)	nvarchar(*n*)
national char varying(*n*)	nvarchar(*n*)
national text	ntext
Numériques	
dec	decimal
double precision	float
integer	int
Binaires	
binary varying	varbinary
Autres	
rowversion	timestamp

b. Types de données définis par l'utilisateur

Il est possible de définir ses propres types de données, soit par l'intermédiaire de Management Studio, soit par la commande CREATE TYPE.

Les procédures stockées **sp_addtype** et **sp_droptype** sont maintenues pour des raisons de compatibilité ascendante. Microsoft recommande de ne plus les utiliser car elles ne seront sans doute plus présentes dans les versions à venir de SQL Server.

Syntaxe (création)

```
CREATE TYPE nomType
{FROM typeDeBase [ ( longueur [ , precision ] )  ]
    [ NULL | NOT NULL ]
  | EXTERNAL NAME nomAssembly [ .nomClasse]
} [ ; ]
```

Il est possible de définir un type de données en s'appuyant sur la définition d'une classe. Cette option est liée à l'intégration du CLR dans SQL Server. Cette intégration est détaillée plus tard dans cet ouvrage.

Syntaxe (suppression)

```
DROP TYPE [ schema_name. ] type_name [ ; ]
```

Pour définir un type de données qui s'appuie sur un type du CLR, il faut activer la prise en charge du CLR par l'intermédiaire de **sp_dboption**.

Un type ne pourra pas être supprimé s'il est utilisé dans une table de la base où il a été créé.

Exemples

Création d'un type pour les colonnes telles que nom client, nom fournisseur etc. :

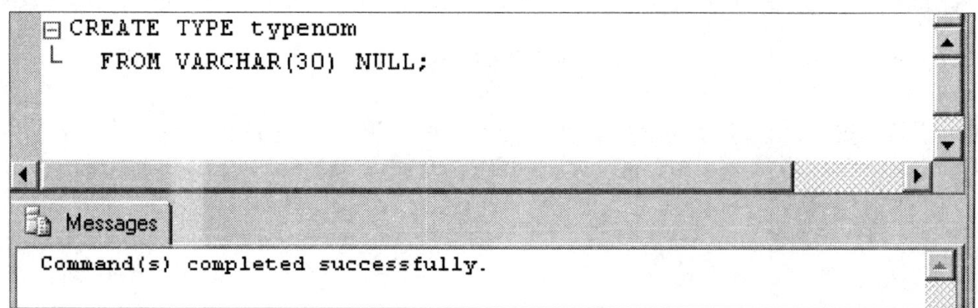

Création d'un type pour des valeurs entre -999 et +999 :

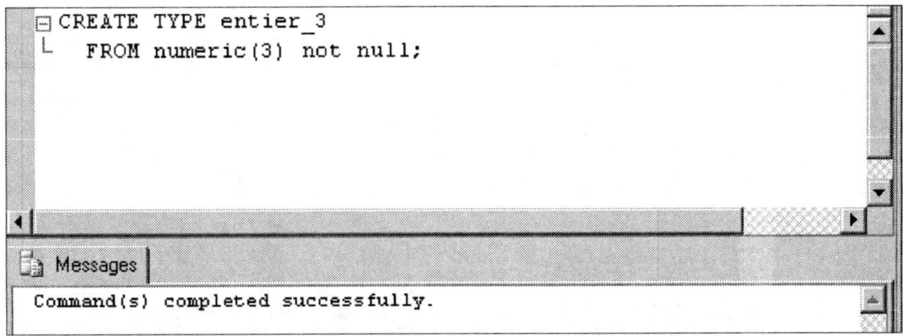

```
CREATE TYPE entier_3
  FROM numeric(3) not null;
```

```
Command(s) completed successfully.
```

Demander la création d'un nouveau type de données depuis SQL Server Management Studio :

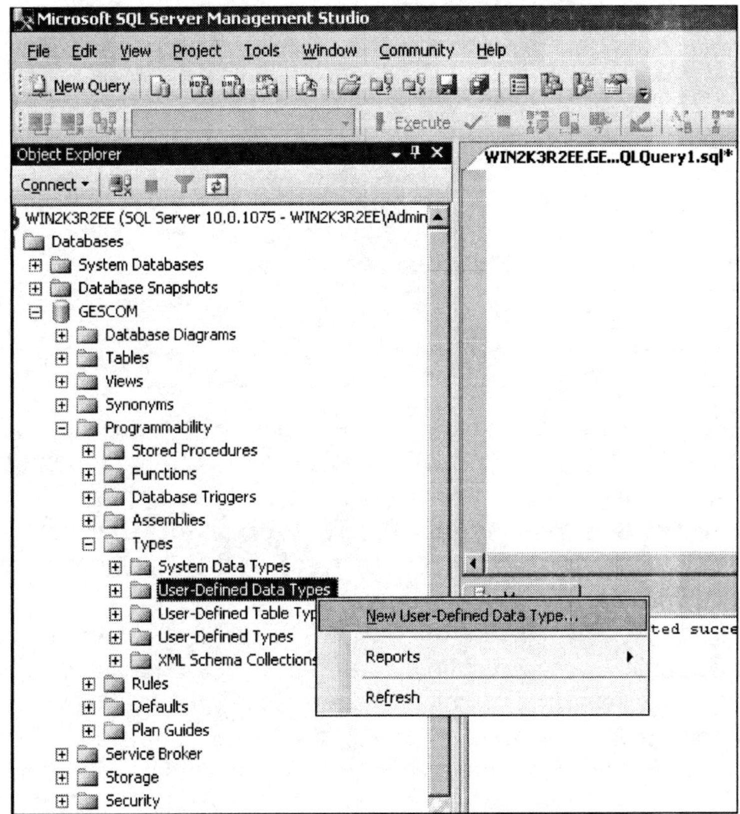

Définition du nouveau type de données "Montant" depuis SQL Server Management Studio :

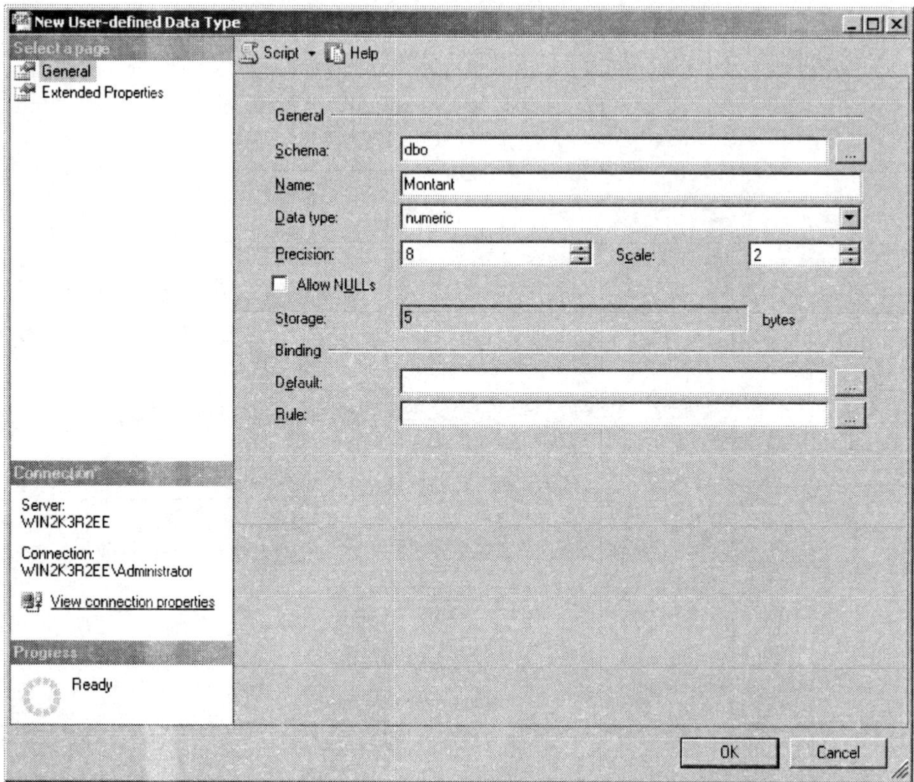

En plus de définir des alias (comme illustré ci-dessus), l'instruction CREATE TYPE permet de créer des types UDT (*User Defined Type*) c'est-à-dire définis à l'aide du CLR (ce point sera abordé au chapitre 7).

Au niveau Transact SQL, l'instruction CREATE TYPE permet également de créer des types composés de plusieurs champs. Ces types sont fréquemment nommés types structurés dans les langages de programmation.

En ce qui concerne SQL Server, l'instruction CREATE TYPE permet de créer un type TABLE ou tableau. Chaque colonne qui participe à la définition de ce nouveau type est définie sur le même principe qu'une colonne dans une table. Ainsi il est possible de définir les contraintes d'intégrité de clé primaire (PRIMARY KEY), d'unicité (UNIQUE), de validation (CHECK) et de non nullité. Ces contraintes peuvent être définies au niveau de la colonne ou bien de la table. Il est également possible de définir une colonne de type identité.

L'instruction CREATE TYPE permet ainsi de créer des types dits fortement typés car les contraintes d'intégrité permettent une définition plus précise du format possible des données.

L'introduction de ce nouveau type va permettre de définir des paramètres de fonctions ou procédures de type tableau. On parlera alors d'un `table value parameter`.

Syntaxe

```
CREATE TYPE nomType AS TABLE (
colonne typeColonne[contrainteColonne], …)
```

`nomType`

Nom du type ainsi créé.

`colonne`

Nom de la colonne qui participe à la définition de ce nouveau type. Il est bien sûr possible de définir plusieurs colonnes.

`typeColonne`

Type de données Transact SQL sur lequel est définie la colonne. Toutes les colonnes d'un même type de table ne sont pas forcément définies sur le même type ni avec la même précision.

`contrainteColonne`

Définition de la contrainte d'intégrité associée à la colonne.

Exemple

Dans l'exemple suivant un type représentant un individu est défini. Ce type est composé des champs civilité, nom et prénom. Pour le champ civilité seules certaines valeurs sont autorisées.

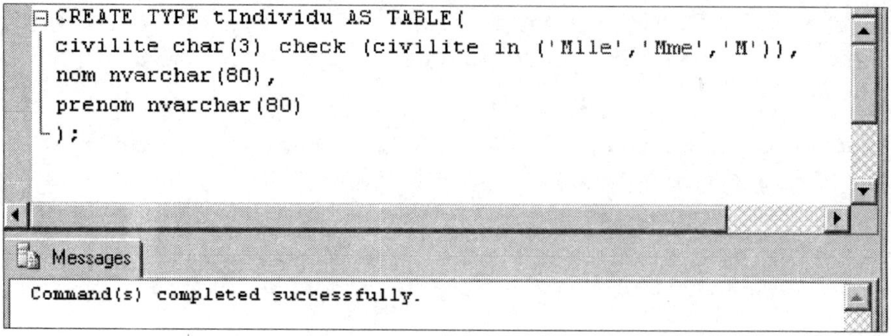

```
CREATE TYPE tIndividu AS TABLE(
civilite char(3) check (civilite in ('Mlle','Mme','M')),
nom nvarchar(80),
prenom nvarchar(80)
);
```

Messages

```
Command(s) completed successfully.
```

3. Gérer les tables

Une table représente une structure logique dans laquelle les données vont être rangées. Pour permettre une bonne organisation des informations, chaque table est constituée de colonnes afin de structurer les données. Chaque colonne est parfaitement identifiée par son nom, qui est unique à l'intérieur de la table, et par son type de données. Les données sont réparties entre plusieurs tables. Les contraintes d'intégrité permettent de garantir la cohérence des données.

Les trois opérations de gestion de table sont la création (CREATE TABLE), la modification (ALTER TABLE) et la suppression (DROP TABLE). Ces opérations peuvent être réalisées en Transact SQL ou par SQL Server Management Studio par un utilisateur "dbo" ou ayant reçu le droit CREATE TABLE.

a. Créer une table

L'étape de création des tables est une étape importante de la conception de la base car les données sont organisées par rapport aux tables. Cette opération est ponctuelle et elle est en général réalisée par l'administrateur (DBA : *DataBase Administrator*) ou tout au moins par la personne chargée de la gestion de la base.
La création d'une table permet de définir les colonnes (nom et type de données) qui la composent ainsi que les contraintes d'intégrité. De plus, il est possible de définir des colonnes calculées, un ordre de tri spécifique à la colonne ainsi que la destination des données de type texte ou image.

Syntaxe

```
CREATE TABLE [nomSchema.] nom_table
( nom_colonne {typecolonne|AS expression_calculée}
[,nom_colonne ... ][,contraintes...])
[ON groupefichier]
[TEXTIMAGE_ON groupe_fichier]
```

`nomSchema`

Nom du schéma dans lequel la table va être définie.

`nom_table`

Peut être sous la forme base.propriétaire.table.

`nom_colonne`

Nom de la colonne qui doit être unique dans la table.

`typecolonne`

Type système ou type défini par l'utilisateur.

`contraintes`

Règles d'intégrité (traitées ultérieurement dans cet ouvrage).

`groupefichier`

Groupe de fichiers sur lequel va être créée la table.

`AS expression_calculée`

Il est possible de définir une règle de calcul pour les colonnes qui contiennent des données calculées. Bien entendu, ces colonnes ne sont accessibles qu'en lecture seule, et il n'est pas possible d'insérer des données ou de mettre à jour les données d'une telle colonne.

`TEXTIMAGE_ON`

Permet de préciser le groupe de fichiers destination pour les données de type texte et image.

Il est possible de créer 2 milliards de tables par base de données.

Le nombre maximal de colonnes par table est de 1024.
La longueur maximale d'une ligne est de 8060 octets (sans compter les données texte ou image).

Exemples

Création de la table ARTICLES :

```
CREATE TABLE ARTICLES(
   REFERENCE_ART nvarchar(16),
   DESIGNATION_ART nvarchar(200),
   PRIXHT_ART decimal(10,2),
   CODE_CAT char(2)
);
```

Messages

Command(s) completed successfully.

Affichage des informations sur la table à l'aide de la procédure stockée sp_help :

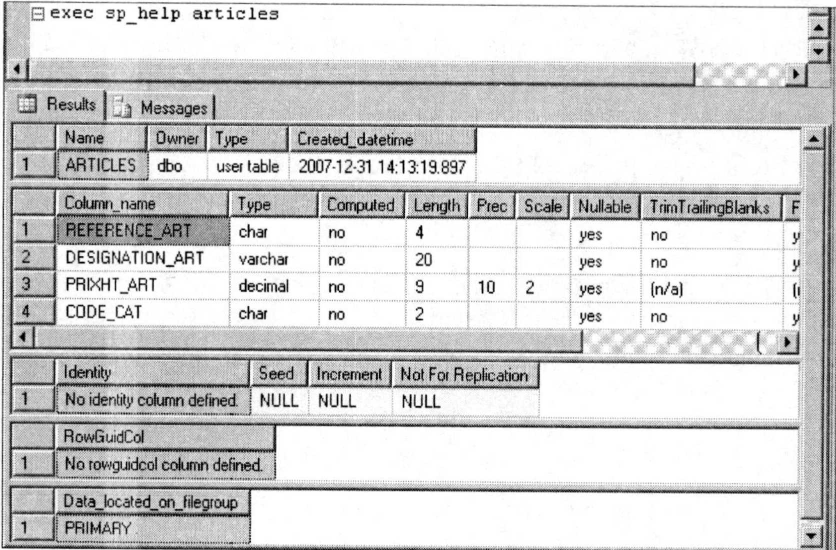

```
exec sp_help articles
```

Results | Messages

	Name	Owner	Type	Created_datetime
1	ARTICLES	dbo	user table	2007-12-31 14:13:19.897

	Column_name	Type	Computed	Length	Prec	Scale	Nullable	TrimTrailingBlanks	F
1	REFERENCE_ART	char	no	4			yes	no	y
2	DESIGNATION_ART	varchar	no	20			yes	no	y
3	PRIXHT_ART	decimal	no	9	10	2	yes	(n/a)	(
4	CODE_CAT	char	no	2			yes	no	y

	Identity	Seed	Increment	Not For Replication
1	No identity column defined.	NULL	NULL	NULL

	RowGuidCol
1	No rowguidcol column defined.

	Data_located_on_filegroup
1	PRIMARY

Création de la table CLIENTS (depuis l'interface graphique) :

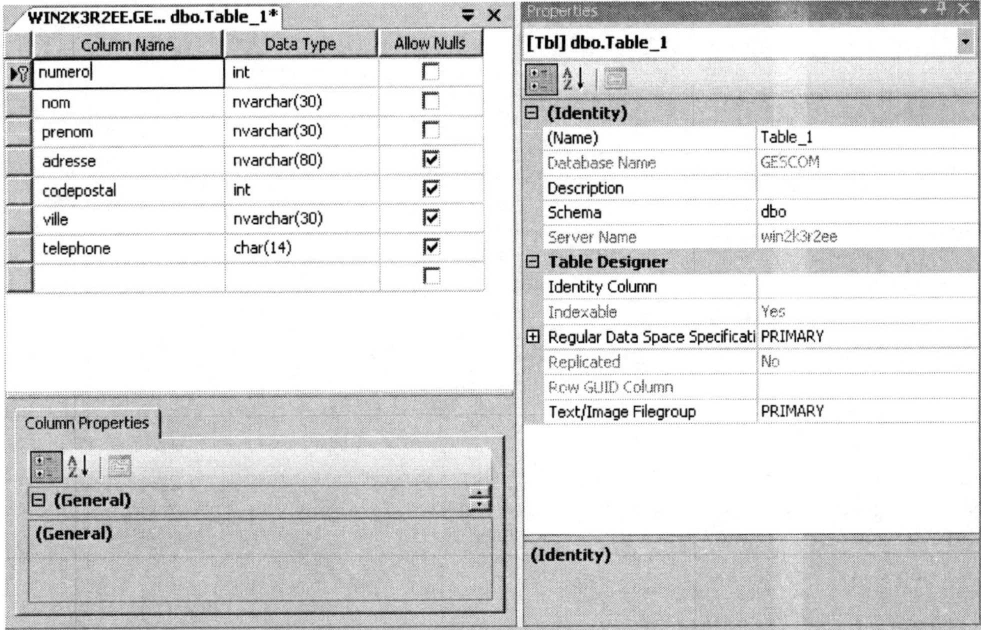

b. Modifier une table

La modification de table est effectuée par la commande ALTER TABLE ou par l'interface graphique de SQL Server Management Studio. Lors d'une modification de table, il est possible d'ajouter et de supprimer des colonnes et des contraintes, de modifier la définition d'une colonne (type de données, classement et comportement vis à vis de la valeur NULL), d'activer ou de désactiver les contraintes d'intégrité et les déclencheurs. Ce dernier point peut s'avérer utile lors d'import massif de données dans la base si l'on souhaite conserver des temps de traitements cohérents.

Syntaxe

```
ALTER TABLE [nomSchema.] nomtable
{ [ ALTER COLUMN nom_colonne
  { nouveau_type_données [ ( longueur [ , precision ] ) ]
  [ COLLATE classement ] [ NULL | NOT NULL ]  } ]
| ADD nouvelle_colonne
| [ WITH CHECK | WITH NOCHECK ] ADD contrainte_table
| DROP { [ CONSTRAINT ] nom_contrainte | COLUMN nom_colonne }
| { CHECK | NOCHECK } CONSTRAINT { ALL | nom_contrainte  }
| { ENABLE | DISABLE } TRIGGER { ALL | nom_déclencheur } }
```

`nomSchema`

Nom du schéma dans lequel la table va être définie.

`WITH NOCHECK`

Permet de poser une contrainte d'intégrité sur la table sans que cette contrainte soit vérifiée par les lignes déjà présentes dans la table.

`COLLATE`

Permet de définir un classement pour la colonne qui est différent de celui de la base de données.

`NULL, NOT NULL`

Permettent de définir une contrainte de nullité ou de non nullité sur une colonne existante de la table.

`CHECK, NOCHECK`

Permettent d'activer et de désactiver des contraintes d'intégrité.

`ENABLE, DISABLE`

Permettent d'activer et de désactiver l'exécution des déclencheurs associés à la table.

Exemple

Ajout d'une colonne :

```
-- Ajout d'une colonne
ALTER TABLE CLIENTS ADD CODEREP char(2) NULL;
--Modification d'une colonne existante
ALTER TABLE CLIENTS ALTER COLUMN TELEPHONE char(14) NOT NULL;
-- Ajout d'une contrainte
ALTER TABLE CLIENTS ADD CONSTRAINT CK_CPO
  CHECK (CODEPOSTAL BETWEEN 1000 AND 95999);
```

Messages

Command(s) completed successfully.

c. Supprimer une table

La suppression d'une table entraîne la suppression de toutes les données présentes dans la table. Les déclencheurs et les index associés à la table sont également supprimés. Il en est de même pour les permissions d'utilisation de la table. Par contre, les vues, procédures et fonctions qui référencent la table ne sont pas affectées par la suppression de la table. Si elles référencent la table supprimée, alors une erreur sera levée lors de la prochaine exécution.

Syntaxe

```
DROP TABLE [nomSchema.] nomtable [,nomtable...]
```

La suppression d'une table supprimera les données et les index associés. La suppression ne sera pas possible si la table est référencée par une clé étrangère.

Suppression d'une table :

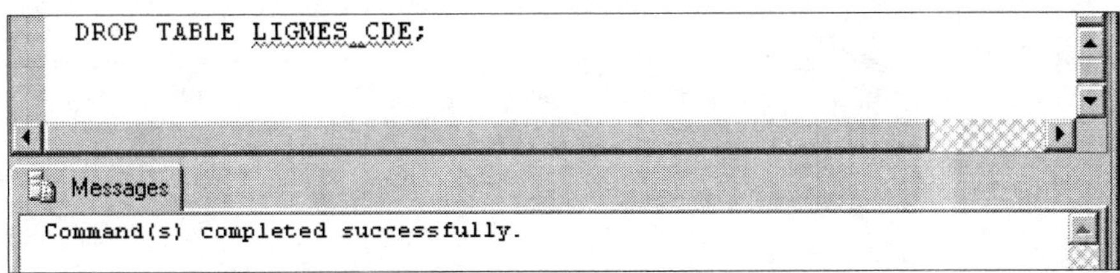

d. Nom complet d'une table

En fonction de l'emplacement depuis lequel la table, et plus généralement l'objet, est référencé, il est nécessaire d'utiliser un nom plus ou moins précis. Le nom complet d'une table, et donc d'un objet, est de la forme suivante :

```
nomBase.nomSchema.nomObjet
```

Cependant, comme habituellement les objets référencés sont présents sur la base courante, il est possible d'omettre le nom de la base.

Le nom du schéma peut également ne pas être spécifié. Dans un tel cas de figure, le moteur de base de données cherchera l'objet dans le schéma associé à l'utilisateur, puis si cette recherche est infructueuse dans le schéma dbo.

C. Mise en œuvre de l'intégrité des données

Pour assurer la cohérence des données dans la base, il est possible de gérer au niveau du serveur un ensemble de fonctionnalités qui permettent de centraliser les contrôles et les règles de fonctionnement dictés par l'analyse.

La mise en œuvre de l'intégrité des données peut se faire de manière procédurale par les valeurs par défaut (DEFAULT) et les déclencheurs (TRIGGER) ou de manière déclarative par les contraintes (CONSTRAINT) et la propriété IDENTITY.

L'intégrité des données traduit les règles du modèle relationnel, règle de cohérence (intégrité de domaine), existence de valeurs nulles, règle d'unicité (intégrité d'entité) et clés étrangères (intégrité référentielle).

Dans la mesure du possible, il est préférable d'implémenter l'intégrité sous la forme de contrainte car la contrainte fait alors partie intégrante de la structure de la table. Le respect de la contrainte est effectif par toutes les lignes d'informations et la vérification est beaucoup plus rapide.

---

1. Les valeurs par défaut

Depuis SQL Server 2005, les objets DEFAULT n'ont plus cours et ne doivent pas être mis en place dans le cadre de nouveaux développements. En effet, ce type d'objet n'est pas conforme à la norme du SQL.

Même si les instructions CREATE DEFAULT, DROP DEFAULT, sp_bindefault et sp_unbindefault sont toujours présentes, il est préférable de définir la valeur par défaut lors de la création de la table (CREATE TABLE) ou de passer par une instruction de modification de table (ALTER TABLE). Comme toujours, ces opérations peuvent être exécutées sous forme de script ou par l'intermédiaire de SQL Server Management Studio.

2. Les règles

Afin de proposer une gestion plus uniforme des différents éléments de la base, en généralisant l'utilisation des instructions CREATE, ALTER et DROP, et pour être plus proche de la norme, SQL Server 2008 ne propose plus la gestion des règles en tant qu'objet indépendant. Les contraintes d'intégrité qui pouvaient être exprimées sous forme de règle doivent être définies lors de la création de la table par l'instruction CREATE TABLE. Elles peuvent également être ajoutées/supprimées sur une table existante par l'intermédiaire de l'instruction ALTER TABLE.

Pour assurer la continuité des scripts, SQL Server continue d'interpréter correctement les instructions CREATE RULE, DROP RULE, sp_bindrule, sp_unbindrule.

3. La propriété Identity

Cette propriété peut être affectée à une colonne numérique entière, à la création ou à la modification de la table et permet de faire générer, par le système, des valeurs pour cette colonne. Les valeurs seront générées à la création de la ligne, successivement en partant de la valeur initiale spécifiée (par défaut 1) et en augmentant ou diminuant ligne après ligne d'un incrément (par défaut 1).

Syntaxe

```
CREATE TABLE nom (colonne typeentier IDENTITY [(depart, increment)],
...)
```

Il ne peut y avoir qu'une colonne IDENTITY par table !

 La propriété IDENTITY doit être définie en même temps que la colonne à laquelle elle est rattachée. La définition d'une colonne identity peut intervenir dans une commande CREATE TABLE ou bien dans une commande ALTER TABLE.

Exemple

```
CREATE TABLE HISTO_FAC(
    numero_fac int IDENTITY(1000,1),
    date_fac datetime,
    numero_cde int,
    montantht smallmoney,
    etat_fac char(2) collate French_CI_AI NULL,
    CONSTRAINT PK_HISTO_FAC PRIMARY KEY NONCLUSTERED(numero_fac),
    CONSTRAINT FK_HISTO_FAC_COMMANDES FOREIGN KEY (numero_cde) REFERENCES COMMANDES(numero)
);
```

```
Command(s) completed successfully.
```

Lors des créations de ligne (INSERT), on ne précisera pas de valeur pour NUMERO_FAC. La première insertion affectera le NUMERO_FAC 1000, la deuxième le NUMERO_FAC 1001, etc.

Le mot clé IDENTITYCOL pourra être utilisé dans une clause WHERE à la place du nom de colonne.

La variable globale @@**IDENTITY** stocke la dernière valeur affectée par une identité au cours de la session courante. La fonction **SCOPE_IDENTITY** permet d'effectuer le même type de travail mais limite la portée de la visibilité au seul lot d'instructions courant. La fonction **IDENT_CURRENT** permet quant à elle de connaître la dernière valeur identité générée pour la table spécifiée en paramètre, quelles que soient les sessions.

Pour pouvoir insérer des données sans utiliser la propriété IDENTITY et donc la numération automatique, il faut faire appel à l'instruction IDENTITY_ INSERT de la façon suivante :

```
SET IDENTITY_INSERT nom_de_table ON
```

Le paramètre ON permet de désactiver l'usage de la propriété IDENTITY tandis que la même instruction avec le paramètre OFF réactive la propriété.

Exemple

Dans l'exemple suivant, une nouvelle catégorie est ajoutée. La première insertion se solde par un échec car la propriété IDENTITY est active. Après sa désactivation par l'instruction SET IDENTITY_INSERT categories ON, il est possible d'insérer la ligne de données.

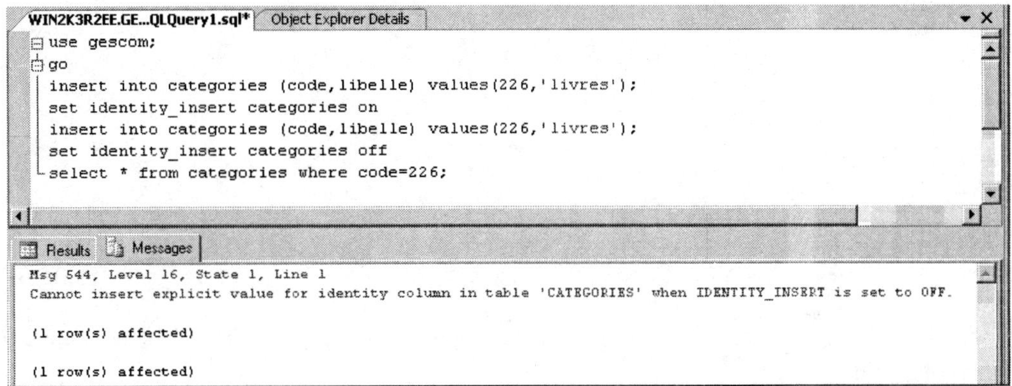

Il est possible de définir la propriété identity depuis SQL Server Management Studio en affichant l'écran de modification ou de création d'une table (**Design/Modifier** depuis le menu contextuel associé à la table).

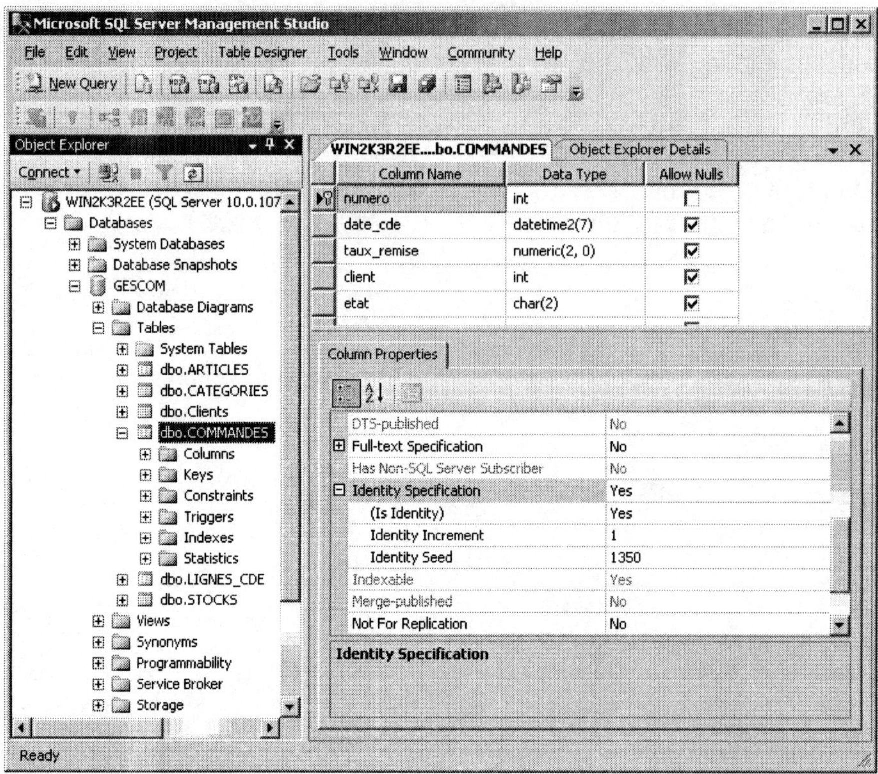

Il est possible d'utiliser les fonctions suivantes pour obtenir plus informations sur les types identités :

- IDENT_INCR pour connaître le pas d'incrément de la valeur identity.
- IDENT_SEED pour connaître la valeur de départ fixée lors de la création du type identity.

Toutes ces fonctions ont pour objectif de permettre au programmeur de mieux contrôler la valeur générée afin de pouvoir la récupérer lorsqu'il s'agit de la clé primaire.

4. Les contraintes d'intégrité

Les contraintes permettent de mettre en œuvre l'intégrité déclarative en définissant des contrôles de valeur au niveau de la structure de la table elle-même.

La définition des contraintes se fait sous forme de script par l'intermédiaire des instructions CREATE et ALTER TABLE. Il est également possible de les définir depuis SQL Server Management Studio.

Il est recommandé de passer, lorsque cela est possible, par des contraintes d'intégrité à la place de déclencheurs de base de données car les contraintes d'intégrités sont normalisées et elles limitent le codage donc le risque d'erreur. Elles sont intégrées dans la définition de la structure de la table et leur vérification est plus rapide que l'éxécution d'un déclencheur.

Syntaxe

```
ALTER TABLE nomTable
{ADD|DROP} CONSTRAINT nomContrainte ...[;]
```

Il est possible d'obtenir des informations sur les contraintes d'intégrités définies en interrogeant **sys.key_constraints** ou en utilisant les procédures stockées, **sp_help** et **sp_helpconstraint**.

Les contraintes seront associées à la table ou à une colonne de la table, en fonction des cas.

Il est possible de vérifier l'intégrité des contraintes au travers de DBCC CHECKCONSTRAINT. Cet utilitaire prend tout son sens lorsque les contraintes d'une table ont été désactivées puis réactivées sans vérification des données dans la table.

a. NOT NULL

SQL Server considère la contrainte de nullité comme une propriété de colonne. La syntaxe est donc :

```
CREATE TABLE nomtable (nomcolonne type
[{NULL | NOT NULL}] [? ...])
```

`NOT NULL`

Spécifie que la colonne doit être valorisée en création ou en modification.

Il est préférable de préciser systématiquement NULL ou NOT NULL, car les valeurs par défaut de cette propriété dépendent de beaucoup de facteurs :

- Pour un type de données défini par l'utilisateur, c'est la valeur spécifiée à la création du type.
- Les types bit et timestamp n'acceptent que NOT NULL.
- Les paramètres de session ANSI_NULL_DFLT_ON ou ANSI_NULL_DFLT_OFF peuvent être activés par la commande SET.
- Le paramètre de base de données 'ANSI NULL' peut être positionné.

Depuis SQL Server 2005, il est possible de modifier la contrainte de NULL/NOT NULL avec une commande ALTER TABLE pour une colonne qui existe déjà. Bien entendu, les données déjà présentes dans la table doivent respecter ces contraintes.

b. PRIMARY KEY

Cette contrainte permet de définir un identifiant clé primaire, c'est-à-dire une ou plusieurs colonnes n'acceptant que des valeurs uniques dans la table (règle d'unicité ou contrainte d'entité).

Syntaxe

```
[CONSTRAINT nomcontrainte]PRIMARY KEY[CLUSTERED|NONCLUSTERED]
(nomcolonne[,...])[WITH FILLFACTOR=x][ON groupe_de_fichiers]
```

`nomcontrainte`

Nom permettant d'identifier la contrainte dans les tables système. Par défaut, SQL Server donnera un nom peu facile à manipuler.

Cette contrainte va automatiquement créer un index unique, ordonné par défaut, du nom de la contrainte, d'où les options NONCLUSTERED et FILLFACTOR.
Une clé primaire peut contenir jusqu'à 16 colonnes. Il ne peut y avoir qu'une clé primaire par table. Les colonnes la définissant doivent être NOT NULL.

Exemples

Table catégorie, identifiant CODE_CAT :

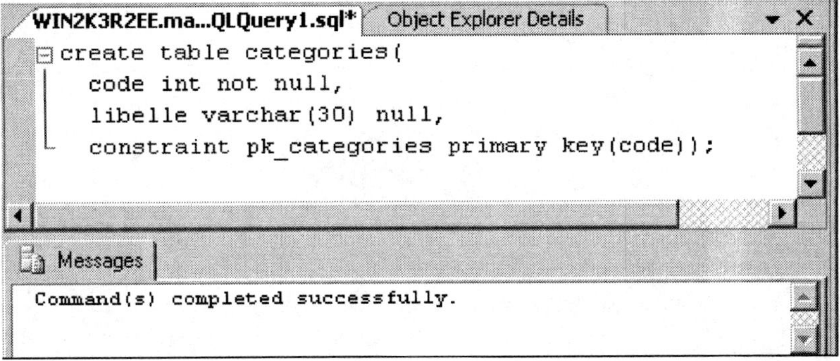

```
WIN2K3R2EE.ma...QLQuery1.sql*   Object Explorer Details
create table categories(
   code int not null,
   libelle varchar(30) null,
   constraint pk_categories primary key(code));

Messages
Command(s) completed successfully.
```

Ajout de la clé primaire à la table Lignes_cdes (un index ordonné existe déjà sur Numéro_cde) :

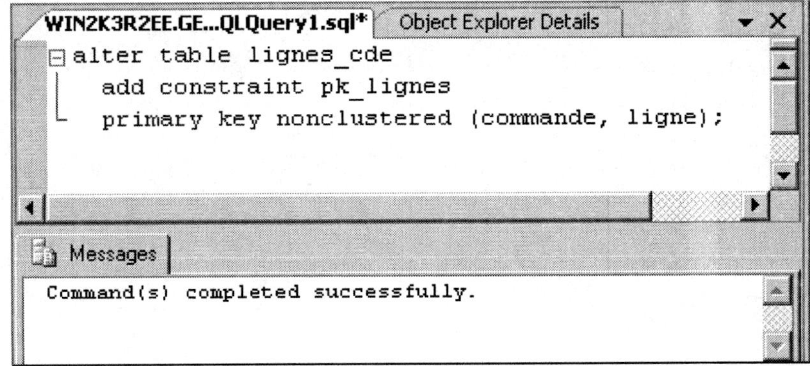

```
WIN2K3R2EE.GE...QLQuery1.sql*   Object Explorer Details
alter table lignes_cde
   add constraint pk_lignes
   primary key nonclustered (commande, ligne);

Messages
Command(s) completed successfully.
```

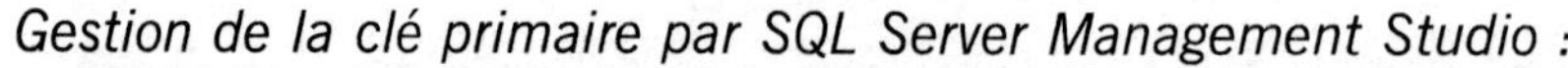

Gestion de la clé primaire par SQL Server Management Studio :

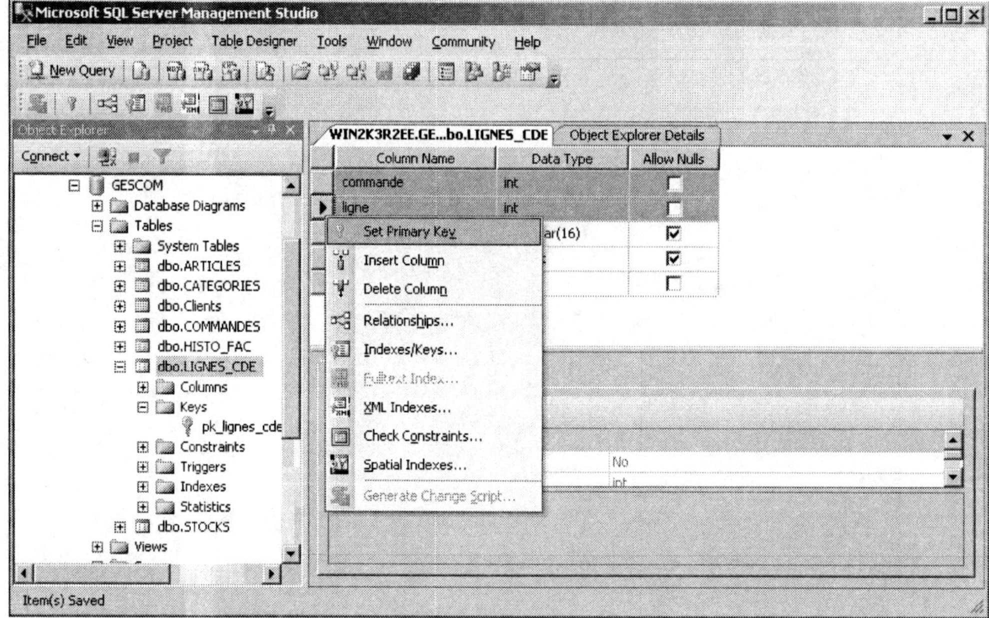

Il n'est pas possible de supprimer la clé primaire si :

- elle est référencée par une contrainte de clé étrangère.
- un index xml primaire est défini sur la table.

c. UNIQUE

Cette contrainte permet de traduire la règle d'unicité pour les autres clés uniques de la table ou identifiants clés secondaires.

Cette contrainte possède les mêmes caractéristiques que PRIMARY KEY à deux exceptions près :

- il est possible d'avoir plusieurs contraintes UNIQUE par table ;
- les colonnes utilisées peuvent être NULL (non recommandé !).

Lors de l'ajout d'une contrainte d'unicité sur une table existante, SQL Server s'assure du respect de cette contrainte par les lignes déjà présentes avant de valider l'ajout de la contrainte.

La gestion de cette contrainte est assurée par un index de type UNIQUE. Il n'est pas possible de supprimer cet index par l'intermédiaire de la commande DROP INDEX. Il faut supprimer la contrainte par l'intermédiaire de ALTER TABLE.

```
STERED | NONCLUSTERED ]
:] [ON groupe_de_fichiers]
```

t Prixht doit être unique dans la table

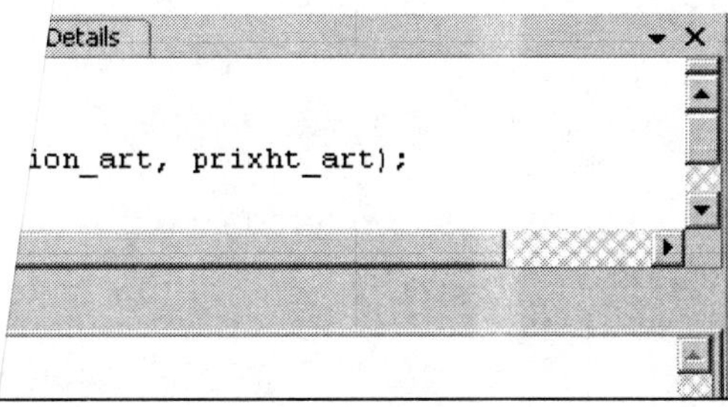

Server Management Studio :

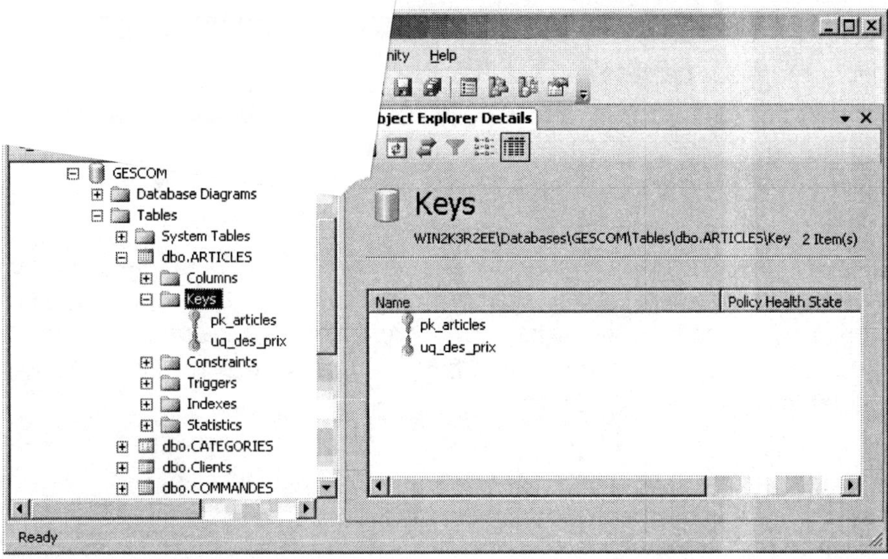

d. REFERENCES

Cette contrainte traduit l'intégrité référentielle entre une clé étrangère d'une table et une clé primaire ou secondaire d'une autre table.

Syntaxe

```
CONSTRAINT nom_contrainte
[FOREIGN KEY (colonne[,_])]
REFERENCES table [ ( colonne [<+>,... ] ) ]
[ ON DELETE { CASCADE | NO ACTION | SET NULL | SET DEFAULT } ]
[ ON UPDATE { CASCADE | NO ACTION | SET NULL | SET DEFAULT } ]
```

La clause FOREIGN KEY est obligatoire lorsqu'on utilise une syntaxe contrainte de table pour ajouter la contrainte.

L'option de cascade permet de préciser le comportement que doit adopter SQL Server lorsque l'utilisateur met à jour ou tente de supprimer une colonne référencée. Lors de la définition d'une contrainte de référence par les instructions CREATE TABLE ou ALTER TABLE, il est possible de préciser les clauses ON DELETE et ON UPDATE.

`NO ACTION`

Valeur par défaut de ces options. Permet d'obtenir un comportement identique à celui présent dans les versions précédentes de SQL Server.

`ON DELETE CASCADE`

Permet de préciser qu'en cas de suppression d'une ligne dont la clé primaire est référencée par une ou plusieurs lignes, toutes les lignes contenant la clé étrangère faisant référence à la clé primaire sont également supprimées. Par exemple, avec cette option, la suppression d'une ligne d'information dans la table des commandes provoque la suppression de toutes les lignes d'information de la table lignes_commande.

`ON UPDATE CASCADE`

Permet de demander à SQL Server de mettre à jour les valeurs contenues dans les colonnes de clés étrangères lorsque la valeur de clé primaire référencée est mise à jour.

`SET NULL`

Lorsque la ligne correspondant à la clé primaire dans la table référencée est supprimée, alors la clé étrangère prend la valeur null.

`SET DEFAULT`

Lorsque la ligne correspondant à la clé primaire dans la table référencée est supprimée, alors la clé étrangère prend la valeur par défaut définie au niveau de la colonne.

Une action en cascade n'est pas possible sur les tables munies d'un déclencheur instead of.

Toute référence circulaire est interdite dans les déclenchements des cascades.

La contrainte de référence ne crée pas d'index. Il est recommandé de le créer par la suite.

Bien que SQL Server ne comporte pas de limite maximale en ce qui concerne le nombre maximal de contraintes de clé étrangère définies sur chaque table, il est recommandé par Microsoft de ne pas dépasser les 253. Cette limite est à respecter en ce qui concerne le nombre de clés étrangères définies sur la table et le nombre de clés étrangères qui font référence à la table. Au delà de cette limite, il peut être intéressant de se pencher à nouveau sur la conception de la base pour obtenir un schéma plus optimum.

Exemple

Création de la clé étrangère code_cat dans la table ARTICLES :

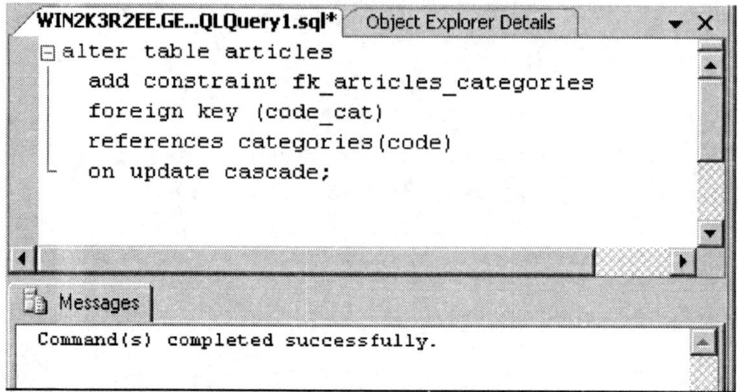

Gestion des clés étrangères par SQL Server Management Studio :

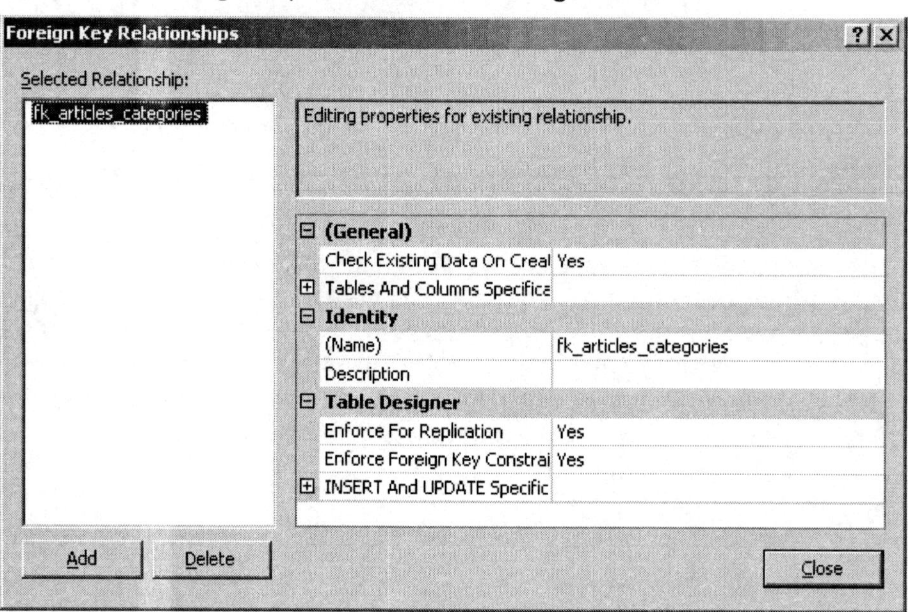

e. DEFAULT

La valeur par défaut permet de préciser la valeur qui va être positionnée dans la colonne si aucune information n'est précisée lors de l'insertion de la ligne.

Les valeurs par défaut sont particulièrement utiles lorsque la colonne n'accepte pas les valeurs NULL car elles garantissent l'existence d'une valeur.

Il faut toutefois conserver à l'esprit que la valeur par défaut est utilisée uniquement lorsqu'aucune valeur n'est précisée pour la colonne dans l'instruction INSERT. Il n'est pas possible de compléter ou d'écraser une valeur saisie par l'utilisateur. Pour réaliser ce type d'opération, il est nécessaire de développer un déclencheur de base de données.

Une valeur par défaut peut être définie pour toutes les colonnes à l'exception des colonnes de type timestamp ou bien celles qui possèdent un type identity.

Syntaxe

```
[CONSTRAINT Nom contrainte] DEFAULT valeur
[FOR nomcolonne]
```

`valeur`

La valeur doit être exactement du même type que celui sur lequel est définie la colonne. Cette valeur peut être une constante, une fonction scalaire (comme par exemple : USER, CURRENT_USER, SESSION_USER, SYSTEM_USER...) ou bien la valeur NULL.

Exemple

Valeur par défaut pour le Nom du client :

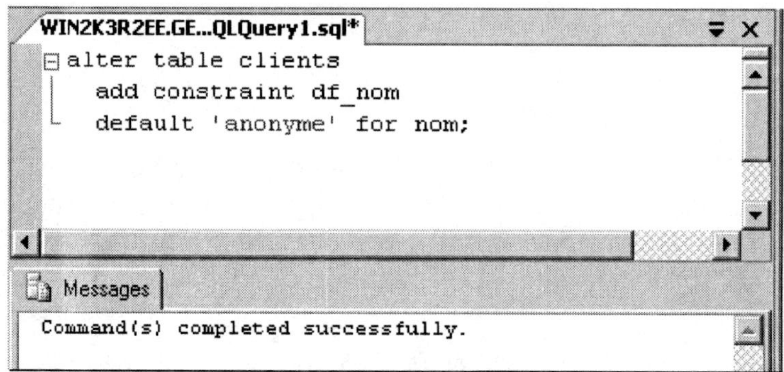

Définition d'une valeur par défaut depuis SQL Server Management Studio :

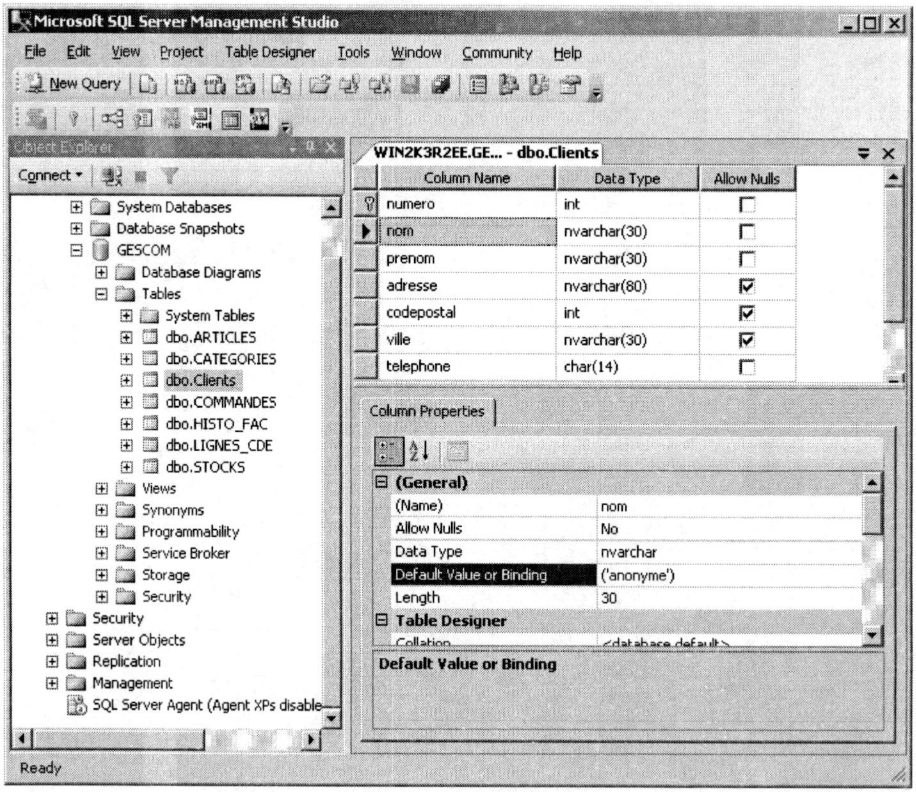

f. CHECK

La contrainte de validation ou contrainte CHECK, permet de définir des règles de validation mettant en rapport des valeurs issues de différentes colonnes de la même ligne. Ce type de contrainte permet également de s'assurer que les données respectent un format précis lors de leur insertion et mise à jour dans la table. Enfin, par l'intermédiaire d'une contrainte de validation, il est possible de garantir que la valeur présente dans la colonne appartient à un domaine précis de valeurs.

Syntaxe

```
[CONSTRAINT Nomcontrainte] CHECK [NOT FOR REPLICATION]
(expression booléenne)
```

`NOT FOR REPLICATION`

Permet d'empêcher l'application de la contrainte lors de la réplication.

La contrainte CHECK est automatiquement associée à la colonne spécifiée dans l'expression de la condition.

Exemple

Mise en œuvre du contrôle du prix positif de l'article :

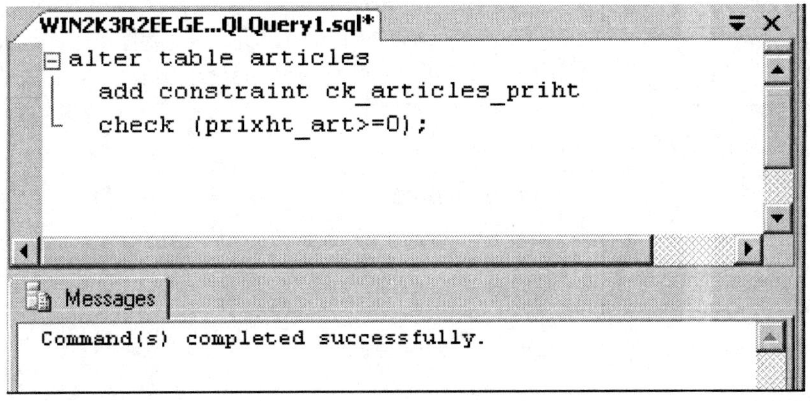

Gestion des contraintes CHECK par SQL Server Management Studio :

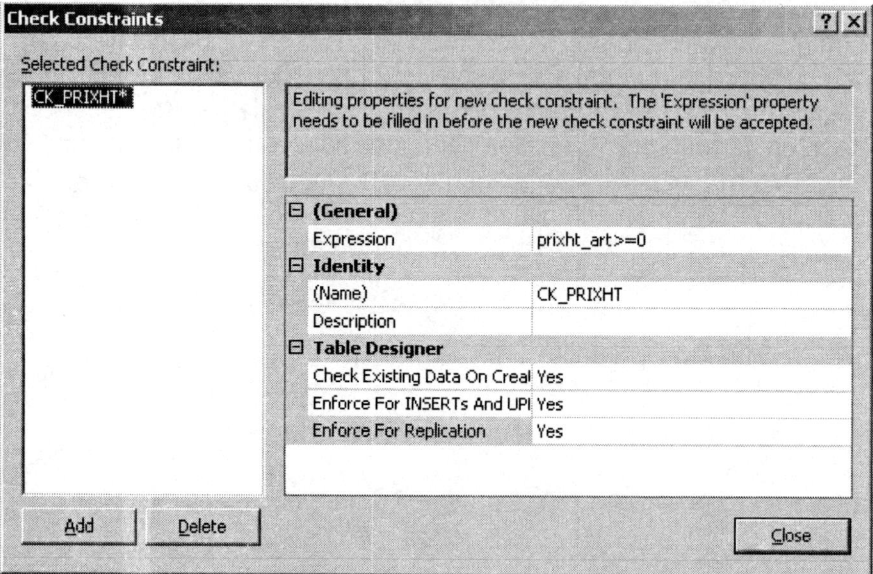

5. Gérer les index

Utilisation des index ou pourquoi indexer ?

L'objectif des index est de permettre un accès plus rapide à l'information dans le cadre des extractions (SELECT) mais également dans le cadre des mises à jour (INSERT, UPDATE, DELETE) en réduisant le temps nécessaire à la localisation de la ligne. Cependant, les index vont être coûteux dans le cas de mise à jour de la valeur contenue dans la colonne indexée.

Une bonne stratégie d'indexation doit prendre en considération ces différents points et peut déjà en déduire deux règles :

- Il est préférable d'avoir trop peu d'index que trop d'index. Dans le cas de multiples index, les gains en accès à l'information sont annulés par les temps nécessaires pour mettre à niveau les index.
- Les index doivent être le plus "large" possible afin de pouvoir être utilisés par plusieurs requêtes.

Enfin, il faut s'assurer que les requêtes utilisent bien les index qui sont définis.

Les requêtes doivent également être écrites pour manipuler le minimum d'informations de la façon la plus explicite possible.
Par exemple, dans le cas d'une projection, il est préférable de lister les colonnes pour lesquelles l'information doit être affichée à la place du caractère générique *.
Pour les restrictions, il est préférable de faire des comparaisons entre constantes et la valeur contenue dans une colonne.

Par exemple, si la table des Articles contient le prix HT de chaque article, pour extraire la liste des articles dont le prix TTC est inférieur ou égal à 100 €, il est préférable d'écrire la condition suivante `prixht<=100/1.196` à la place de `prixht*1.196<=100`. En effet, dans le second cas, le calcul est effectué pour chaque article, tandis que dans le premier, le calcul est fait une fois pour toute.

Dans l'exemple précédent, tous les articles utilisent une TVA à 19.6%.

Il faut également prendre en compte le fait que les données sont stockées dans les index et donc qu'ils vont occuper un espace disque non négligeable. Le niveau feuille d'un index ordonné (clustered) contient l'ensemble des données. Pour un index non ordonné, le niveau feuille de l'index contient une référence directe vers la ligne d'information liée à la clé de l'index.
Les autres niveaux de l'index sont utilisés pour naviguer dans l'index et arriver ainsi très rapidement à l'information.

Il est possible d'ajouter de l'information au niveau des feuilles de l'index, sans que ces colonnes soient prises en compte par l'index. Cette technique est pratique dans le cas de la définition d'index qui couvre des requêtes. Par exemple, il est nécessaire d'extraire la liste des codes postaux et des villes de la table des clients. Pour cela, un index non ordonné est défini par rapport à la colonne des codes postaux, et la colonne qui représente le nom de la ville est ajouté au niveau feuille. Ainsi, l'index couvre la requête qui est capable de produire le résultat sans faire d'accès à la table.

Qu'est-ce qu'un index ?

La notion d'index est déjà connue de tous. En effet, chacun a déjà utilisé l'index d'un livre pour aboutir directement à la page ou aux pages d'informations recherchées. Peut-être avez-vous d'ailleurs utilisé l'index de ce livre pour aboutir directement à cette explication en parcourant l'index à la recherche du mot clé "index".

Si pour l'index, derrière chaque mot clé n'apparaît qu'un seul numéro de page, on parle alors d'index unique.

Les index que SQL Server propose de mettre en place sont très proches des index que l'on peut trouver dans les livres.

En effet, il est possible de parcourir l'ensemble de l'index pour retrouver toutes les informations, comme il est possible de lire un livre à partir de l'index, au lieu de suivre l'ordre proposé par la table des matières.

Il est également possible d'utiliser l'index pour accéder directement à une information précise. Afin de garantir des temps d'accès à l'information homogènes, SQL Server structure l'information sous forme d'arborescence autour de la propriété indexée. C'est d'ailleurs la démarche que l'on adopte lorsque l'on parcourt un index en effectuant une première localisation de l'information par rapport au premier caractère, puis un parcours séquentiel afin de localiser le mot clé recherché.

Maintenant, imaginez un livre sur lequel il est possible de définir plusieurs index : par rapport aux mots clés, par rapport aux thèmes, par rapport au type de manipulations que l'on souhaite faire... Cette multitude d'index, c'est ce que propose SQL Server en donnant la possibilité de créer plusieurs index sur une table.

Parmi tous les index du livre, un en particulier structure le livre : c'est la table des matières, qui peut être perçue comme un index sur les thèmes. De même, SQL Server propose de structurer physiquement les données par rapport à un index. C'est l'index CLUSTERED.

Organiser ou non les données ?

SQL Server propose deux types d'index : les index organisés, un au maximum par table, qui réorganisent physiquement la table et les index non organisés.

La définition ou bien la suppression d'un index non organisé n'a aucune influence sur l'organisation des données dans la table. Par contre, la définition ou la suppression d'un index organisé aura des conséquences sur la structure des index non organisés.

Table sans index organisé

Si une table possède uniquement ce type d'index, alors les informations sont stockées au fil de l'eau sans suivre une organisation quelconque.

Ce choix est particulièrement adapté, lorsque :

- la table stocke de l'information en attendant un partitionnement,
- les informations vont être tronquées,
- des index sont fréquemment créés ou bien supprimés,
- un chargement en bloc de données a lieu,
- les index sont créés après le chargement des données, et leur création peut être parallélisée,
- les données sont rarement modifiées (UPDATE) afin de conserver une structure solide,
- l'espace disque utilisé par l'index est minimisé, ce qui permet de définir des index à moindre coût.

Cette solution est un choix performant pour l'indexation d'une table non présente sur un serveur OLTP, comme un serveur dédié à l'analyse des informations.

Les index organisés

Sur chaque table, il est possible de définir un et un seul index organisé. Ce type d'index permet d'organiser physiquement les données contenues dans la table selon un critère particulier. Par exemple, un index organisé peut être défini sur la clé primaire.
Ce type d'index est coûteux en temps et en espace disque pour le serveur lors de sa construction ou de sa reconstruction.
Si ce type d'index est défini sur une table déjà valorisée, sa construction sera longue. Elle sera d'ailleurs d'autant plus longue si des index non ordonnés existent déjà.

Idéalement, et afin d'éviter une maintenance trop coûteuse de l'index ordonné, il est défini sur une colonne qui contient des données statiques et qui occupe un espace limité, comme la clé primaire par exemple.

La définition d'un index organisé sur une colonne non stable, comme le nom d'une personne ou son adresse, conduit irrémédiablement à une dégradation significative des performances.

Les index non organisés

Suivant qu'elles soient définies sur une table munie ou non d'un index organisé, les feuilles de l'index non organisé ne font pas référence à la ou les lignes d'informations de la même façon.
Tout d'abord, dans le cas où la table ne possède pas d'index organisé, le RID (*Row IDentifier*) de la ligne d'information est stocké au niveau des feuilles de l'index. Ce RID correspond à l'adresse physique (au sens SQL Server) de la ligne.
Si au contraire la table possède un index organisé, alors, au niveau de la feuille de l'index non organisé, est stockée la clé de la ligne d'information recherchée. Cette clé correspond au critère de recherche de l'index organisé.
Les index non organisés sont à privilégier pour définir un index qui couvre une ou plusieurs requêtes. Avec ce type d'index, la requête trouve dans l'index l'ensemble des informations dont elle a besoin et évite ainsi un accès inutile à la table, puisque seul l'index est manipulé. Les performances sont alors considérablement améliorées car le volume de données manipulé est beaucoup plus léger.
Bien entendu, chaque requête peut être optimisée à l'aide de cette technique, mais ce n'est pas non plus l'objectif recherché car la multitude d'index serait coûteuse à maintenir.

Index et calcul d'agrégat

Pour les tables volumineuses, des index doivent être mis en place afin de s'assurer que les requêtes courantes ne provoquent pas un balayage complet de table mais s'appuient simplement sur les index. Ce point est particulièrement important pour les calculs d'agrégat qui nécessitent une opération de tri avant de pouvoir effectuer le calcul. Si un index permet de limiter le tri à effectuer, alors le gain de performance est très net.
Toujours dans cette optique d'optimisation des performances lors de l'accès aux données, il est possible de définir des index sur des colonnes d'une vue, même si le résultat présent dans la colonne est le résultat d'un calcul d'agrégat.

L'index défini sur une vue est limité à 16 colonnes et 900 octets de données pour chaque entrée de l'index.
Contrairement à l'inclusion de colonnes non indexées dans les feuilles de l'index, les index définis sur une vue peuvent contenir le résultat d'un calcul d'agrégat.

a. Créer un index

Un index peut être créé n'importe quand, qu'il y ait ou non des données dans la table.

Cependant, dans le cas où des données doivent être importées, il est préférable d'importer les données en premier puis de définir les index. Dans le cas contraire (les index sont définis avant une importation majeure de données), il est nécessaire de reconstruire les index afin de garantir une répartition équilibrée des informations dans l'index.

Syntaxe

```
CREATE [ UNIQUE ] [ CLUSTERED | NONCLUSTERED ] INDEX nom_index
ON { nom_table | nom_vue } ( colonne [ ASC | DESC ] [ ,...n ])
[INCLUDE (colonne[ ,...n ])]
[ WITH [ PAD_INDEX = {ON | OFF} ]
  [,FILLFACTOR = x]
  [,IGNORE_DUP_KEY = {ON | OFF} ]
  [,DROP_EXISTING = {ON | OFF} ]
  [,ONLINE = {ON | OFF} ]
  [,STATISTICS_NORECOMPUTE = {ON | OFF} ]
  [,SORT_IN_TEMPDB = {ON | OFF} ]
[ ON groupe_fichier ]
```

`UNIQUE`

Précise que la ou les colonnes indexées ne pourront pas avoir la même valeur pour plusieurs lignes de la table.

`CLUSTERED ou NONCLUSTERED`

Avec un index CLUSTERED (ordonné), l'ordre physique des lignes dans les pages de données est identique à l'ordre de l'index. Il ne peut y en avoir qu'un par table et il doit être créé en premier. La valeur par défaut est NONCLUSTERED.

`INCLUDE`

Avec cette option, il est possible de dupliquer l'information pour inclure une copie des colonnes spécifiée en paramètre directement dans l'index. Cette possibilité est limitée aux index non organisés et les informations sont stockées au niveau feuille. Il est possible d'inclure dans l'index de 1 à 1026 colonnes de n'importe quel type hormis varchar(max), varbinary(max) et nvarchar(max). Cette option INCLUDE permet de définir des index qui couvrent la requête, c'est-à-dire que la requête va parcourir uniquement l'index pour trouver la totalité des besoins qui lui sont nécessaires.

`FILLFACTOR=x`

Précise le pourcentage de remplissage des pages d'index au niveau feuille. Cela permet d'améliorer les performances en évitant d'avoir des valeurs d'index consécutives qui ne seraient plus physiquement contiguës. La valeur par défaut est 0 ou fixée par sp_configure.
Pour x = 0, le niveau feuille est rempli à 100%, de l'espace est réservé au niveau non feuille. Pour x entre 1 et 99, le pourcentage de remplissage au niveau feuille est x%, de l'espace est réservé au niveau non feuille. Pour x = 100 les niveaux feuille et non feuille sont remplis.

`PAD_INDEX`

Précise le taux de remplissage des pages non feuille de l'index. Cette option n'est utilisable qu'avec FILLFACTOR dont la valeur est reprise.

`Groupefichier`

Groupe de fichiers sur lequel est créé l'index.

Les index partitionnés ne sont pas pris en compte à ce niveau. Les éléments de syntaxe portent uniquement sur les index définis entièrement sur un et un seul groupe de fichiers.

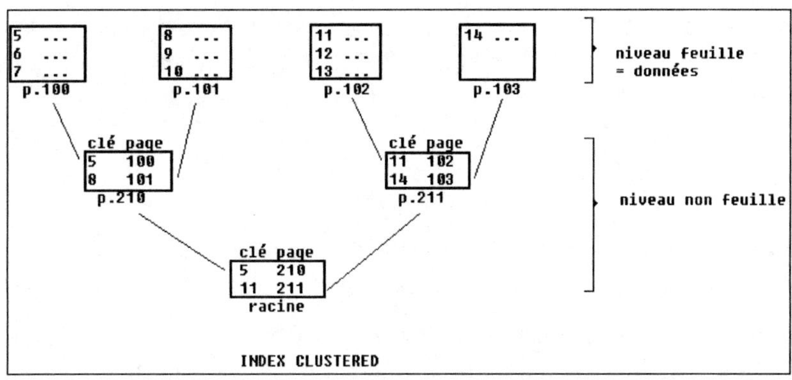

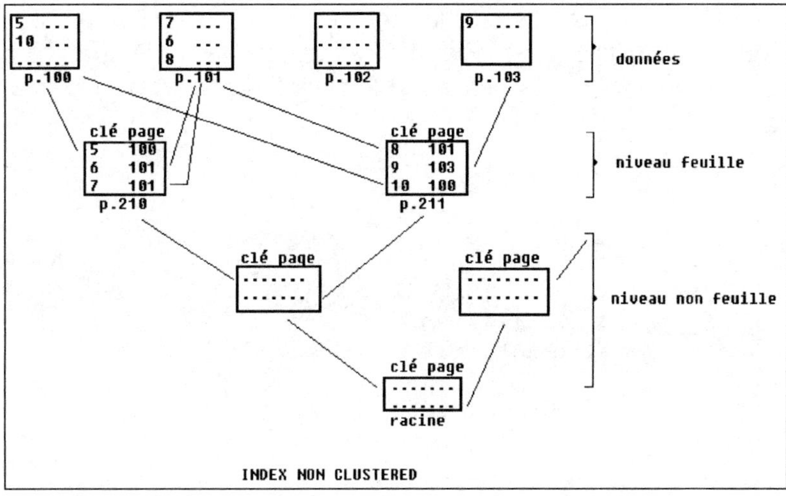

`IGNORE_DUP_KEY`

Cette option autorise des entrées doubles dans les index uniques. Si cette option est levée, un avertissement est généré lors de l'insertion d'un doublon et SQL Server ignore l'insertion de ligne. Dans le cas contraire, une erreur est générée.

`DROP_EXISTING`

Précise que l'index déjà existant doit être supprimé.

ONLINE

Lorsque cette option est activée (ON) lors de la construction de l'index, les données de la table restent accessibles en lecture et en modification pendant la construction de l'index. Cette option est disponible à partir de SQL Server 2005 et elle est désactivée par défaut.

STATISTICS_NORECOMPUTE

Les statistiques d'index périmés ne sont pas recalculées, et il faudra passer par la commande UPDATE STATISTICS pour remettre à jour ces statistiques.

Si le serveur sur lequel s'exécute SQL Server possède plusieurs processeurs, alors la création d'index peut être parallélisée afin de gagner du temps pour la construction d'index sur des tables de grandes dimensions. La mise en place d'un plan d'exécution parallèle pour la construction d'un index prend en compte le nombre de processeurs du serveur fixé par l'option de configuration **max degree of parallelism** (sp_configure) et le nombre de processeurs n'étant pas déjà trop chargés par des threads SQL Server.

Exemples

Création d'un index ordonné :

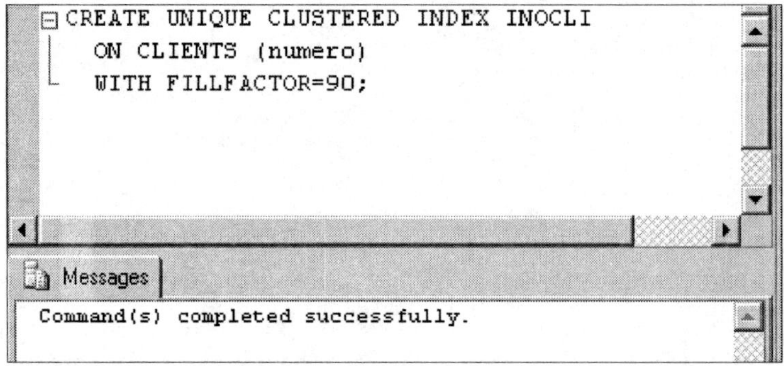

Création d'un index ordonné sur des données déjà triées :

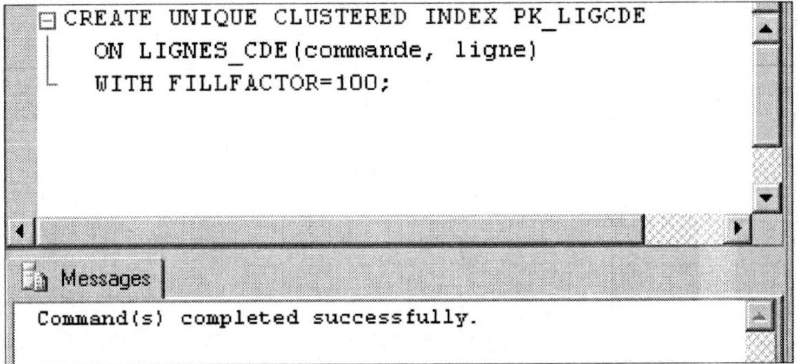

```
CREATE UNIQUE CLUSTERED INDEX PK_LIGCDE
   ON LIGNES_CDE(commande, ligne)
   WITH FILLFACTOR=100;
```

```
Command(s) completed successfully.
```

b. Supprimer un index

Seuls les index définis avec l'instruction CREATE INDEX peuvent être supprimés avec DROP INDEX. Un index peut être supprimé lorsque sa présence ne permet pas un gain de performances significatif en comparaison du coût de maintenance.

Si la suppression intervient dans le cadre d'une reconstruction de l'index, il est alors préférable d'activer l'option DROP_EXISTING de l'instruction CREATE INDEX car elle offre de meilleures performances.

Syntaxe

```
DROP INDEX nomIndex ON nomTable;
```

L'ancienne syntaxe DROP INDEX nomTable.nomIndex est maintenue pour des raisons de compatibilité mais elle n'est pas à utiliser dans le cadre de nouveaux développements.

c. Reconstruire un index

La commande DBCC DBREINDEX est encore disponible pour des raisons de compatibilité. Il est préférable d'utiliser la commande ALTER INDEX qui permet de maintenir les index.

La commande ALTER INDEX permet de reconstruire un index en particulier ou tous les index associés à une table. Lors de la reconstruction de l'index, il est possible de préciser le facteur de remplissage des pages feuilles.

Syntaxe

```
ALTER INDEX { nomIndex | ALL }
ON nomTable
REBUILD
[WITH](
[PAD_INDEX = { ON | OFF },]
[FILLFACTOR = x ,]
[SORT_IN_TEMPDB = { ON | OFF },]
[IGNORE_DUP_KEY = { ON | OFF },]
[STATISTICS_NORECOMPUTE = { ON | OFF }]
[ONLINE = { ON | OFF },]]
[;]
```

`FILLFACTOR`

Permet de spécifier le pourcentage de remplissage des pages au niveau feuille de l'index.

`PAD_INDEX`

Permet de reporter dans les pages non feuilles de l'index, le même niveau de remplissage que celui précisé par l'intermédiaire de FILLFACTOR.

Les autres options de l'instruction ALTER INDEX possèdent la même signification que celles utilisées avec l'instruction CREATE INDEX. Il est à remarquer que l'option ONLINE prend tout son sens dans ce cas précis car elle permet de reconstruire l'index en laissant les utilisateurs travailler avec les données de la table sous-jacente. Certes les opérations seront plus lentes mais elles ne seront pas bloquées. Si la reconstruction d'index est planifiée sur un moment de faible utilisation du serveur elle peut même être transparente pour les quelques utilisateurs qui travaillent sur la base à ce moment.

L'exemple ci-dessous illustre la reconstruction de tous les index d'une table :

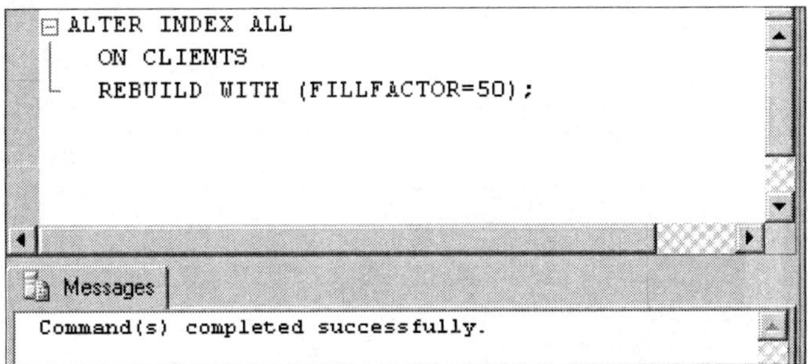

Ce second exemple illustre la reconstruction d'un index en spécifiant une valeur pour l'option FILLFACTOR, ainsi que la prise en compte du facteur de remplissage dans les fonctions non feuilles.

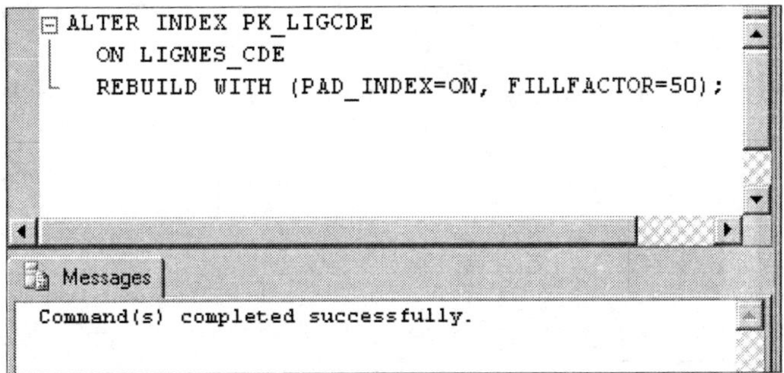

d. Mettre à jour les statistiques

SQL Server utilise des informations sur la distribution des valeurs de clés pour optimiser les requêtes. Ces informations doivent être mises à jour après des modifications importantes de données.

Bien que la procédure manuelle de création et de mise à jour des statistiques soit exposée ici, il est très nettement préférable de configurer la base pour une création et une mise à jour automatique des statistiques. En effet, trop souvent la dégradation des performances d'un serveur est due en partie ou en totalité à des statistiques non mises à jour.

Syntaxe

```
UPDATE STATISTICS nomtable [,nomindex]
  [WITH {FULLSCAN|SAMPLE n {PERCENT|ROWS}|RESAMPLE}]
```

Si le nom d'index est omis, tous les index sont pris en compte.

`FULLSCAN`

Les statistiques sont créées à partir d'un balayage complet de la table, soit 100% des lignes.

`SAMPLE n{PERCENT|ROWS}`

Les statistiques sont établies à partir d'un échantillon représentatif des informations contenues dans la table. Cet échantillon peut être exprimé en pourcentage ou bien en nombre de lignes. Si la taille de l'échantillon précisé n'est pas suffisante, SQL Server corrige de lui-même cette taille pour s'assurer d'avoir parcouru environ 1000 pages de données. C'est le mode d'échantillonnage de statistiques par défaut.

`RESAMPLE`

Permet de redéfinir les statistiques à partir d'un nouvel échantillonnage.

Les statistiques peuvent également être mises à jour de façon automatique. Cette option doit être définie, soit lors de la construction de la base à l'aide de la commande **ALTER DATABASE**, soit en utilisant la procédure stockée **sp_autostats**.

La procédure **sp_createstats** permet de définir des statistiques sur tous les index de données utilisateurs de la base en une seule opération.

Configuration de la base pour une mise à jour automatique des statistiques d'index :

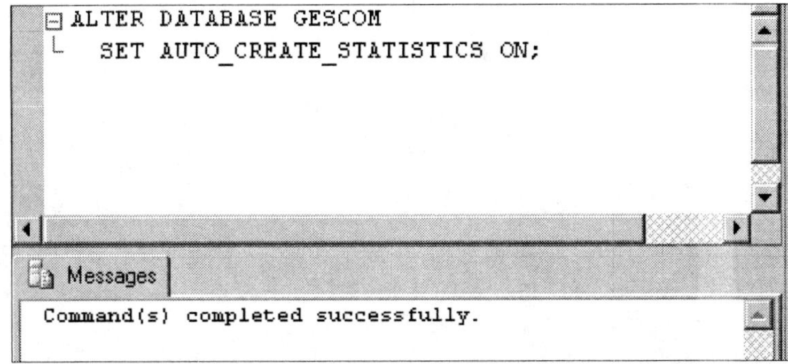

```
ALTER DATABASE GESCOM
  SET AUTO_CREATE_STATISTICS ON;
```

```
Command(s) completed successfully.
```

En mode automatique, c'est le moteur qui se charge de calculer les statistiques manquantes, de maintenir à jour les statistiques en fonction des opérations faites sur les données, mais aussi de supprimer les statistiques inutiles.

Il est possible de savoir si une base est configurée en mise automatique des statistiques en interrogeant la colonne **is_auto_update_stats_on** de la table **sys.databases** ou bien en visualisant la valeur de la propriété **IsAutoUpdateStatistics** de la fonction **databasepropertyex**.

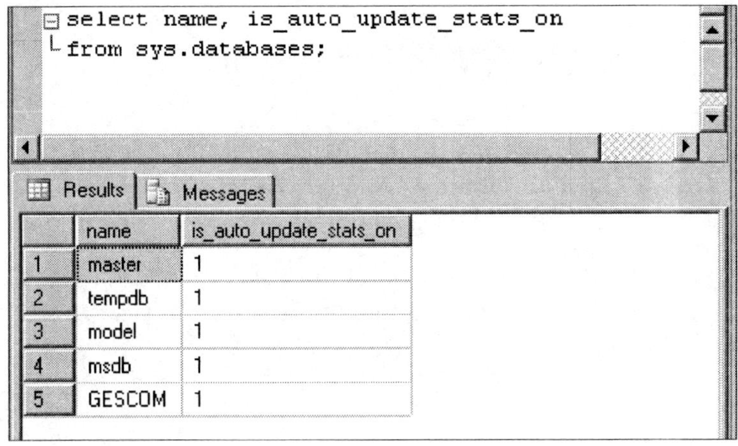

```
select name, is_auto_update_stats_on
from sys.databases;
```

	name	is_auto_update_stats_on
1	master	1
2	tempdb	1
3	model	1
4	msdb	1
5	GESCOM	1

Création des statistiques de tous les index sur les données non système de la base de données GESCOM :

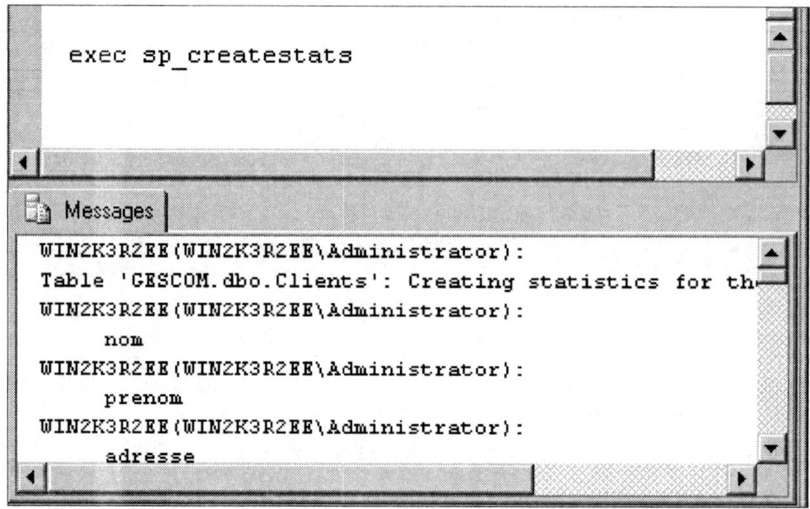

e. Informations sur les index

Des informations concernant la structure des index peuvent être obtenues par les procédures stockées **sp_help** ou **sp_helpindex**.

L'instruction DBCC SHOWCONTIG est maintenue uniquement pour des raisons de compatibilité ascendante. Il est donc conseillé de ne plus l'utiliser.

Des informations concernant la taille et la fragmentation des tables et des index peuvent être obtenues par l'intermédiaire de la fonction **sys.dm_db_index_physical_stats**.

Syntaxe

```
dm_db_index_physical_stats(idBase | NULL,
idObjet | NULL,
idIndex | NULL | 0,
numeroPartition | NULL ,
mode | NULL | DEFAULT)
```

`idBase`

Identifiant de la base de données. Il est possible d'utiliser la fonction **db_id()** pour connaître celui de la base courante. La valeur NULL prend en compte l'ensemble des bases définies sur le serveur et implique d'utiliser la valeur NULL pour l'identifiant de l'objet, de l'index et de la partition.

`idObjet`

Identifiant de l'objet (table ou vue) sur lequel on souhaite des informations. Cet identifiant peut être obtenu en faisant appel à la fonction **object_id()**. L'utilisation de la valeur NULL permet de signaler que l'on souhaite des informations sur toutes les tables et vues de la base courante. Cela implique également d'utiliser la valeur NULL pour l'option **idIndex** et **numeroPartition**.

`idIndex`

Identifiant de l'index à analyser. Si la valeur NULL est spécifiée alors l'analyse porte sur la totalité des index de la table.

`numeroPartition`

Numéro de la partition concernée. Si la valeur NULL est spécifiée alors toutes les partitions sont prises en compte.

`mode`

Précise le mode d'obtention des informations : DEFAULT, NULL, LIMITED ou DETAILED. La valeur par défaut (NULL) correspond à LIMITED

La procédure stockée **sp_spaceused** permet de connaître l'espace disque utilisé par les index.

La fonction **INDEXPROPERTY** permet d'obtenir les différentes informations relatives aux index.

6. Surveiller et vérifier les bases et les objets

Après la création et l'utilisation des tables et des index, il est parfois utile de vérifier la cohérence des données et des pages.

L'instruction DBCC le permet.

```
DBCC CHECKDB [(nombase[,NOINDEX])]
```

Elle vérifie pour toutes les tables de la base, la liaison entre pages de données et d'index, les ordres de tri et le pointeur. Des informations sur l'espace disque du journal sont également fournies.

```
DBCC CHECKTABLE (nomtable[,NOINDEX|identification index])
```

Cette instruction effectue un travail similaire à DBCC CHECKDB mais pour une seule table. Si l'identificateur d'index est fourni, seul celui-ci sera vérifié. Si NOINDEX est spécifié, les index ne sont pas vérifiés.

DBCC CHECKFILEGROUP permet quant à lui d'effectuer ces vérifications sur un groupe de fichiers en particulier.

Chapitre 3 : Les ordres du SQL

A. Généralités

Microsoft Transact SQL est un langage de requêtes amélioré par rapport au SQL dont il reprend les bases. Le SQL (*Structured Query Language*) est le langage standard, créé par IBM dans les années 70, pour la gestion des SGBDR (*Systèmes de Gestion de Bases de Données Relationnelles*).

Trois catégories d'instructions composent ce langage :

- Le langage de Définition de Données (*Data Description Language* - DDL) permettant la création, la modification et la suppression des objets SQL (TABLES, INDEX, VUES, PROCEDURES, etc.).
- Le langage de Manipulation de Données (*Data Manipulation Language* - DML) fournissant les instructions de création, de mise à jour, de suppression et d'extraction des données stockées.
- Le langage de Contrôle d'Accès (*Data Control Language* - DCL) pour la gestion des accès aux données, des transactions et de la configuration des sessions et des bases.

De plus, le Transact SQL prend en compte des fonctionnalités procédurales telles que la gestion des variables, les structures de contrôle de flux, les curseurs, et les lots d'instructions. C'est donc un langage complet qui comporte des instructions, qui manipule des objets SQL, qui admet la programmabilité et qui utilise des expressions.

À l'aide du Transact SQL, il est possible de définir des fonctions et des procédures qui sont directement exécutées sur le serveur de base de données. Ce type de procédure et fonction est particulièrement intéressant lorsque le traitement nécessite de manipuler un volume d'informations important pour produire le résultat. De même, le développement en Transact SQL est parfaitement adapté dans un cadre de partage de fonctionnalités car les procédures et fonctions hébergées par le serveur peuvent être exécutées depuis un environnement client quelconque (.Net, Java...).

À partir de SQL Server 2008, il est possible, mais pas obligatoire, d'utiliser le point-virgule comme marqueur de fin d'instruction.

1. Expressions

Dans la plupart des syntaxes Transact SQL, il est possible d'utiliser des expressions ou des combinaisons d'expressions pour gérer des valeurs ou pour tirer parti de la programmabilité du langage.
Les expressions peuvent prendre différentes formes :

Constantes

Exemple

```
Caractère       'AZERTY', 'Ecole Nantaise
                d''Informatique'
Numérique       10, -15.26, 1.235e-5
Date
constante            date              heure
'801215'             5 Décembre 1980   00:00:00:000
'15/12/1980'         idem              idem
'15-12-80 8:30'      idem              8:30:00:000
'8:30:2'        <+>     1er Janvier 1900 08:30:02:000
'15.12.1980 8:30pm' 15 Décembre 1980 20:30:00:000
Binaire          0x05, 0xFF, 0x5aef1b
Nulle            NULL
```

Noms de colonne

Un nom de colonne pourra être employé comme expression, la valeur de l'expression étant la valeur "stockée" de la colonne.

Fonctions

On peut utiliser comme expression n'importe quelle fonction, la valeur de l'expression est le résultat retourné par la fonction.

Exemple

```
expression                      valeur
SQRT(9)                         3
substring('ABCDEF',2,3)         'BCD'
```

Variables

Les variables peuvent être employées en tant qu'expression ou dans une expression, sous la forme @nom_de_variable ou @@nom_de_variable. La valeur de l'expression est la valeur de la variable.

Exemple

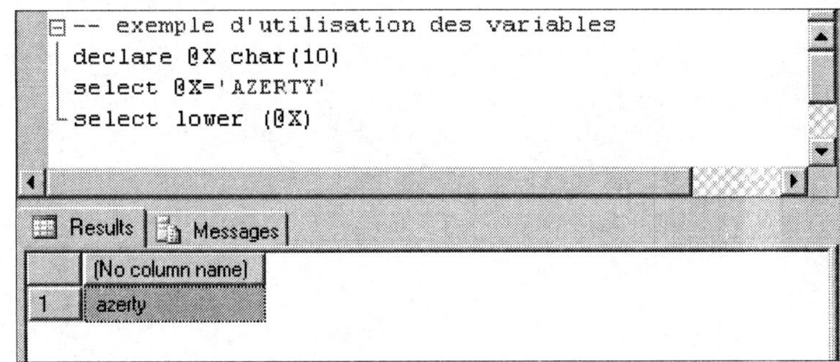

```
-- exemple d'utilisation des variables
declare @X char(10)
select @X='AZERTY'
select lower (@X)
```

	(No column name)
1	azerty

Sous-requêtes

Une requête SELECT entre parenthèses peut être employée en tant qu'expression ayant pour valeur le résultat de la requête, soit une valeur unique, soit un ensemble de valeurs.

Exemple

Stockage du nombre de clients dans une variable :

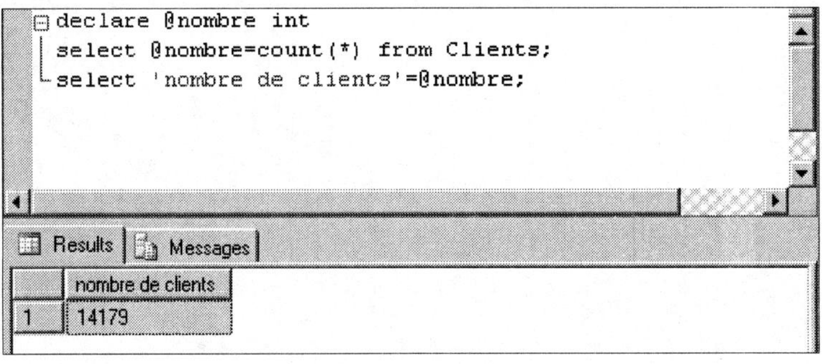

```
declare @nombre int
select @nombre=count(*) from Clients;
select 'nombre de clients'=@nombre;
```

	nombre de clients
1	14179

Expressions booléennes

Elles sont destinées à tester des conditions (IF, WHILE, WHERE, etc.).
Ces expressions sont composées de la manière suivante :

```
expression1 opérateur expression2
```

2. Opérateurs

Les opérateurs vont permettre de constituer des expressions calculées, des expressions booléennes ou des combinaisons d'expressions.

Opérateurs arithmétiques

Ils permettent d'effectuer des calculs élémentaires et de renvoyer un résultat.

+	Addition
-	Soustraction
*	Multiplication
/	Division
%	Modulo (reste de la division)
(...)	Parenthèses

Exemple

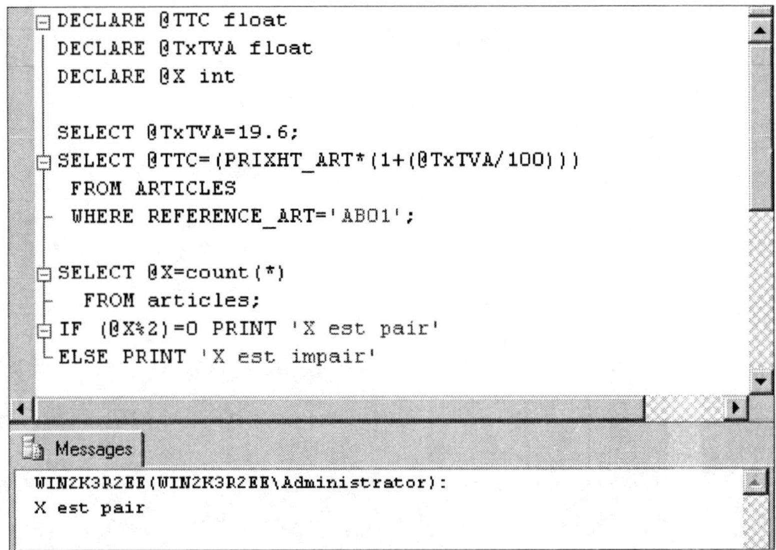

```
DECLARE @TTC float
DECLARE @TxTVA float
DECLARE @X int

SELECT @TxTVA=19.6;
SELECT @TTC=(PRIXHT_ART*(1+(@TxTVA/100)))
 FROM ARTICLES
 WHERE REFERENCE_ART='AB01';

SELECT @X=count(*)
  FROM articles;
IF (@X%2)=0 PRINT 'X est pair'
ELSE PRINT 'X est impair'
```

```
WIN2K3R2EE(WIN2K3R2EE\Administrator):
X est pair
```

Les opérateurs + et - fonctionnent également sur les dates.

Manipulation de chaînes de caractères

La concaténation permet de constituer une seule chaîne de caractères à partir de plusieurs expressions de type caractère. L'opérateur de concaténation est le signe plus (+).

Exemple

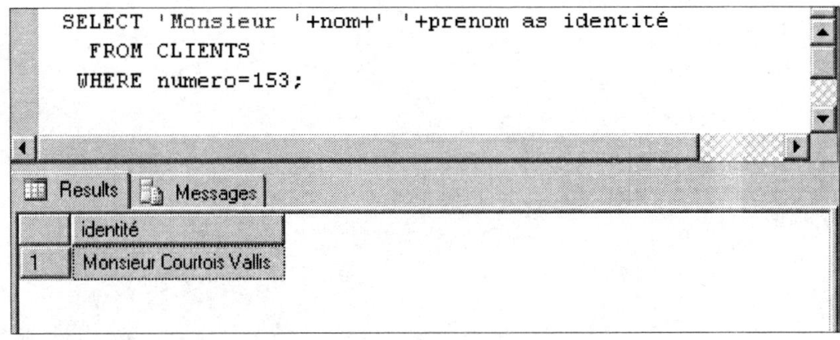

```
SELECT 'Monsieur '+nom+' '+prenom as identité
  FROM CLIENTS
 WHERE numero=153;
```

	identité
1	Monsieur Courtois Vallis

Opérateurs de bit

Ils permettent le calcul entre entiers, traduits implicitement en valeurs binaires.

`&` ET

`|` OU

`^` OU Exclusif

`~` NON

Opérateurs de comparaison

Ils permettent la constitution d'expressions booléennes en comparant des expressions. Ces expressions peuvent être placées entre parenthèses.

`exp1 = exp2`

Égal.

`exp1 > exp2`

Supérieur.

`exp1 >= exp2` ou `exp1!<exp2`

Supérieur ou égal.

`exp1 < exp2`

Inférieur.

`exp1 <= exp2` ou `exp1!>exp2`

Inférieur ou égal.

`exp1 <> exp2` ou `exp1!=exp2`

Différent.

`exp IN (exp1, exp2,...)`

Compare à chaque expression de la liste.

`exp IS NULL`

Test de la valeur NULL. Pour tester si une variable contient la valeur NULL il est indispensable d'utiliser l'opérateur IS NULL.

`exp LIKE 'masque'`

Filtre la chaîne de caractères ou la date suivant le masque spécifié.

Le masque peut être composé de :

`_`

Un caractère quelconque.

`%`

n caractères quelconques.

`[ab...]`

Un caractère dans la liste ab... .

`[a-z]`

Un caractère dans l'intervalle a-z.

`[^ab...]`

Un caractère en dehors de la liste ou de l'intervalle spécifié.

`ab...`

Le caractère lui-même.

Pour utiliser _ , %, [et ^ en tant que caractères de recherche, il faut les encadrer de [].

Exemple

```
masque       Chaînes correspondantes
'G%'         commençant par "G"
'_X%1'       deuxième caractère "X", dernier "1"
'%[1-9]'     se terminant par un chiffre
'[^XW]%'     ne commençant ni par X ni par W
'LE[_]%'     commençant par "LE_"
```

`exp BETWEEN min AND max`

Recherche dans l'intervalle composé des valeurs min et max (bornes incluses).

`EXISTS (sous-requête)`

Renvoie VRAI si la sous-requête a renvoyé au moins une ligne.

Opérateurs logiques

Ils permettent de combiner des expressions booléennes (expb) en renvoyant une valeur booléenne.

`expb1 OR expb2`

Vrai si une des deux expressions est vraie.

`expb1 AND expb2`

Vrai si les deux expressions sont vraies.

`NOT expb`

Vrai si expb est fausse.

3. Fonctions

De nombreuses fonctions sont disponibles pour valoriser des colonnes ou pour effectuer des tests. Des exemples seront donnés avec l'instruction SELECT.

Parmi toutes les fonctions proposées en standard par SQL Server, il est possible de les regrouper par type : rowset, agrégation, ranking, scalaire. Pour ce dernier type de fonctions, il faut en plus les classer par catégories : mathématique, chaîne de caractères, date... car elles sont très nombreuses.

Certaines fonctions, plus particulièrement celles qui travaillent avec des données de type caractère, prennent en compte le classement défini au niveau du serveur.

Fonctions d'agrégation

Ces fonctions renvoient une valeur unique résultant d'un calcul statistique sur une sélection de lignes.

Les fonctions d'agrégat sont déterministes, c'est-à-dire qu'appliquées à un même ensemble de données, la fonction retournera toujours le même résultat.

À l'exception de la fonction COUNT, les fonctions d'agrégat ne tiennent pas compte des valeurs null.

`COUNT(*)`

Dénombre les lignes sélectionnées.

`COUNT([ALL|DISTINCT] expr)`

Dénombre toutes les expressions non nulles (ALL) ou les expressions non nulles uniques (DISTINCT).

`COUNT_BIG`

Son fonctionnement est identique à celui de la fonction COUNT mais le résultat retourné est au format bigint à la place de int pour la fonction COUNT.

`SUM([ALL|DISTINCT] exprn)`

Somme de toutes les expressions non nulles (ALL) ou les expressions non nulles uniques (DISTINCT).

`AVG([ALL|DISTINCT] exprn)`

Moyenne de toutes les expressions non nulles (ALL) ou les expressions non nulles uniques (DISTINCT).

`MIN(exp)` ou `MAX(exp)`

Valeur minimum ou maximum de toutes les expressions.

`STDEV ([ALL|DISTINCT] exprn)`

Écart type de toutes les valeurs de l'expression donnée.

`STDEVP ([ALL|DISTINCT] exprn)`

Écart type de la population pour toutes les valeurs de l'expression donnée.

`VAR ([ALL|DISTINCT] exprn)`

Variance de toutes les valeurs de l'expression donnée.

`VARP ([ALL|DISTINCT] exprn)`

Variance de la population pour toutes les valeurs de l'expression donnée.

`GROUPING`

S'utilise conjointement à ROLLUP et CUBE. Indique la valeur 1 lorsque la ligne est générée par une instruction ROLLUP ou CUBE, sinon elle indique la valeur 0.

`CHECKSUM (*|exp[,...])`

Permet de calculer un code de contrôle par rapport à une ligne de la table ou par rapport à une liste d'expressions, plusieurs colonnes par exemple. Cette fonction permet la production d'un code de hachage.

`CHECKSUM_AGG([ALL|DISTINCT]exp)`

Permet le calcul d'une valeur de hachage par rapport à un groupe de données. Ce code de contrôle permet de savoir rapidement si des modifications ont eu lieu sur un groupe de données, car la valeur produite par cette fonction n'est plus la même.

Fonctions mathématiques

Ces fonctions renvoient une valeur résultant de calculs mathématiques classiques (algèbre, trigonométrie, logarithmes, etc.).

`ABS(expn)`

Valeur absolue de `expn`.

`CEILING(expn)`

Plus petit entier supérieur ou égal à `expn`.

`FLOOR(expn)`

Plus grand entier inférieur ou égal à `expn`.

`SIGN(expn)`

Renvoie `1` si `expn` est positive, `-1` si elle est négative et 0 si elle est égale à zéro.

`SQRT(expn)`

racine carrée de `expn`.

`POWER(expn,n)`

`expn` à la puissance `n`.

`SQUARE(expn)`

Calcul du carré de `expn`.

Fonctions trigonométriques

`PI()`

Valeur du nombre PI.

`DEGREES(expn)`

Conversion en degrés de `expn` en radians.

`RADIANS(expn)`

Conversion en radians de `expn` en degrés.

`SIN(expn), TAN(expn), COS(expn), COT(expn)`

Sinus, tangente, cosinus et cotangente de l'angle `expn` en radians.

`ACOS(expn), ASIN(expn), ATAN(expn)`

Arc cosinus, arc sinus et arc tangente de `expn`.

`ATN2(expn1,expn2)`

Angle dont la tangente se trouve dans l'intervalle `expn1`, `expn2`.

Fonctions logarithmiques

`EXP(expn)`

Exponentielle de `expn`.

`LOG(expn)`

Logarithme népérien de `expn`.

`LOG10(expn)`

Logarithme base 10 de `expn`.

Fonction diverses

`RAND([expn])`

Nombre aléatoire compris entre 0 et 1. `Expn` représente la valeur de départ.

`ROUND(expn,n[,f])`

Arrondit expn à la précision n. Si n est positif, n représente le nombre de décimales. Si n est égal à zéro, arrondit à l'entier le plus proche. Si n est négatif, arrondit à la dizaine la plus proche (-1), à la centaine (-2), etc., ou renvoie 0 si n est supérieur au nombre de chiffres entiers de expn. Si f est précisé, son rôle est de tronquer expn. Les valeurs pouvant être prises par f sont interprétées comme pour n. La valeur de f ne sera prise en compte que si n est égal à 0.

Exemple

```
expn            n         f          résultat
1.256           2                     1.260
1.256           4                     1.256
1.256           0                     1.000
11.25          -1                    10
11.25          -2                      .00
11.25          -3                      .00
150.75          0                   151
150.75          0        1          150
```

Fonctions date

Les fonctions date manipulent des expressions de type DATETIME, et utilisent des formats représentant la partie de la date à gérer.

Ces formats sont :

Format	Abréviation	Signification
year	yy, yyyy	Année (de 1753 à 9999)
quarter	qq, q	Trimestre (1 à 4)
month	mm, m	Mois (1 à 12)
day of year	dy, y	Jour dans l'année (1 à 366)
day	dd, d	Jour dans le mois (1 à 31)
weekday	dw, ww	Jour dans la semaine (1 Lundi à 7 Dimanche)
hour	hh	Heure (0 à 23)

Format	Abréviation	Signification
minute	mi, n	Minute (0 à 59)
seconds	ss, s	Seconde (0 à 59)
millisecond	ms	Milliseconde (0 à 999)

`GETDATE()`

Date et heure système.

`DATENAME(format,expd)`

Renvoie la partie date sous forme de texte.

`DATEPART(format,expd)`

Renvoie la valeur de la partie date selon le format.

Il est possible de configurer le premier jour de la semaine par l'intermédiaire de la fonction SET DATEFIRST(numero_jour). Les jours sont numérotés de 1 pour le lundi à 7 pour le dimanche. Il est possible de connaître la configuration actuelle en interrogeant la fonction @@datefirst.

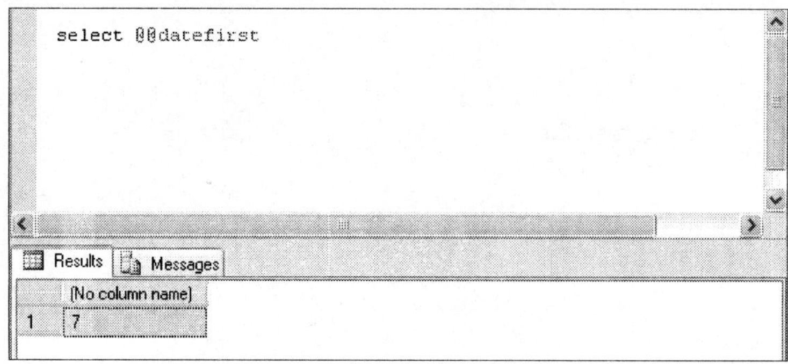

`DATEDIFF(format,expd1,expd2)`

Différence selon le format entre les deux dates.

`DATEADD(format,n,expd)`

Ajoute `n format` à la date `expd`.

`DAY(expd)`

Retourne le numéro du jour dans le mois.

`MONTH(expd)`

Retourne le numéro du mois.

`YEAR(expd)`

Retourne l'année.

Pour les trois fonctions précédentes, si l'expression passée en paramètre est la valeur 0, alors SQL Server effectue ses calculs sur le 1er janvier 1900.

`SWITCHOFFSET (datetimeoffset, zoneHoraire)`

Convertit la donnée de type `DATETIMEOFFSET` passée en paramètre vers la zone horaire passée en second paramètre.

`SYSDATETIME`

Retourne la date et heure courante du serveur au format datetime2. Le décalage par rapport au temps GMT (OFFSET) n'est pas inclus. Cette fonction offre plus de précision que la valeur retournée par getdate ou bien getutcdate.

`SYSDATETIMEOFFSET`

Fonctionnement similaire à `SYSDATETIME` mais la donnée de type date et heure retournée est au format datetimeoffset et inclut donc le décalage par rapport à l'heure GMT.

Fonctions chaîne de caractères

`ASCII(expc)`

Valeur du code ASCII du premier caractère de `expc`.

`UNICODE(expc)`

Valeur numérique correspondant au code caractère Unicode de `expc`.

`CHAR(expn)`

Caractère correspondant au code ASCII `expn`.

`NCHAR(expn)`

Caractère unicode correspondant au code numérique `expn`.

`LTRIM(expc), RTRIM(expc)`

Supprime les espaces non significatifs à droite (RTRIM) ou à gauche (LTRIM) de `expc`.

`STR(expn,[lg[,nbd]])`

Convertit le nombre `expn` en chaîne de longueur totale `lg` dont `nbd` caractères à droite de la marque décimale.

`SPACE(n)`

Renvoie `n` espaces.

`REPLICATE(expc,n)`

Renvoie `n` fois `expc`.

`CHARINDEX('masque',expc) PATINDEX ('%masque%',expc)`

Renvoie la position de départ de la première expression 'masque' dans `expc`. `PATINDEX` permet d'utiliser des caractères génériques (voir LIKE) et de travailler avec les types `text`, `char` et `varchar`.

`LOWER(expc), UPPER(expc)`

Changement de casse. Convertit `expc` en minuscule ou en majuscule.

`REVERSE(expc)`

Retourne `expc` à l'envers (lue de droite à gauche).

`RIGHT(expc,n)`

Renvoie les `n` caractères les plus à droite de `expc`.

`LEFT(expc,n)`

Renvoie les n caractères les plus à gauche de `expc`.

`SUBSTRING(expc,dp,lg)`

Renvoie `lg` caractères de expc à partir de `dp`.

`STUFF(expc1,dp,lg,expc2)`

Supprime `lg` caractères de `expc1` à partir de `dp`, puis insère `expc2` à la position `dp`.

`SOUNDEX(expc)`

Renvoie le code phonétique de `expc`. Ce code est composé de la première lettre de `expc` et de trois chiffres.

`DIFFERENCE(expc1,expc2)`

Compare les SOUNDEX des deux expressions. Renvoie une valeur de 1 à 4, 4 signifiant que les deux expressions offrent la plus grande similitude.

`LEN(expc)`

Retourne le nombre de caractères de `expc`.

`QUOTENAME(expc[,delimiteur])`

Permet de transformer `expc` en identifiant valide pour SQL Server.

`REPLACE(expc1, expc2, expc3)`

Permet de remplacer dans `expc1` toutes les occurrences de `expc2` par `expc3`.

Fonctions système

`COALESCE (exp1,exp2,...)`

Renvoie la première `exp` non NULL.

`COL_LENGTH ('nom_table','nom_colonne')`

Longueur de la colonne.

`COL_NAME (id_table,id_col)`

Nom de la colonne dont le numéro d'identification est `id_col` dans la table identifiée par `id_table`.

`DATALENGTH (exp)`

Longueur en octets de l'expression.

`DB_ID(['nom_base'])`

Numéro d'identification de la base de données.

`DB_NAME ([id_base])`

Nom de la base identifiée par `id_base`.

`GETANSINULL ([ 'nom_base'])`

Renvoie 1 si l'option "ANSI NULL DEFAULT" est positionnée pour la base.

`HOST_ID()`

Numéro d'identification de la station de travail.

`HOST_NAME()`

Nom de la station de travail.

`IDENT_INCR ('nom_table')`

Valeur de l'incrémentation définie pour la colonne IDENTITY de la table ou de la vue portant sur une table ayant une colonne IDENTITY.

`IDENT_SEED ('nom_table')`

Valeur initiale définie pour la colonne IDENTITY de la table, ou de la vue portant sur une table ayant une colonne IDENTITY.

`IDENT_CURRENT ('nom_table')`

Retourne la dernière valeur de type identité utilisée par cette table.

`INDEX_COL ('nom_table',id_index,id_cle)`

Nom de la colonne indexée correspondant à l'index.

`ISDATE(exp)`

Renvoie 1 si l'expression de type varchar a un format de date valide.

`ISNULL(exp,valeur)`

Renvoie valeur si `exp` est NULL.

`ISNUMERIC(exp)`

Renvoie 1 si l'expression de type varchar a un format numérique valide.

`NULLIF(exp1,exp2)`

Renvoie NULL si `exp1 = exp2`.

`OBJECT_ID('nom')`

Numéro d'identification de l'objet 'nom'.

`OBJECT_NAME(id)`

Nom de l'objet identifié par `id`.

`STATS_DATE(id_table,id_index)`

Date de dernière mise à jour de l'index.

`SUSER_SID(['nom_acces'])`

Numéro d'identification correspondant au nom d'accès.

`SUSER_SNAME([id])`

Nom d'accès identifié par `id`.

`USER_NAME([id])`

Nom de l'utilisateur identifié par `id`. À n'utiliser qu'avec la contrainte DEFAULT (fonctions niladiques).

`CURRENT_TIMESTAMP`

Date et heure système, équivalent à GETDATE().

`SYSTEM_USER`

Nom d'accès.

`CURRENT_USER, USER, SESSION_USER`

Nom de l'utilisateur de la session.

`OBJECT_PROPERTY(id,propriété)`

Permet de retrouver les propriétés d'un objet de la base.

`ROW_NUMBER`

Permet de connaître le numéro séquentiel d'une ligne issue d'une partition depuis un jeu de résultats. Cette numérotation commence à 1 pour chaque première ligne de chaque partition.

`RANK`

Permet de connaître le rang d'une ligne issue d'une partition depuis un jeu de résultats. Le rang d'une ligne est supérieur d'une unité au rang de la ligne issue de la même partition.

`DENSE_RANK`

Fonctionne comme `RANK` mais ne s'applique qu'aux lignes présentes dans le jeu de résultats.

`HAS_DBACCESS('nomBase')`

Permet de savoir si, avec le contexte de sécurité actuel, il est possible d'accéder à la base de données passée en paramètre (retour=1) ou si ce n'est pas possible (retour=0).

`HAS_PERMS_BY_NAME`

Permet de savoir par programmation si l'on dispose d'un privilège ou non. Ce type de fonction peut s'avérer intéressant dans le cadre d'un changement de contexte.

`KILL`

Cette fonction, bien connue des utilisateurs des systèmes Unix/Linux, permet de mettre fin à une session utilisateur. Pour mettre fin à une connexion, il est nécessaire de passer en paramètre l'identifiant de session (sessionID ou SPID) ou bien l'identifiant du lot actuellement en cours d'exécution (UOW - *Unit Of Work)*. Le UOW peut être connu en interrogeant la colonne request_owner_guid de la vue sys.dm_tran_locks. L'identifiant de session peut quant à lui être obtenu en interrogeant le contenu de la variable @@SPID, en exécutant la procédure sp_who ou bien encore en interrogeant la colonne session_id de vues telles que sys.dm_tran_locks ou sys_dm_exec_sessions. Si l'annulation porte sur une transaction de grande envergure alors l'opération peut être relativement longue.

`NEWID()`

Permet de générer une valeur de type UniqueIdentifier.

`NEWSEQUENTIALID()`

Cette fonction, destinée à être utilisée uniquement pour générer une valeur par défaut, permet de générer la prochaine valeur de type UniqueIdentifier. Comme la prochaine valeur de type UniqueIdentifier est prédictible, cette fonction ne doit pas être mise en place dans les structures nécessitant un haut niveau de sécurité.

```
PARSENAME('nomObjet',partieAExtraire)
```

Permet d'extraire à partir d'un nom complet d'objet le nom de l'objet (*partieAExtraire=1*), le nom du schéma (*partieAExtraire=2*), le nom de la base de données (*partieAExtraire=3*) ou bien le nom du serveur (*partieAExtraire=4*).

```
PUBLISHINGSERVERNAME
```

Permet de savoir qui est à l'origine d'une publication.

```
STUFF (chaine1, dp, lg, chaine2)
```

Permet de supprimer lg caractère de la chaîne chaine1 à partir de la position dp, puis d'y insérer chaine2.

Fonctions conversion de type

```
CAST(expression AS type_donnée)
```

Permet de convertir une valeur dans le type spécifié.

```
CONVERT(type_donnée,exp[,style])
```

Conversion de l'expression dans le type spécifié. Un style peut être utilisé dans les conversions date ou heure.

Sans le siècle	Avec le siècle	Standard	Sortie
-	0 ou 100	défaut	(mois/mmm)jj aaaa hh:mi AM (ou PM)
1	101	USA	mm/jj/aa
2	102	ANSI	aa.mm.jj
3	103	anglais/français	jj/mm/aa
4	104	allemand	jj.mm.aa
5	105	italien	jj-mm-aa
6	106	-	jj mmm aa
7	107	-	mmm jj,a
8	108	-	hh:mi:ss

Sans le siècle	Avec le siècle	Standard	Sortie
-	9 ou 109	défaut	(mois/mmm)jj aaaa hh:mi:ss:mmm AM
10	110	USA	mm-jj-aa
11	111	Japon	aa/mm/jj
12	112	ISO	aammjj
-	13 ou 113	européen	jj(mois/mmm)aaaa hh:mi:ss:mmm(24h)
14	114	-	hh:mi:ss:mmm (24h)
-	20 ou 120	ODBC canonique	yyyy-mm-jj hh:mi:ss(24h)
-	21 ou 121	ODBC canonique	yyyy-mm-jj hh:mi:ss.mmm(24h)
-	126	ISO8601	yyyy-mm-jjThh:mi:ss.mmm
-	130	Hijri	dd mois yyyy hh:mi:ss:mmmAM
-	131	Hijri	dd/mm/yy hh:mi:ss:mmmAM

Dans le cas où l'année est saisie sur deux caractères, alors SQL Server utilise 2049 comme année charnière, c'est-à-dire que pour toute valeur comprise entre 0 et 49 SQL Server considère qu'il s'agit d'une année du XXIème siècle tandis que pour toute valeur comprise entre 50 et 99 SQL Server considère qu'il s'agit d'une année du XXème siècle. Ainsi 08 correspond à 2008 tandis que 89 correspond à 1989. Bien entendu, cette date charnière est un paramètre de SQL Server et peut être configurée en conséquence.

Travailler avec les dates

Pour travailler de façon simple avec les dates et éviter toute erreur de conversion et tout problème de formatage, l'opération la plus simple consiste à s'appuyer sur le format ISO 8601. Comme son nom l'indique ce format est normalisé et permet la transformation aisée d'une chaîne de caractères en donnée de type date/heure. Dans le format ISO 8601, la date est exprimée ainsi :
yyyy-mm-ddThh:mm:ss[.mmm]. Toutes les informations année, mois, jour, heure (sur 24 H) minutes et secondes doivent être valorisées. Seules les informations relatives aux millièmes de seconde sont optionnelles. Dans ce format, les séparateurs sont également obligatoires et ne peuvent pas être modifiés.

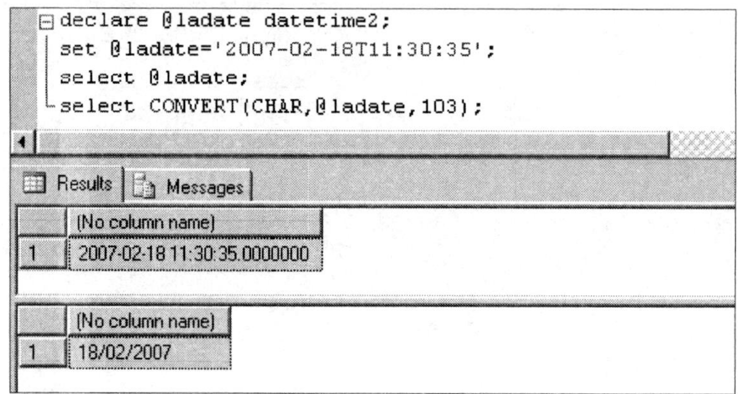

B. Le SQL-DML

Le langage de manipulation de données (*SQL-Data Manipulation Language*), est composé des instructions permettant la gestion, la visualisation et l'extraction des lignes des tables et des vues.

1. Création de lignes

La création de lignes dans une table, ou dans une vue selon certaines conditions, se fait par la commande INSERT.

Les contraintes seront contrôlées et les triggers seront déclenchés lors de l'exécution de la commande.
La forme "INSERT ..... VALUES ....." crée une seule ligne, alors que "INSERT ..... SELECT ....." permet de créer éventuellement plusieurs lignes.

Syntaxe

```
INSERT [INTO] nom_objet [(col,...)]{DEFAULT VALUES|VALUES
(val,...)|requête|EXECUTE procedure}
```

`nom_objet`

Nom valide de table ou de vue.

`(col,...)`

Liste des colonnes à valoriser. Les colonnes non citées prendront la valeur NULL. Si la liste est omise, toutes les colonnes devront être associées à une valeur.

`DEFAULT VALUES`

Toutes les colonnes citées prendront leur valeur par défaut ou NULL si elles n'en ont pas.

`(val,...)`

Liste de valeurs composée d'expressions constantes, des mots clés NULL ou DEFAULT, ou de variables. Il doit y avoir autant de valeurs que de colonnes à valoriser, du même type, et dans le même ordre.

`requête`

Instruction SELECT renvoyant autant de valeurs, dans le même ordre et du même type que les colonnes à valoriser. Cette forme de syntaxe permet d'insérer plusieurs lignes en une seule opération.

`procedure`

Nom d'une procédure stockée locale ou distante. Seules les valeurs des colonnes renvoyées par un ordre SELECT contenu dans la procédure valoriseront les colonnes concernées par l'INSERT.

Exemples

Création d'un Client avec la valorisation de toutes les colonnes, valeur par défaut pour la ville, NULL pour le téléphone :

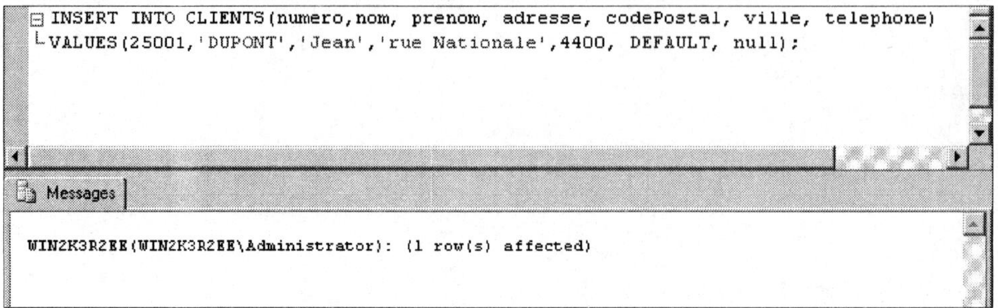

Création d'un article (prix inconnu) :

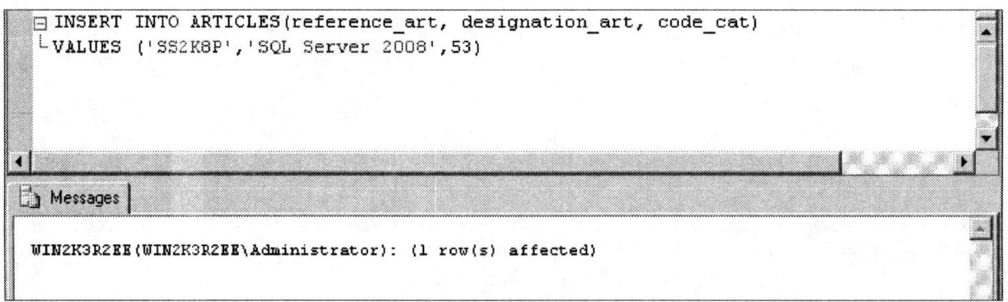

Création d'articles en stock dans le dépôt P2 à partir de la table Articles :

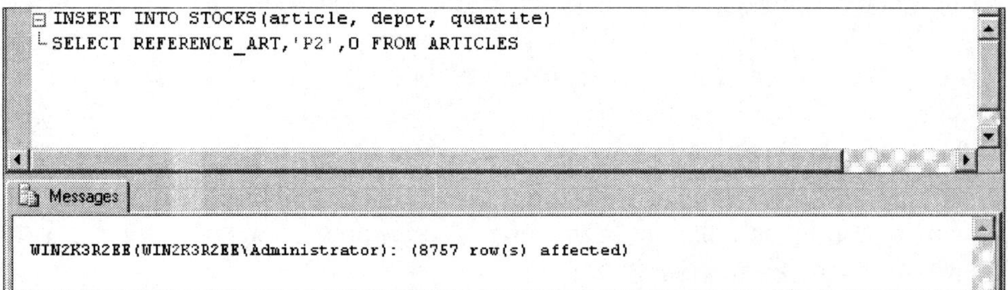

Exécution d'une procédure ramenant les numéros et noms des tables d'un utilisateur identifié par son numéro :

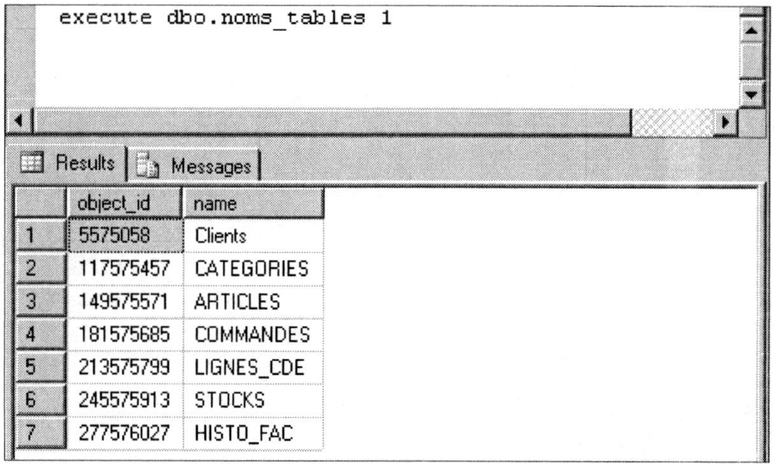

```
execute dbo.noms_tables 1
```

Results | Messages

	object_id	name
1	5575058	Clients
2	117575457	CATEGORIES
3	149575571	ARTICLES
4	181575685	COMMANDES
5	213575799	LIGNES_CDE
6	245575913	STOCKS
7	277576027	HISTO_FAC

Application de cette procédure pour valoriser une table temporaire avec les informations sur les tables dont le propriétaire est "dbo" :

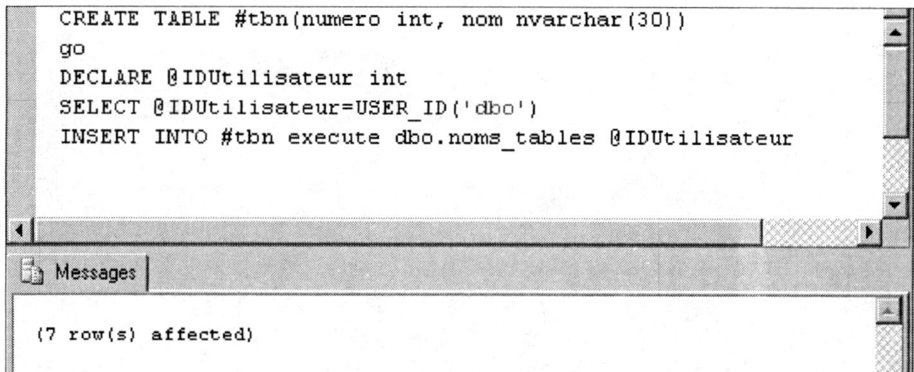

```
CREATE TABLE #tbn(numero int, nom nvarchar(30))
go
DECLARE @IDUtilisateur int
SELECT @IDUtilisateur=USER_ID('dbo')
INSERT INTO #tbn execute dbo.noms_tables @IDUtilisateur
```

Messages

```
(7 row(s) affected)
```

Insertion de lignes en forçant la valeur pour une colonne de type Identity :

```
use gescom;
go
insert into categories (code,libelle) values(226,'livres');
set identity_insert categories on
insert into categories (code,libelle) values(226,'livres');
set identity_insert categories off
select * from categories where code=226;
```

Results | Messages

```
Msg 544, Level 16, State 1, Line 1
Cannot insert explicit value for identity column in table 'CATEGORIES' when IDENTITY_INSERT is set to OFF.

(1 row(s) affected)

(1 row(s) affected)
```

Lorsque l'instruction INSERT est associée à une requête SELECT, il est possible de limiter le nombre de lignes insérées en utilisant la clause TOP.

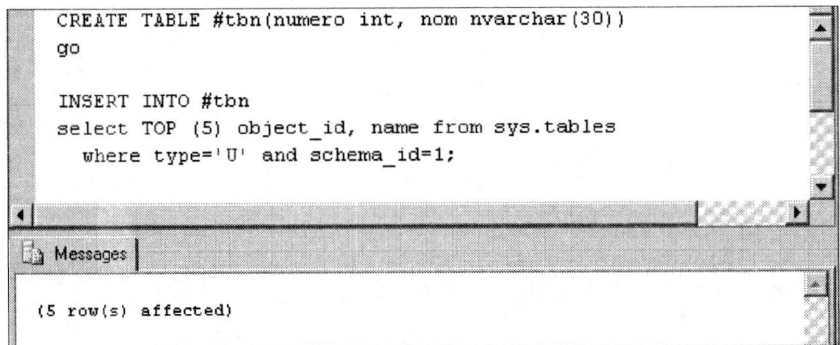

```
CREATE TABLE #tbn(numero int, nom nvarchar(30))
go

INSERT INTO #tbn
select TOP (5) object_id, name from sys.tables
  where type='U' and schema_id=1;
```

Messages

```
(5 row(s) affected)
```

L'instruction INSERT permet d'insérer plusieurs lignes de données de façon simultanée lorsqu'elle est associée à une clause SELECT, mais il est également possible d'ajouter plusieurs lignes en précisant directement les valeurs des données à insérer. Pour cela, les données relatives à chaque ligne à insérer sont spécifiées entre parenthèses derrière la clause VALUES et chaque ensemble de valeurs est séparé par une virgule.

Syntaxe

```
INSERT INTO nom_table[(col, …)]
VALUES((valeurLigne1, …),(valeurLigne2,…), …);
```

`nom_table`

Nom de la table concernée par l'opération d'ajout de lignes.

`(col, ...)`

Nom des différentes colonnes de la table pour lesquelles des valeurs sont fournies. L'ordre des colonnes défini à cet endroit définit également l'ordre dans lequel les valeurs doivent être fournies.

`(valeurLigne1, ...)`

Valeurs des données à ajouter dans la table, chaque ensemble de valeurs doit fournir une donnée pour chaque colonne spécifiée dans la liste des colonnes.

Exemple

Dans l'exemple suivant deux valeurs sont insérées dans la table catégories à l'aide d'une seule instruction INSERT :

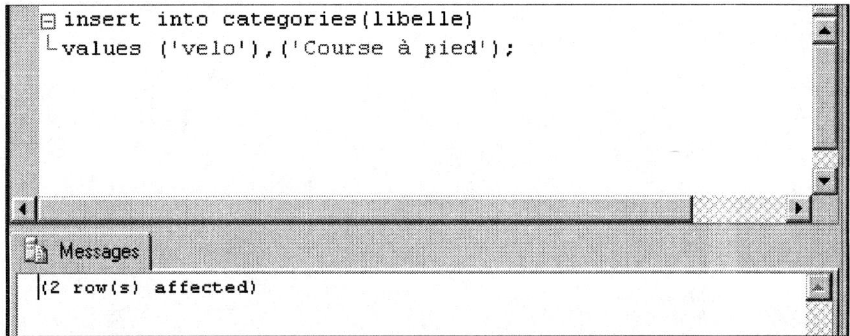

2. Modification de lignes

La modification des valeurs des colonnes de lignes existantes s'effectue par l'instruction UPDATE. Cette instruction peut mettre à jour plusieurs colonnes de plusieurs lignes d'une table à partir d'expressions ou à partir de valeurs d'autres tables.

Syntaxe

```
UPDATE nom_objet SET col=exp[,...]
[FROM nom_objet[,...]][WHERE cond]
```

`nom_objet`

Nom de table ou de vue.

`col`

Nom de la colonne à mettre à jour.

`exp`

N'importe quel type d'expression renvoyant une seule valeur de même type que la colonne. Les mots clés DEFAULT et NULL sont autorisés.

`FROM nom_objet`

Permet de mettre à jour chaque ligne à partir des données d'autres tables ou vues.

`cond`

Expression booléenne permettant de limiter les lignes à mettre à jour.

Exemples

Modification des données NOM, ADRESSE et VILLE du Client 10428 :

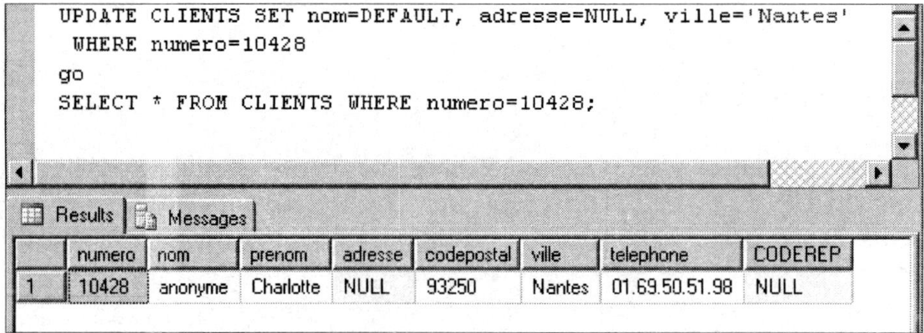

```
UPDATE CLIENTS SET nom=DEFAULT, adresse=NULL, ville='Nantes'
 WHERE numero=10428
go
SELECT * FROM CLIENTS WHERE numero=10428;
```

Results | Messages

	numero	nom	prenom	adresse	codepostal	ville	telephone	CODEREP
1	10428	anonyme	Charlotte	NULL	93250	Nantes	01.69.50.51.98	NULL

Augmentation de 1 % des prix de tous les articles de moins de 10 € :

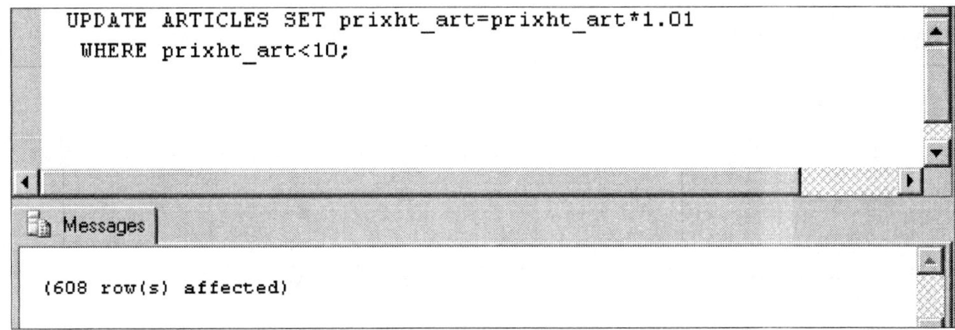

```
UPDATE ARTICLES SET prixht_art=prixht_art*1.01
 WHERE prixht_art<10;
```


Mise à jour de la quantité en stock de l'article portant la référence 000428 dans le Dépôt N1 par rapport à toutes les lignes de commande concernant cet article :

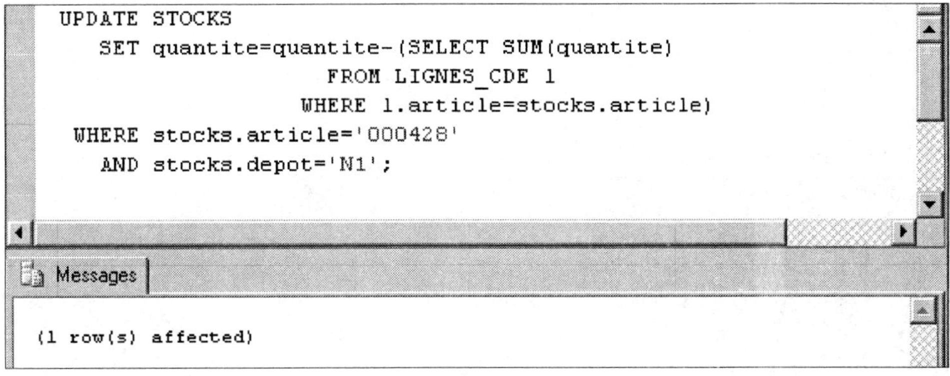

```
UPDATE STOCKS
   SET quantite=quantite-(SELECT SUM(quantite)
                    FROM LIGNES_CDE l
                  WHERE l.article=stocks.article)
 WHERE stocks.article='000428'
   AND stocks.depot='N1';
```


3. Suppression de lignes

L'instruction DELETE permet de supprimer une ou plusieurs lignes d'une table ou vue en fonction d'une condition ou des données d'une autre table.

Syntaxe

```
DELETE [FROM] nom_objet [FROM nom_objet [,...]][WHERE cond]
```

`nom_objet`

Nom de table ou de vue.

`FROM nom_objet`

Permet d'utiliser les colonnes d'autres tables ou vues dans la clause WHERE.

`cond`

Expression booléenne permettant de restreindre les lignes à supprimer.

Exemples

Tentative de suppression de TOUS les clients :

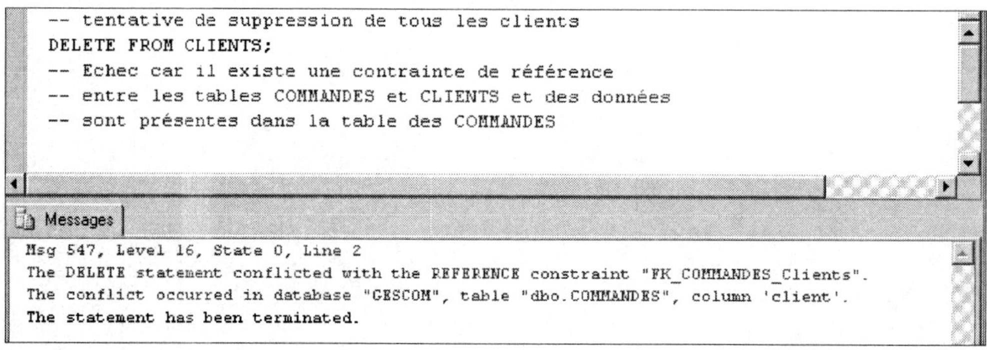

```
-- tentative de suppression de tous les clients
DELETE FROM CLIENTS;
-- Echec car il existe une contrainte de référence
-- entre les tables COMMANDES et CLIENTS et des données
-- sont présentes dans la table des COMMANDES
```

```
Msg 547, Level 16, State 0, Line 2
The DELETE statement conflicted with the REFERENCE constraint "FK_COMMANDES_Clients".
The conflict occurred in database "GESCOM", table "dbo.COMMANDES", column 'client'.
The statement has been terminated.
```

L'option ON DELETE lors de la création de la contrainte de référence permet de contourner ce problème.

Suppression des factures soldées :

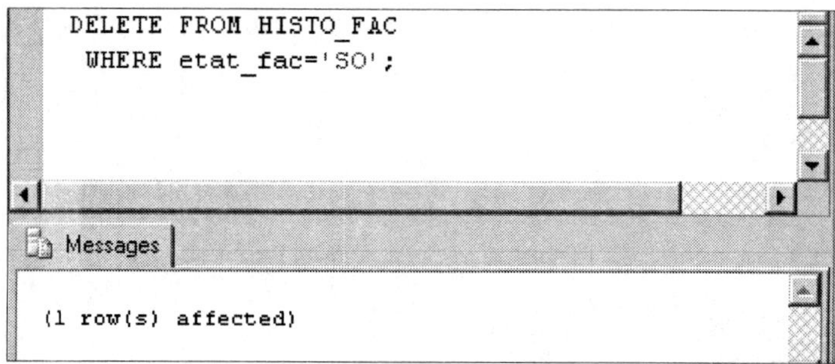

```
DELETE FROM HISTO_FAC
 WHERE etat_fac='SO';
```

```
(1 row(s) affected)
```

Suppression de l'historique du client 1 :

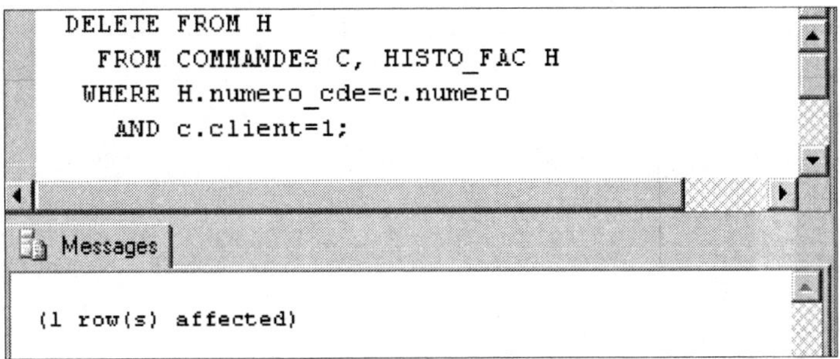

```
DELETE FROM H
  FROM COMMANDES C, HISTO_FAC H
 WHERE H.numero_cde=c.numero
   AND c.client=1;
```

```
(1 row(s) affected)
```

4. Extraction de lignes

L'instruction SELECT permet de visualiser les données stockées dans les bases, d'effectuer des calculs ou des transformations sur ces données, ou de valoriser des tables à partir d'autres tables.

Cette instruction a une syntaxe complexe que l'on peut étudier en trois parties :

- Syntaxe de base permettant la visualisation et les opérations de l'algèbre relationnelle telles que les restrictions, les projections, les produits cartésiens, les jointures, les calculs élémentaires, les calculs d'agrégats et les unions.
- Syntaxe INTO permettant la création d'une nouvelle table à partir du résultat du SELECT.
- Clause COMPUTE permettant la génération de lignes contenant des statistiques. Cette clause n'est pas relationnelle.

Syntaxe de base

```
SELECT [ALL|DISTINCT]{*|liste_expressions}FROM liste_objet[WHERE
cond][GROUP BY liste_expressions][HAVING cond][ORDER BY liste_
expression][UNION[ALL]SELECT.....]
```

```
ALL
```

Permet l'extraction de toutes les lignes (option par défaut).

`DISTINCT`

N'affiche pas les doublons, c'est-à-dire les lignes résultantes identiques.

`*`

Extrait toutes les colonnes.

`liste_expressions`

Liste composée de noms de colonnes, constantes, fonctions, expressions calculées ou de toute combinaison d'expressions séparées par des virgules. Chaque expression pourra être complétée par un titre de colonne sous la forme : TITRE = exp ou exp ALIAS_COL, afin de modifier le titre par défaut du résultat qui est, soit nul, soit le nom de la colonne dans la table.

`liste_objet`

Liste de tables ou de vues séparées par des virgules, à partir desquelles les données seront extraites. Chaque nom d'objet pourra être suivi d'un nom d'alias permettant de citer la table ou la vue sous un autre nom. De plus, on peut orienter le fonctionnement interne de la requête en plaçant des directives de requêtes pour l'optimiser, entre parenthèses, derrière chaque nom d'objet.

5. Opérations de l'algèbre relationnelle

a. Sélection de colonnes

Le mot clé SELECT permet d'introduire une liste de colonnes à extraire des tables dans l'ordre choisi ou toutes les colonnes dans l'ordre de création avec * (ou nom_table.*).
En cas d'ambiguïté dans les noms de colonnes, on doit utiliser la forme : nom_table.nom_col.
La colonne résultante aura le même nom que la colonne initiale sauf si on emploie un titre ou un alias de colonne.

Exemples

Affichage de toutes les colonnes de toutes les lignes de la table Articles :

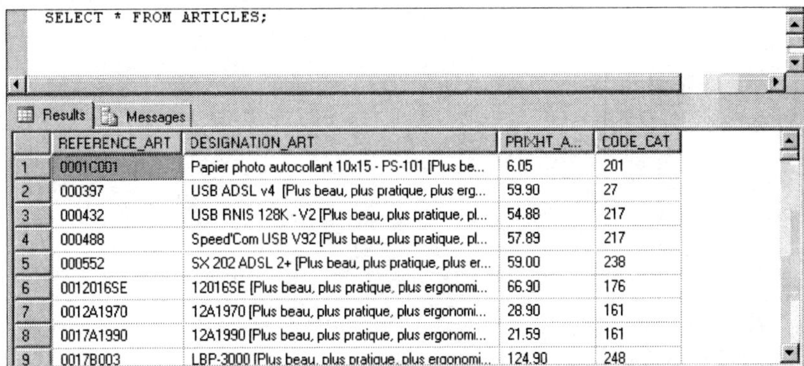

```
SELECT * FROM ARTICLES;
```

Results | Messages

	REFERENCE_ART	DESIGNATION_ART	PRIXHT_A...	CODE_CAT
1	0001C001	Papier photo autocollant 10x15 - PS-101 [Plus be...	6.05	201
2	000397	USB ADSL v4 [Plus beau, plus pratique, plus erg...	59.90	27
3	000432	USB RNIS 128K - V2 [Plus beau, plus pratique, pl...	54.88	217
4	000488	Speed'Com USB V92 [Plus beau, plus pratique, pl...	57.89	217
5	000552	SX 202 ADSL 2+ [Plus beau, plus pratique, plus er...	59.00	238
6	0012016SE	12016SE [Plus beau, plus pratique, plus ergonomi...	66.90	176
7	0012A1970	12A1970 [Plus beau, plus pratique, plus ergonomi...	28.90	161
8	0017A1990	12A1990 [Plus beau, plus pratique, plus ergonomi...	21.59	161
9	0017B003	LBP-3000 [Plus beau, plus pratique, plus ergonomi...	124.90	248

Sélection de 2 colonnes :

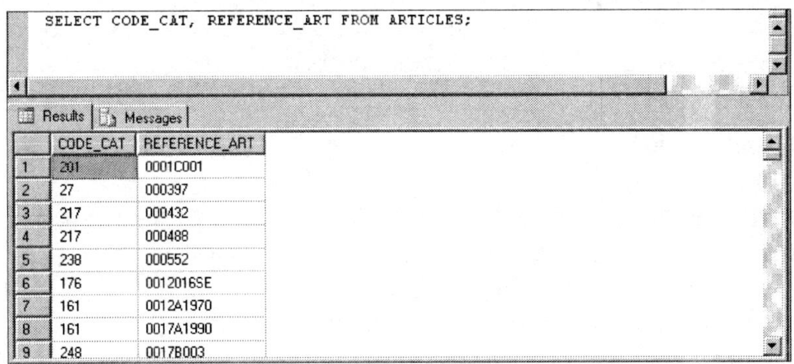

```
SELECT CODE_CAT, REFERENCE_ART FROM ARTICLES;
```

Results | Messages

	CODE_CAT	REFERENCE_ART
1	201	0001C001
2	27	000397
3	217	000432
4	217	000488
5	238	000552
6	176	0012016SE
7	161	0012A1970
8	161	0017A1990
9	248	0017B003

Changement du titre :

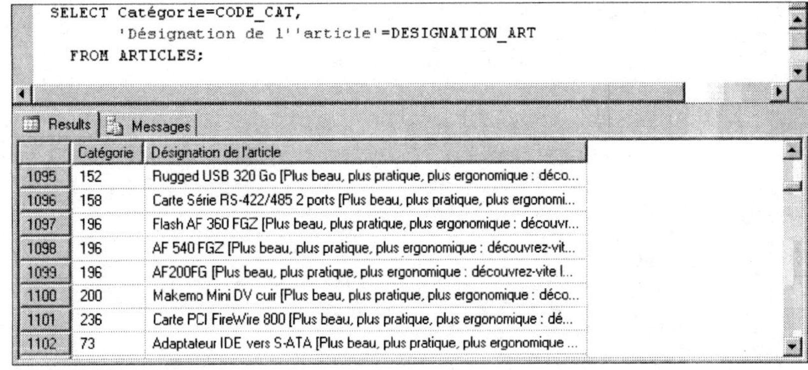

```
SELECT Catégorie=CODE_CAT,
       'Désignation de l''article'=DESIGNATION_ART
  FROM ARTICLES;
```

Results | Messages

	Catégorie	Désignation de l'article
1095	152	Rugged USB 320 Go [Plus beau, plus pratique, plus ergonomique : déco...
1096	158	Carte Série RS-422/485 2 ports [Plus beau, plus pratique, plus ergonomi...
1097	196	Flash AF 360 FGZ [Plus beau, plus pratique, plus ergonomique : découvr...
1098	196	AF 540 FGZ [Plus beau, plus pratique, plus ergonomique : découvrez-vit...
1099	196	AF200FG [Plus beau, plus pratique, plus ergonomique : découvrez-vite l...
1100	200	Makemo Mini DV cuir [Plus beau, plus pratique, plus ergonomique : déco...
1101	236	Carte PCI FireWire 800 [Plus beau, plus pratique, plus ergonomique : dé...
1102	73	Adaptateur IDE vers S-ATA [Plus beau, plus pratique, plus ergonomique ...

Alias de colonne :

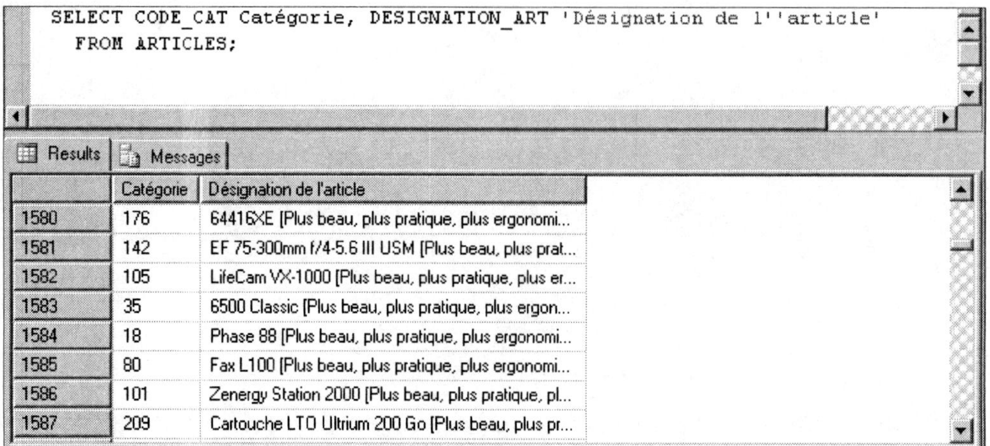

```
SELECT CODE_CAT Catégorie, DESIGNATION_ART 'Désignation de l''article'
  FROM ARTICLES;
```

Results | Messages

	Catégorie	Désignation de l'article
1580	176	64416XE [Plus beau, plus pratique, plus ergonomi...
1581	142	EF 75-300mm f/4-5.6 III USM [Plus beau, plus prat...
1582	105	LifeCam VX-1000 [Plus beau, plus pratique, plus er...
1583	35	6500 Classic [Plus beau, plus pratique, plus ergon...
1584	18	Phase 88 [Plus beau, plus pratique, plus ergonomi...
1585	80	Fax L100 [Plus beau, plus pratique, plus ergonomi...
1586	101	Zenergy Station 2000 [Plus beau, plus pratique, pl...
1587	209	Cartouche LTO Ultrium 200 Go [Plus beau, plus pr...

Il est également possible de renommer une colonne en utilisant le mot clé **AS** entre le nom de la colonne et son alias dans la clause SELECT. Le résultat observé sera le même que celui présenté dans l'exemple ci-dessus.

b. Restriction

La restriction consiste à n'extraire qu'un certain nombre de lignes répondant à une ou plusieurs conditions. La clause WHERE permet la mise en œuvre des restrictions. Les conditions sont des expressions booléennes composées de nom de colonnes, de constantes, de fonctions, d'opérateurs de comparaison et des opérateurs logiques.

Exemples

Clients de NANTES :

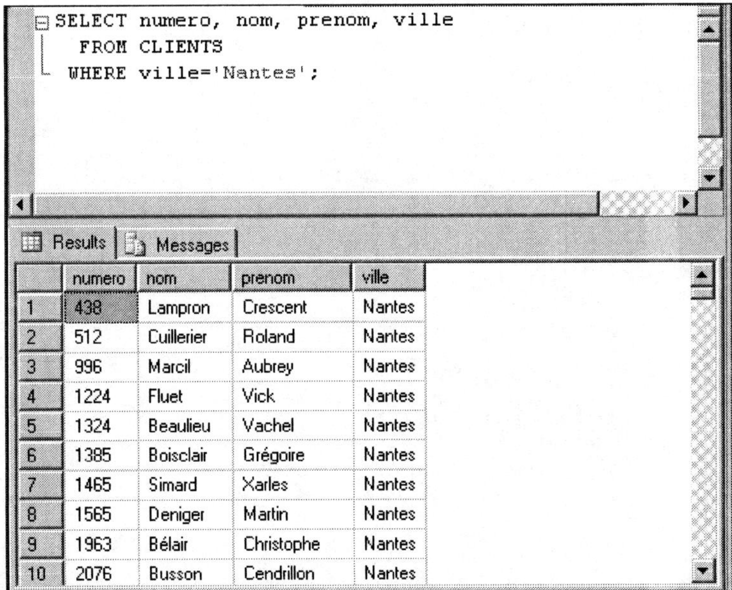

```
SELECT numero, nom, prenom, ville
  FROM CLIENTS
 WHERE ville='Nantes';
```

Results | Messages

	numero	nom	prenom	ville
1	438	Lampron	Crescent	Nantes
2	512	Cuillerier	Roland	Nantes
3	996	Marcil	Aubrey	Nantes
4	1224	Fluet	Vick	Nantes
5	1324	Beaulieu	Vachel	Nantes
6	1385	Boisclair	Grégoire	Nantes
7	1465	Simard	Xarles	Nantes
8	1565	Deniger	Martin	Nantes
9	1963	Bélair	Christophe	Nantes
10	2076	Busson	Cendrillon	Nantes

Clients de Loire-Atlantique :

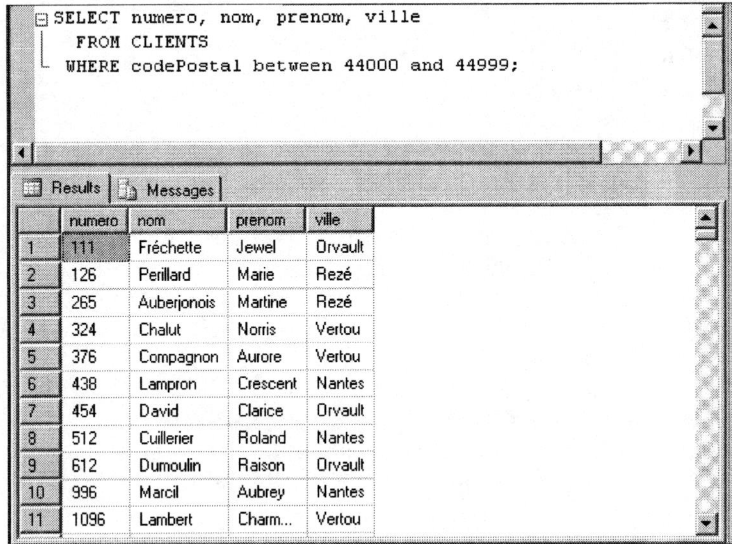

```
SELECT numero, nom, prenom, ville
  FROM CLIENTS
 WHERE codePostal between 44000 and 44999;
```

Results | Messages

	numero	nom	prenom	ville
1	111	Fréchette	Jewel	Orvault
2	126	Perillard	Marie	Rezé
3	265	Auberjonois	Martine	Rezé
4	324	Chalut	Norris	Vertou
5	376	Compagnon	Aurore	Vertou
6	438	Lampron	Crescent	Nantes
7	454	David	Clarice	Orvault
8	512	Cuillerier	Roland	Nantes
9	612	Dumoulin	Raison	Orvault
10	996	Marcil	Aubrey	Nantes
11	1096	Lambert	Charm...	Vertou

Clients dont le prénom commence par "ER" et dont la quatrième lettre du nom est "C" et qui habitent dans une ville inconnue ou dont le nom commence par "N" :

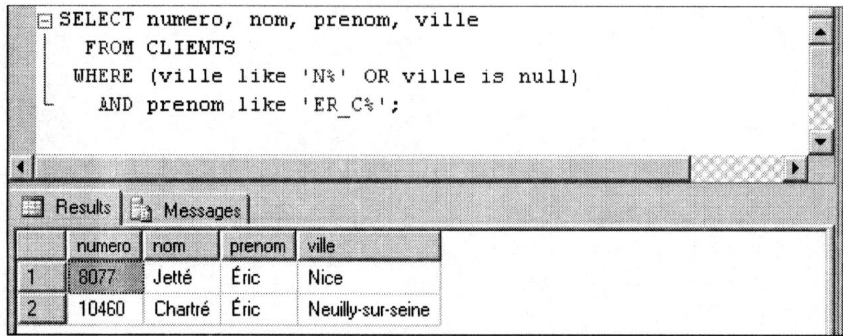

```
SELECT numero, nom, prenom, ville
  FROM CLIENTS
 WHERE (ville like 'N%' OR ville is null)
   AND prenom like 'ER_C%';
```

Results | Messages

	numero	nom	prenom	ville
1	8077	Jetté	Éric	Nice
2	10460	Chartré	Éric	Neuilly-sur-seine

Commandes passées en Janvier dans les 3 dernières années :

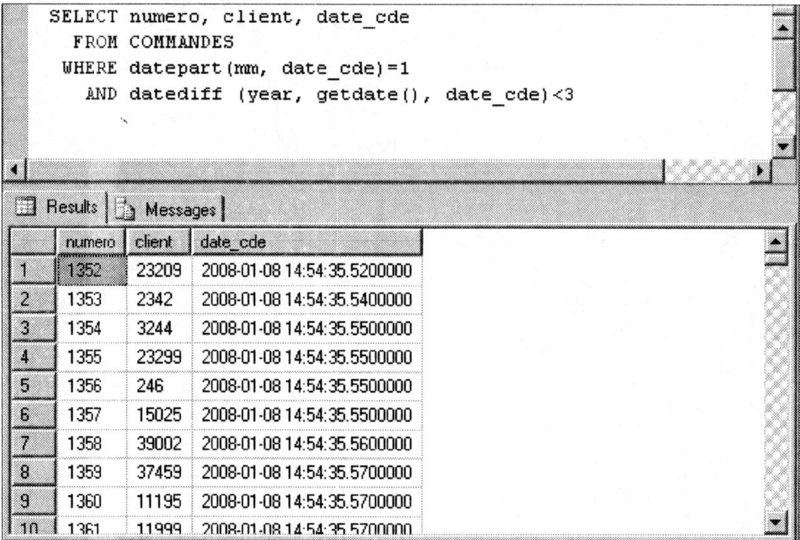

```
SELECT numero, client, date_cde
  FROM COMMANDES
 WHERE datepart(mm, date_cde)=1
   AND datediff (year, getdate(), date_cde)<3
```

Results | Messages

	numero	client	date_cde
1	1352	23209	2008-01-08 14:54:35.5200000
2	1353	2342	2008-01-08 14:54:35.5400000
3	1354	3244	2008-01-08 14:54:35.5500000
4	1355	23299	2008-01-08 14:54:35.5500000
5	1356	246	2008-01-08 14:54:35.5500000
6	1357	15025	2008-01-08 14:54:35.5500000
7	1358	39002	2008-01-08 14:54:35.5600000
8	1359	37459	2008-01-08 14:54:35.5700000
9	1360	11195	2008-01-08 14:54:35.5700000
10	1361	11999	2008-01-08 14:54:35.5700000

c. Calculs élémentaires

L'utilisation d'expressions calculées grâce à des opérateurs arithmétiques ou des fonctions, permet d'obtenir des nouvelles colonnes avec le résultat de ces calculs effectués pour chaque ligne résultante.

Exemples

Simulation d'une augmentation de 10% des tarifs :

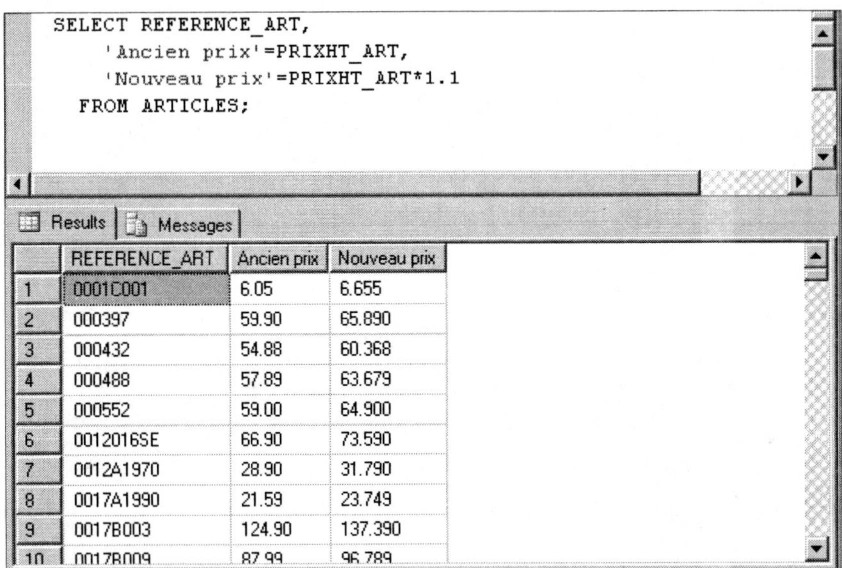

```
SELECT REFERENCE_ART,
     'Ancien prix'=PRIXHT_ART,
     'Nouveau prix'=PRIXHT_ART*1.1
  FROM ARTICLES;
```

	REFERENCE_ART	Ancien prix	Nouveau prix
1	0001C001	6.05	6.655
2	000397	59.90	65.890
3	000432	54.88	60.368
4	000488	57.89	63.679
5	000552	59.00	64.900
6	0012016SE	66.90	73.590
7	0012A1970	28.90	31.790
8	0017A1990	21.59	23.749
9	0017B003	124.90	137.390
10	0017B009	87.99	96.789

Affichage des clients avec nom et prénom concaténés et le numéro du département :

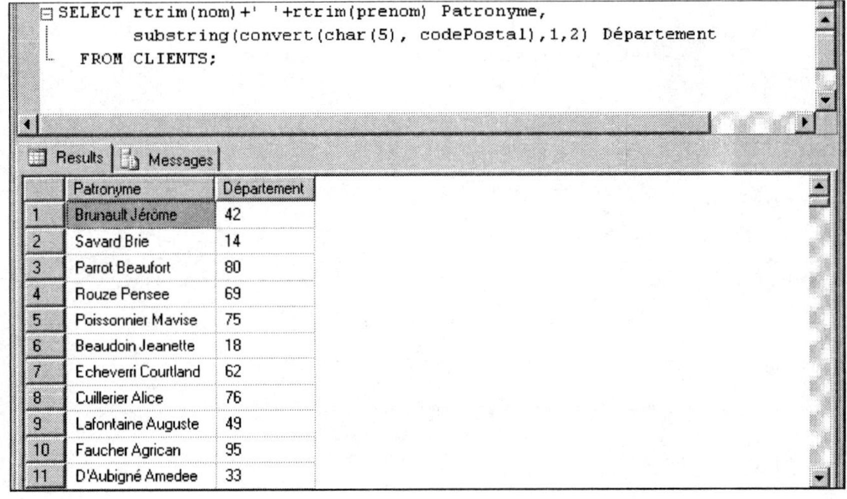

```
SELECT rtrim(nom)+' '+rtrim(prenom) Patronyme,
        substring(convert(char(5), codePostal),1,2) Département
  FROM CLIENTS;
```

	Patronyme	Département
1	Brunault Jérôme	42
2	Savard Brie	14
3	Parrot Beaufort	80
4	Rouze Pensee	69
5	Poissonnier Mavise	75
6	Beaudoin Jeanette	18
7	Echeverri Courtland	62
8	Cuillerier Alice	76
9	Lafontaine Auguste	49
10	Faucher Agrican	95
11	D'Aubigné Amedee	33

d. Projection

L'opération de projection permet de regrouper des lignes par rapport à des colonnes. Le résultat de cette opération permettra d'obtenir des lignes uniques sur une sélection de colonnes. La projection s'effectue à l'aide de l'option DISTINCT ou de la clause GROUP BY liste_col. La liste de colonnes ou d'expressions de regroupement doit être rigoureusement identique à la liste de colonnes sélectionnées.

Même si ces deux instructions permettent d'obtenir un résultat similaire, le traitement effectué est lui complètement différent. Avec l'option DISTINCT les informations sont affichées dans l'ordre d'extraction de la base et seules des informations distinctes les unes des autres sont affichées. Dans le cas de la clause GROUP BY, toutes les informations sont extraites de la base puis regroupées (triées) par rapport au critère de regroupement spécifié. Des sous-ensembles sont ainsi constitués et seules les étiquettes de ces sous-ensembles sont affichées.

Exemples

Liste des Villes où habitent les clients :

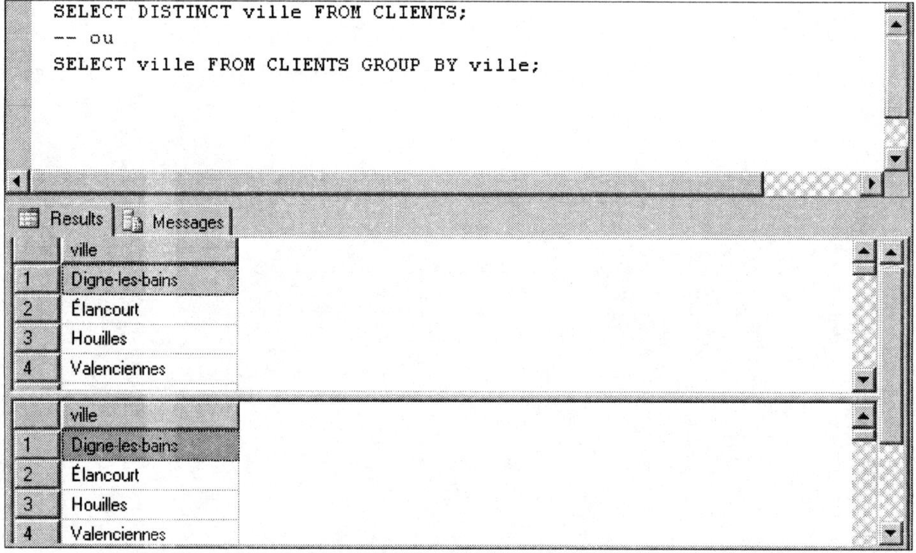

Regroupement sur ville et code postal (pour voir les villes qui ont plusieurs codes postaux) :

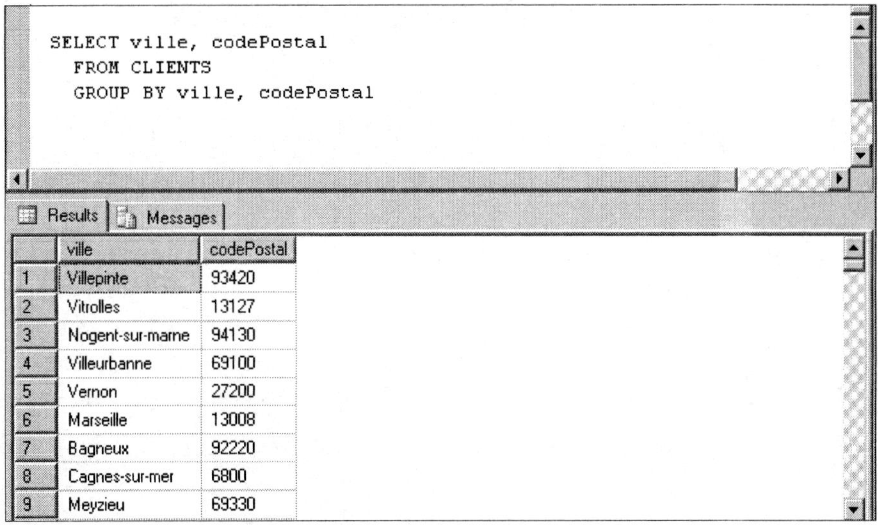

```
SELECT ville, codePostal
  FROM CLIENTS
  GROUP BY ville, codePostal
```

Results | Messages

	ville	codePostal
1	Villepinte	93420
2	Vitrolles	13127
3	Nogent-sur-marne	94130
4	Villeurbanne	69100
5	Vernon	27200
6	Marseille	13008
7	Bagneux	92220
8	Cagnes-sur-mer	6800
9	Meyzieu	69330

e. Calculs d'agrégats

Les calculs statistiques portant sur des regroupements de lignes ou sur toute une sélection sont faits en utilisant les fonctions statistiques (COUNT, SUM, AVG, MIN, MAX) et éventuellement la clause GROUP BY. La clause HAVING permet de tester une condition pour limiter les groupes résultats.

Exemples

Prix Minimum, moyen et maximum des articles :

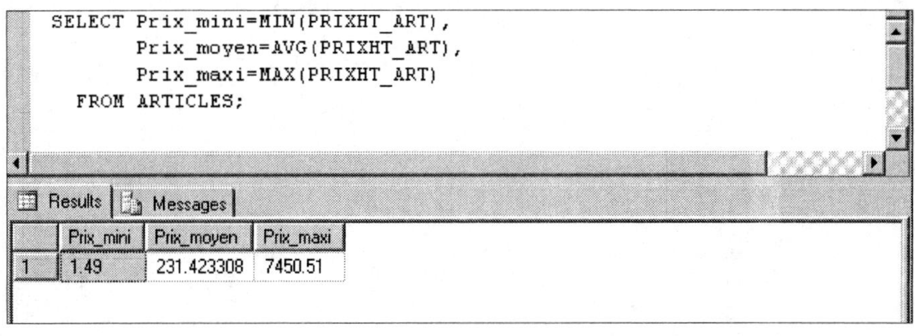

```
SELECT Prix_mini=MIN(PRIXHT_ART),
       Prix_moyen=AVG(PRIXHT_ART),
       Prix_maxi=MAX(PRIXHT_ART)
  FROM ARTICLES;
```

Results | Messages

	Prix_mini	Prix_moyen	Prix_maxi
1	1.49	231.423308	7450.51

Quantité d'articles en stock tous dépôts confondus :

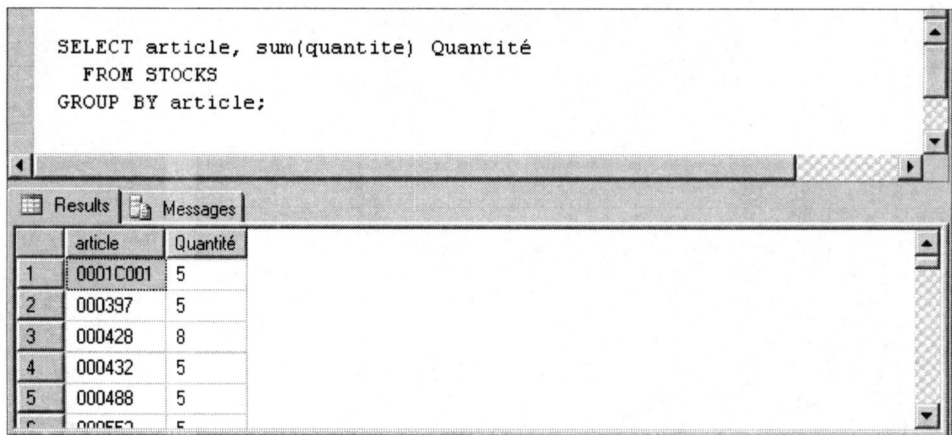

```
SELECT article, sum(quantite) Quantité
  FROM STOCKS
GROUP BY article;
```

	article	Quantité
1	0001C001	5
2	000397	5
3	000428	8
4	000432	5
5	000488	5

Nombre de clients par département, si le département comporte plus de 10 clients :

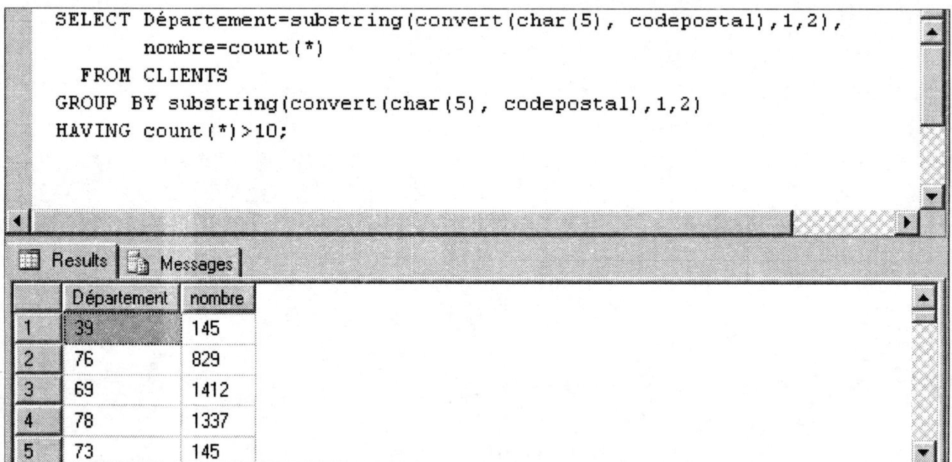

```
SELECT Département=substring(convert(char(5), codepostal),1,2),
       nombre=count(*)
  FROM CLIENTS
GROUP BY substring(convert(char(5), codepostal),1,2)
HAVING count(*)>10;
```

	Département	nombre
1	39	145
2	76	829
3	69	1412
4	78	1337
5	73	145

f. Produit cartésien

Syntaxes

Syntaxe courante

```
SELECT liste_colonne FROM liste_table
```

Syntaxe ANSI

```
SELECT liste_colonne FROM nomtable CROSS JOIN nomtable [ .... ]
```

Le produit cartésien permet d'extraire des données de plusieurs tables en associant chaque ligne de chaque table citée. Les tables concernées doivent être séparées par des virgules derrière le FROM. Si on veut citer le même nom de colonne venant de deux tables différentes, celui-ci doit être précédé du nom de table ou du nom d'alias.

Cette opération peut être utilisée pour des simulations d'association de données ou pour générer un grand nombre de lignes (le nombre de lignes résultantes sera le produit du nombre de lignes de chaque table).

Exemples

Association de chaque article à chaque catégorie :

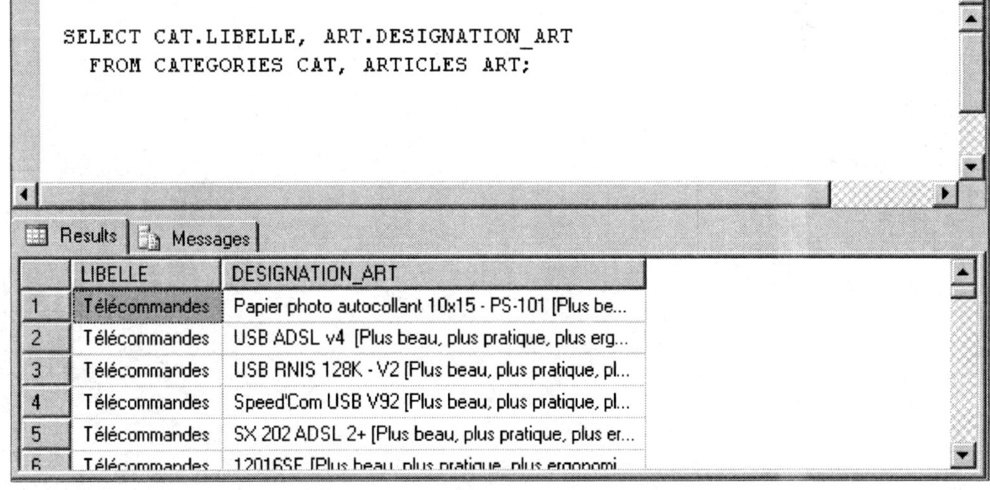

Même requête en syntaxe ANSI :

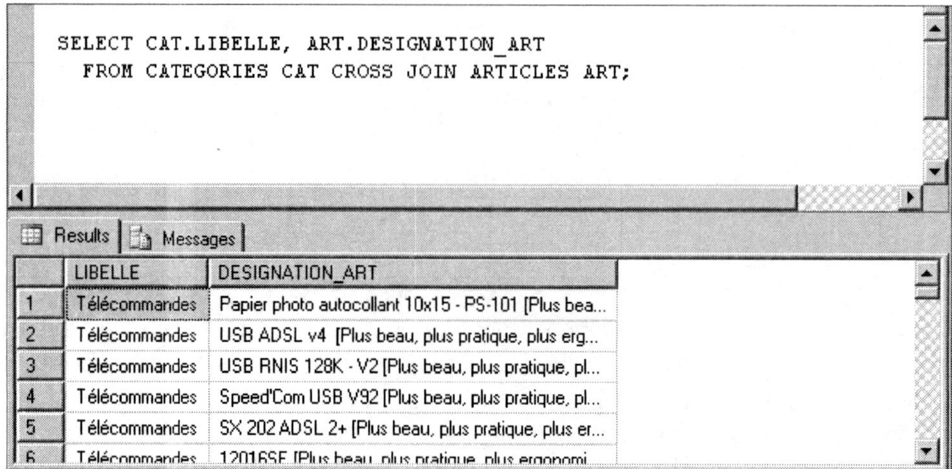

g. Jointure

La jointure est la combinaison d'un produit cartésien et d'une restriction. Elle permet d'associer logiquement des lignes de tables différentes. Les jointures sont généralement utilisées pour mettre en correspondance les données d'une ligne comportant une clé étrangère avec les données de la ligne comportant la clé primaire (jointure naturelle).

Syntaxes

Syntaxe courante

```
SELECT liste_colonne FROM liste_table WHERE
nomtable.nomcolonne opérateur nomtable.nomcolonne [...]
```

Syntaxe ANSI

```
SELECT liste_colonne FROM nomtable INNER JOIN nomtable ON
nomtable.nomcolonne opérateur nomtable.nomcolonne [...]
```

Exemples

Visualisation des données articles et catégories :

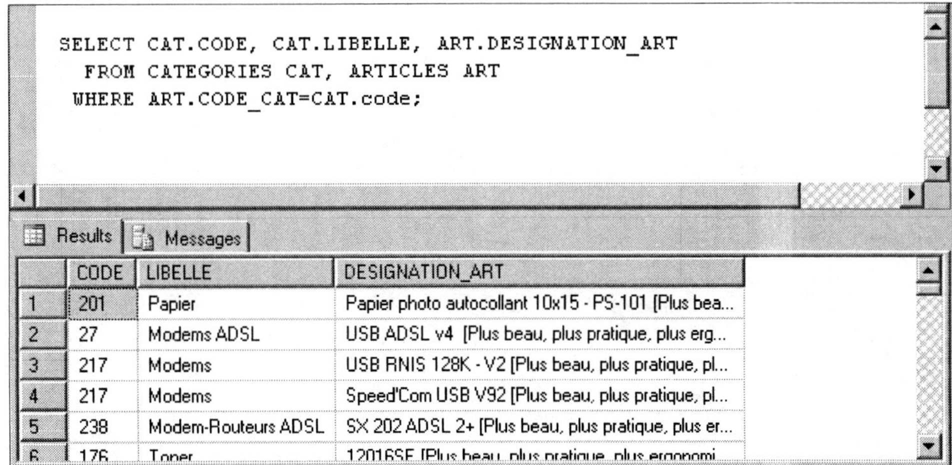

```sql
SELECT CAT.CODE, CAT.LIBELLE, ART.DESIGNATION_ART
  FROM CATEGORIES CAT, ARTICLES ART
 WHERE ART.CODE_CAT=CAT.code;
```

Results | Messages

	CODE	LIBELLE	DESIGNATION_ART
1	201	Papier	Papier photo autocollant 10x15 - PS-101 [Plus bea...
2	27	Modems ADSL	USB ADSL v4 [Plus beau, plus pratique, plus erg...
3	217	Modems	USB RNIS 128K - V2 [Plus beau, plus pratique, pl...
4	217	Modems	Speed'Com USB V92 [Plus beau, plus pratique, pl...
5	238	Modem-Routeurs ADSL	SX 202 ADSL 2+ [Plus beau, plus pratique, plus er...
6	176	Toner	12016SF [Plus beau, plus pratique, plus ergonomi...

Même requête en syntaxe ANSI :

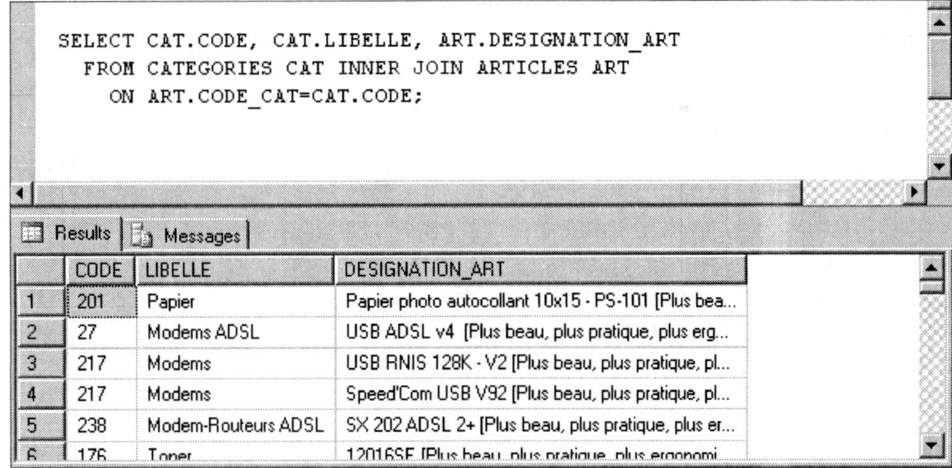

```sql
SELECT CAT.CODE, CAT.LIBELLE, ART.DESIGNATION_ART
  FROM CATEGORIES CAT INNER JOIN ARTICLES ART
    ON ART.CODE_CAT=CAT.CODE;
```

Results | Messages

	CODE	LIBELLE	DESIGNATION_ART
1	201	Papier	Papier photo autocollant 10x15 - PS-101 [Plus bea...
2	27	Modems ADSL	USB ADSL v4 [Plus beau, plus pratique, plus erg...
3	217	Modems	USB RNIS 128K - V2 [Plus beau, plus pratique, pl...
4	217	Modems	Speed'Com USB V92 [Plus beau, plus pratique, pl...
5	238	Modem-Routeurs ADSL	SX 202 ADSL 2+ [Plus beau, plus pratique, plus er...
6	176	Toner	12016SF [Plus beau, plus pratique, plus ergonomi...

Visualisation de la commande :

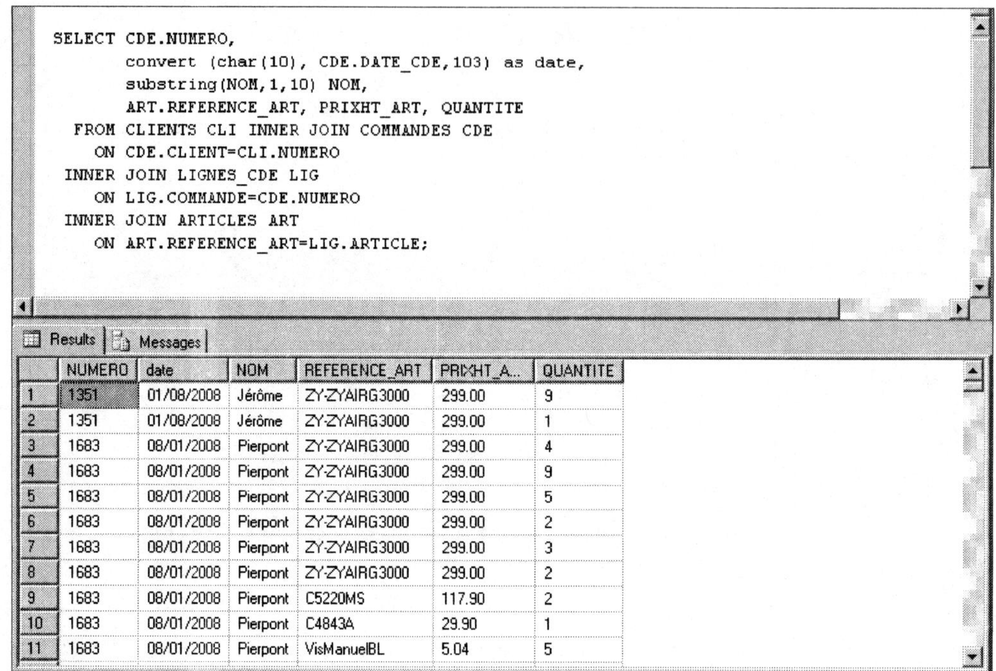

```
SELECT CDE.NUMERO,
       convert (char(10), CDE.DATE_CDE,103) as date,
       substring(NOM,1,10) NOM,
       ART.REFERENCE_ART, PRIXHT_ART, QUANTITE
  FROM CLIENTS CLI INNER JOIN COMMANDES CDE
    ON CDE.CLIENT=CLI.NUMERO
 INNER JOIN LIGNES_CDE LIG
    ON LIG.COMMANDE=CDE.NUMERO
 INNER JOIN ARTICLES ART
    ON ART.REFERENCE_ART=LIG.ARTICLE;
```

Results | Messages

	NUMERO	date	NOM	REFERENCE_ART	PRIXHT_A...	QUANTITE
1	1351	01/08/2008	Jérôme	ZY-ZYAIRG3000	299.00	9
2	1351	01/08/2008	Jérôme	ZY-ZYAIRG3000	299.00	1
3	1683	08/01/2008	Pierpont	ZY-ZYAIRG3000	299.00	4
4	1683	08/01/2008	Pierpont	ZY-ZYAIRG3000	299.00	9
5	1683	08/01/2008	Pierpont	ZY-ZYAIRG3000	299.00	5
6	1683	08/01/2008	Pierpont	ZY-ZYAIRG3000	299.00	2
7	1683	08/01/2008	Pierpont	ZY-ZYAIRG3000	299.00	3
8	1683	08/01/2008	Pierpont	ZY-ZYAIRG3000	299.00	2
9	1683	08/01/2008	Pierpont	C5220MS	117.90	2
10	1683	08/01/2008	Pierpont	C4843A	29.90	1
11	1683	08/01/2008	Pierpont	VisManuelBL	5.04	5

h. Jointure externe

Lorsque la condition n'est pas satisfaite, aucune des lignes n'apparaît dans le résultat. Les jointures externes permettent d'extraire des lignes d'une des deux tables concernées même si la condition est fausse. Dans ce cas, les données de la deuxième table ont la valeur NULL.
La syntaxe utilisée pour la condition est :

```
nom_table1 LEFT OUTER JOIN nom_table2 ON nom_table1.col1=
nom_table2.col2
```

ou

```
nom_table1 RIGHT OUTER JOIN nom_table2 ON nom_table1.col1=
nom_table2.col2
```

Ou

```
nom_table1 FULL OUTER JOIN nom_table2 ON nom_table1.col1=nom_table2.col2
```

selon que l'on souhaite voir les lignes de la première (LEFT) ou de la deuxième table (RIGHT).

La jointure externe complète (FULL OUTER JOIN) permet quant à elle d'afficher les données issues des deux tables même s'il n'est pas possible d'établir de correspondance.

Syntaxe

```
SELECT liste_colonne FROM nomtable {LEFT|RIGHT|FULL}OUTER JOIN nomtable
ON nomtable.nomcolonne opérateur nomtable.nomcolonne [...]
```

Exemple

Liste des commandes par client. Les clients n'ayant pas de commande apparaissent quand même :

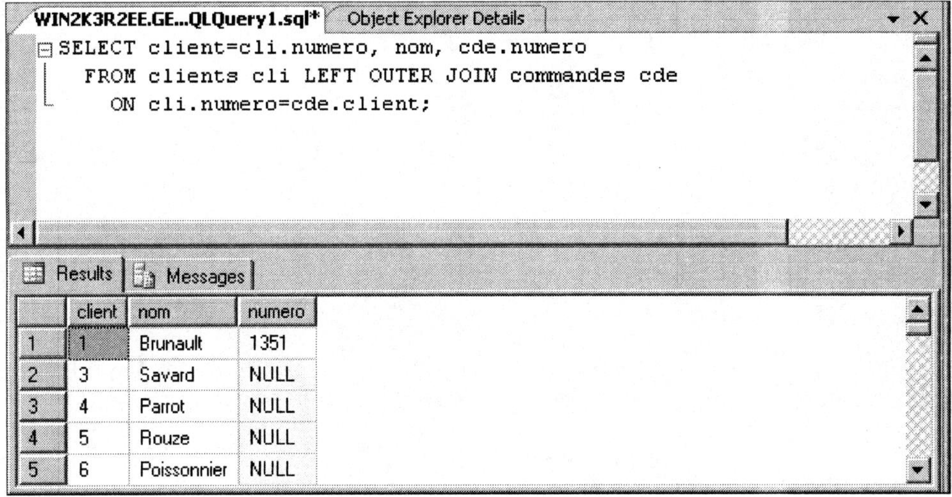

	client	nom	numero
1	1	Brunault	1351
2	3	Savard	NULL
3	4	Parrot	NULL
4	5	Rouze	NULL
5	6	Poissonnier	NULL

La syntaxe SQL Server *= et =* pour définir les jointures externes n'est plus supportée dans SQL Server 2008, comme le montre l'exemple ci-dessous :

```
SELECT client=cli.numero, nom, cde.numero
  FROM clients cli, COMMANDES cde
 WHERE cli.numero*=cde.client
```

Messages

```
Msg 4147, Level 15, State 1, Line 4
The query uses non-ANSI outer join operators ("*=" or "=*").
To run this query without modification, please set the compatibility level
for current database to 80, using the SET COMPATIBILITY_LEVEL option of
ALTER DATABASE. It is strongly recommended to rewrite the query using
ANSI outer join operators (LEFT OUTER JOIN, RIGHT OUTER JOIN).
In the future versions of SQL Server, non-ANSI join operators will not be supported even
in backward-compatibility modes.
```

La lecture du message d'erreur permet de comprendre l'origine de l'erreur et donne une possibilité pour solutionner le problème.

Auto-jointure

Il est possible d'associer des lignes d'une table à d'autres lignes de la même table en réalisant une auto-jointure. L'utilisation des alias de table est alors obligatoire pour éviter les ambiguïtés de syntaxe.

Une auto-jointure a lieu entre deux tables lorsque la condition de jointure correspond à l'égalité et porte sur deux colonnes qui possèdent le même nom.

i. Order By

La clause Order By permet de trier les données issues d'une requête de type SELECT. Elle permet de préciser selon quelles colonnes les données seront triées. Pour chaque critère de tri, il faut préciser si on utilise l'ordre croissant (par défaut) ou l'ordre décroissant.

Les colonnes sont définies, soit par leur nom, soit par leur numéro d'ordre dans la clause SELECT.

En manipulant la colonne par son numéro d'ordre, il est possible d'effectuer des tris sur des colonnes présentant le résultat d'un calcul élémentaire ou bien d'agrégat.

Exemple

Les clients sont affichés par ordre alphabétique de leur nom et prénom et par codes postaux décroissants.

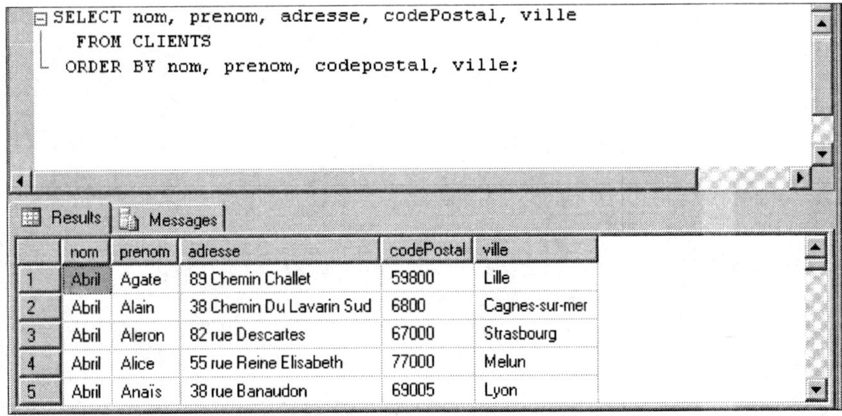

```
SELECT nom, prenom, adresse, codePostal, ville
  FROM CLIENTS
 ORDER BY nom, prenom, codepostal, ville;
```

	nom	prenom	adresse	codePostal	ville
1	Abril	Agate	89 Chemin Challet	59800	Lille
2	Abril	Alain	38 Chemin Du Lavarin Sud	6800	Cagnes-sur-mer
3	Abril	Aleron	82 rue Descartes	67000	Strasbourg
4	Abril	Alice	55 rue Reine Elisabeth	77000	Melun
5	Abril	Anaïs	38 rue Banaudon	69005	Lyon

j. Union

L'opérateur UNION permet d'obtenir un ensemble de lignes provenant de plusieurs requêtes. Toutes les requêtes doivent fournir le même nombre de colonnes, de même type.

Exemple

Affichage des lignes de commande et des quantités en stocks :

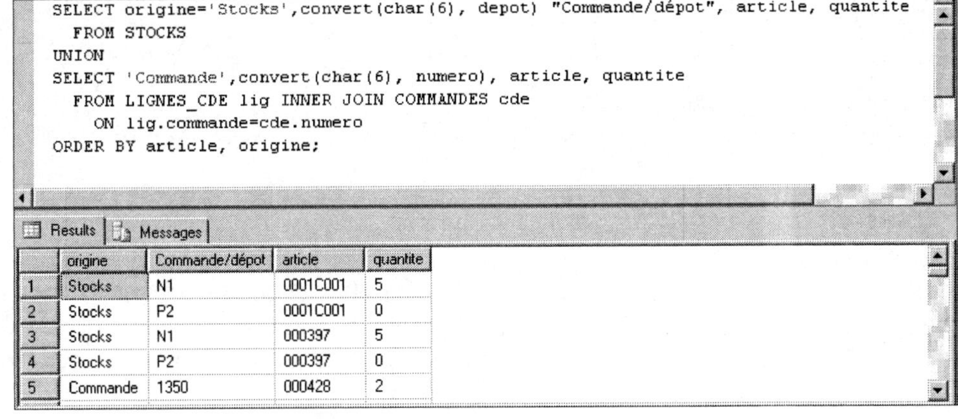

```
SELECT origine='Stocks',convert(char(6), depot) "Commande/dépot", article, quantite
  FROM STOCKS
UNION
SELECT 'Commande',convert(char(6), numero), article, quantite
  FROM LIGNES_CDE lig INNER JOIN COMMANDES cde
    ON lig.commande=cde.numero
ORDER BY article, origine;
```

	origine	Commande/dépot	article	quantite
1	Stocks	N1	0001C001	5
2	Stocks	P2	0001C001	0
3	Stocks	N1	000397	5
4	Stocks	P2	000397	0
5	Commande	1350	000428	2

k. Except

Cet opérateur permet de mettre en pratique dans SQL Server, l'opérateur de différence défini en algèbre relationnelle. Il permet de localiser les lignes d'informations présentes dans un jeu de résultats et qui ne le sont pas dans un autre.

Cette différence ne peut être réalisée qu'entre des jeux de résultats possédant la même structure, c'est-à-dire le même nombre de colonnes, définies dans le même ordre et sur les mêmes types de données pour les deux jeux de résultats.

Exemple

Afficher la liste des clients qui habitent dans une ville dont le nom commence par Nan et qui ne sont pas localisés en Loire-Atlantique (44).

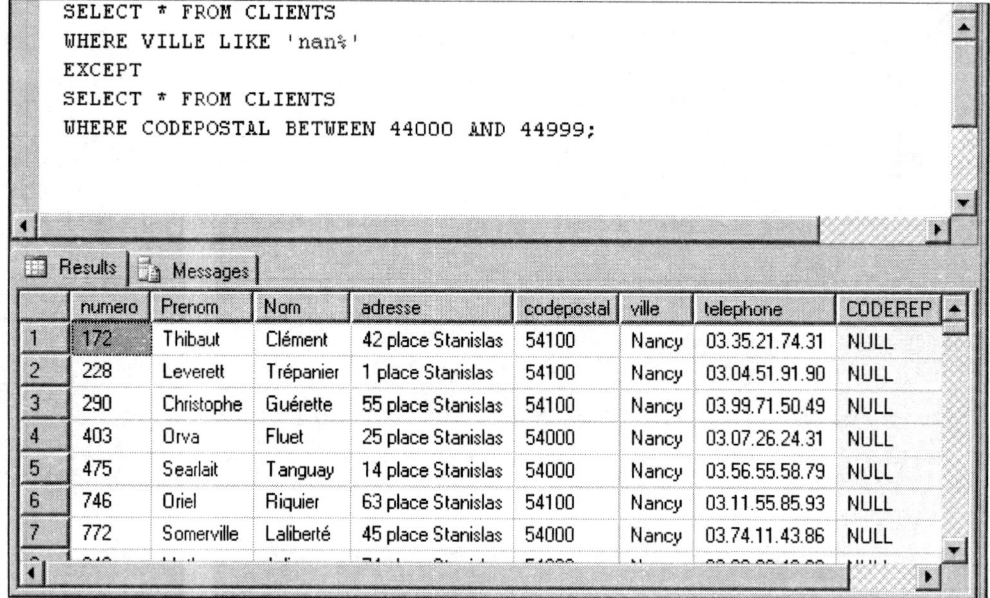

```
SELECT * FROM CLIENTS
WHERE VILLE LIKE 'nan%'
EXCEPT
SELECT * FROM CLIENTS
WHERE CODEPOSTAL BETWEEN 44000 AND 44999;
```

Results | Messages

	numero	Prenom	Nom	adresse	codepostal	ville	telephone	CODEREP
1	172	Thibaut	Clément	42 place Stanislas	54100	Nancy	03.35.21.74.31	NULL
2	228	Leverett	Trépanier	1 place Stanislas	54100	Nancy	03.04.51.91.90	NULL
3	290	Christophe	Guérette	55 place Stanislas	54100	Nancy	03.99.71.50.49	NULL
4	403	Orva	Fluet	25 place Stanislas	54000	Nancy	03.07.26.24.31	NULL
5	475	Searlait	Tanguay	14 place Stanislas	54000	Nancy	03.56.55.58.79	NULL
6	746	Oriel	Riquier	63 place Stanislas	54100	Nancy	03.11.55.85.93	NULL
7	772	Somerville	Laliberté	45 place Stanislas	54000	Nancy	03.74.11.43.86	NULL

l. Intersect

Cet opérateur correspond à la traduction en Transact SQL de l'opérateur ensembliste d'intersection. Il va ainsi être possible d'identifier en une seule requête SQL les lignes d'informations qui sont présentes de façon simultanées dans deux jeux de résultats distincts mais de même structure.

Comme pour l'union et la différence, l'intersection ne peut être mise en place qu'entre des jeux de résultats de même structure.

Exemple

Afficher la liste des clients qui habitent dans une ville dont le nom commence par Nantes et qui sont localisés en Loire-Atlantique (44) :

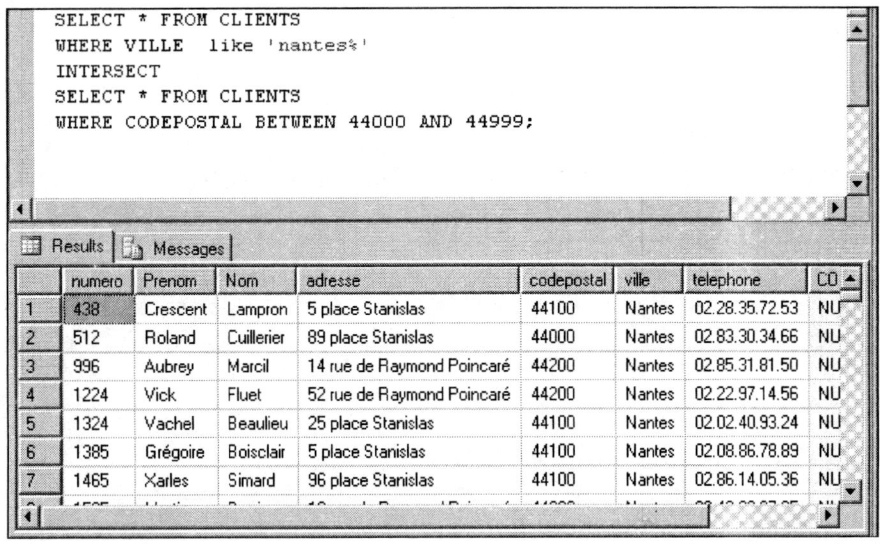

```
SELECT * FROM CLIENTS
WHERE VILLE  like 'nantes%'
INTERSECT
SELECT * FROM CLIENTS
WHERE CODEPOSTAL BETWEEN 44000 AND 44999;
```

	numero	Prenom	Nom	adresse	codepostal	ville	telephone	CO
1	438	Crescent	Lampron	5 place Stanislas	44100	Nantes	02.28.35.72.53	NU
2	512	Roland	Cuillerier	89 place Stanislas	44000	Nantes	02.83.30.34.66	NU
3	996	Aubrey	Marcil	14 rue de Raymond Poincaré	44200	Nantes	02.85.31.81.50	NU
4	1224	Vick	Fluet	52 rue de Raymond Poincaré	44200	Nantes	02.22.97.14.56	NU
5	1324	Vachel	Beaulieu	25 place Stanislas	44100	Nantes	02.02.40.93.24	NU
6	1385	Grégoire	Boisclair	5 place Stanislas	44100	Nantes	02.08.86.78.89	NU
7	1465	Xarles	Simard	96 place Stanislas	44100	Nantes	02.86.14.05.36	NU

Il existe d'autres moyens pour aboutir au même résultat mais l'objectif est d'illustrer simplement l'opérateur INTERSECT.

m. Extraire seulement les premières lignes

La clause TOP permet d'extraire seulement les premières lignes d'un jeu de résultats. Cette clause est disponible pour les instructions SELECT, INSERT, UPDATE et DELETE.

Syntaxe

```
SELECT TOP (nombre)[PERCENT][WITH TIES] listeColonne
FROM listeTables...
```

`nombre`

Représente le nombre de lignes retournées. Il s'agit alors d'un nombre entier (bigint), ou du pourcentage de lignes à ramener. Ce pourcentage peut être exprimé sous forme de float.

`PERCENT`

Spécifie que le nombre représente un pourcentage.

`WITH TIES`

La sélection des lignes à afficher s'effectue après le tri des données par la clause ORDER BY. Il n'est possible d'utiliser cette option que si une clause ORDER BY est précisée dans la requête.

Dans la clause SELECT, les parenthèses encadrant le nombre de lignes ou le pourcentage exprimé par TOP sont optionnelles, mais il est très fortement recommandé de les utiliser.

Exemple

Les commandes sont triées par chiffres d'affaires décroissants et on ne souhaite connaître que les trois premières.
Dans ce premier exemple la clause WITH TIES n'est pas utilisée et donc la sélection des trois lignes à afficher est effectuée avant l'opération de tri :

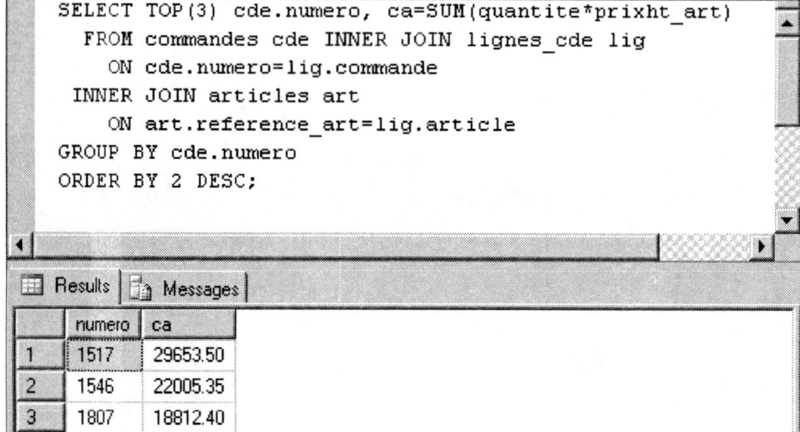

```
SELECT TOP(3) cde.numero, ca=SUM(quantite*prixht_art)
  FROM commandes cde INNER JOIN lignes_cde lig
    ON cde.numero=lig.commande
 INNER JOIN articles art
    ON art.reference_art=lig.article
GROUP BY cde.numero
ORDER BY 2 DESC;
```


	numero	ca
1	1517	29653.50
2	1546	22005.35
3	1807	18812.40

Dans ce second exemple, la clause PERCENT permet de connaître 5% du résultat final :

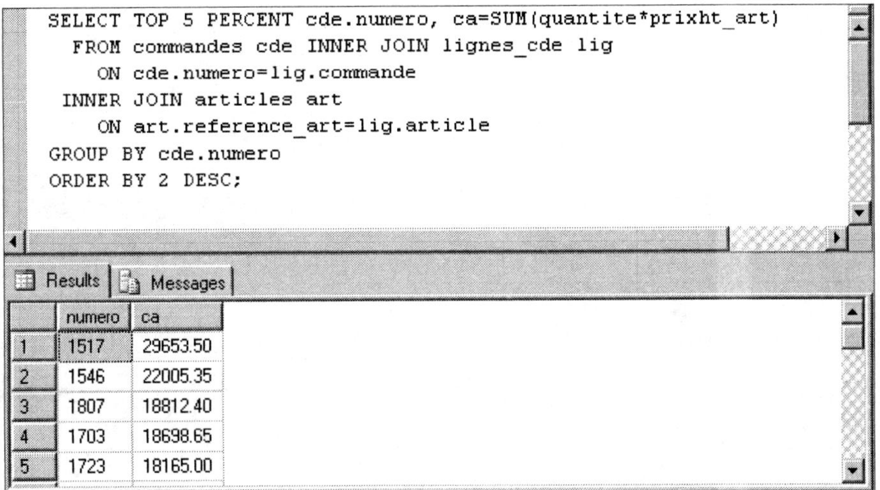

```
SELECT TOP 5 PERCENT cde.numero, ca=SUM(quantite*prixht_art)
  FROM commandes cde INNER JOIN lignes_cde lig
    ON cde.numero=lig.commande
 INNER JOIN articles art
    ON art.reference_art=lig.article
GROUP BY cde.numero
ORDER BY 2 DESC;
```

	numero	ca
1	1517	29653.50
2	1546	22005.35
3	1807	18812.40
4	1703	18698.65
5	1723	18165.00

6. Requête de création de tables

Il est possible de créer une nouvelle table à partir d'une requête en utilisant la syntaxe :

```
SELECT ..... INTO nom_table FROM .....
```

La nouvelle table aura le schéma correspondant aux colonnes extraites. Dans le cas de colonnes calculées, un nom d'alias ou un titre devra être précisé.

Si le nom de la table est précédé de #, la table sera temporaire locale. S'il est précédé de ##, ce sera une table temporaire globale, ces deux types de tables étant stockées dans la base tempdb.

Une table temporaire locale n'est accessible que par la session qui l'a créée et disparaît à la déconnexion. Une table temporaire globale est accessible par toutes les sessions et est supprimée à la fin de la dernière session qui l'a utilisée.

Exemples

Création d'une nouvelle table dans la base courante :

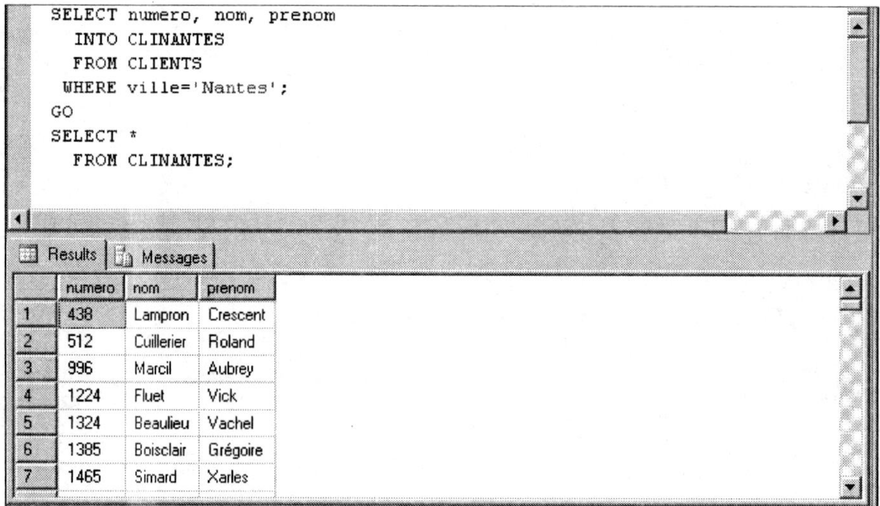

```
SELECT numero, nom, prenom
  INTO CLINANTES
  FROM CLIENTS
 WHERE ville='Nantes';
GO
SELECT *
  FROM CLINANTES;
```

Results | Messages

	numero	nom	prenom
1	438	Lampron	Crescent
2	512	Cuillerier	Roland
3	996	Marcil	Aubrey
4	1224	Fluet	Vick
5	1324	Beaulieu	Vachel
6	1385	Boisclair	Grégoire
7	1465	Simard	Xarles

Création d'une table temporaire globale :

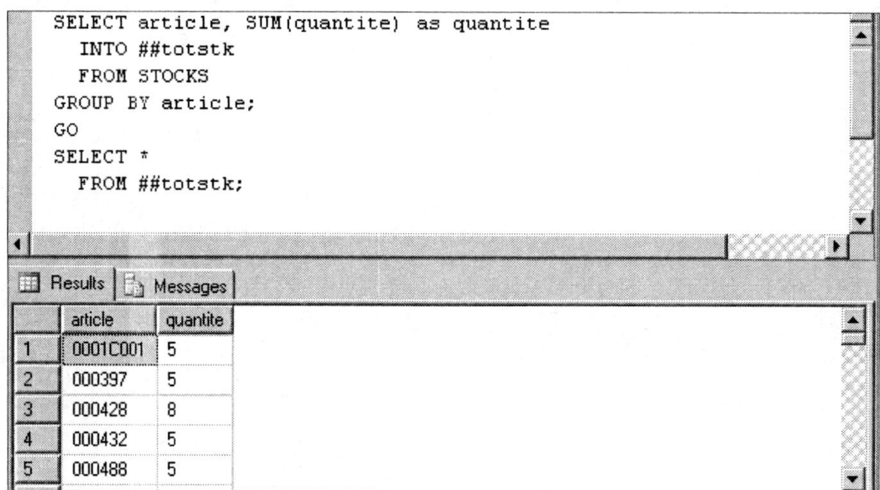

```
SELECT article, SUM(quantite) as quantite
  INTO ##totstk
  FROM STOCKS
GROUP BY article;
GO
SELECT *
  FROM ##totstk;
```

Results | Messages

	article	quantite
1	0001C001	5
2	000397	5
3	000428	8
4	000432	5
5	000488	5

7. Forcer l'optimiseur de requête

Le langage SQL est un langage interprété qui permet de décrire le résultat que l'on souhaite obtenir. Il est donc relativement facile d'obtenir une description valide du résultat. Bien entendu, pour un même résultat il peut exister différentes façons de le décrire.

À partir de cette description (requête SELECT), l'optimiseur décide du meilleur chemin à utiliser pour fournir le résultat.

La clause OPTION de la requête SELECT permet de spécifier à l'optimiseur de requête la façon dont il doit dresser le plan d'exécution de la requête. Toutefois, comme le volume de données bouge sans cesse et que des améliorations de structure peuvent être apportées (en définissant des index par exemple), cette solution est à utiliser avec parcimonie. Dans tous les cas, il est préférable de laisser à l'optimiseur de requête le soin de dresser le plan d'exécution. En effet, la quasi-totalité du temps, l'optimiseur trouve le meilleur plan d'exécution possible. Les directives à destination de l'optimiseur de requête doivent être utilisées en dernier recours et mises en place par un développeur expérimenté ou bien par l'administrateur de la base de données qui possède une vue globale de l'organisation des données dans la base.

8. Tables CTE

Les tables CTE (*Common Table Expression*) ont pour objectif de simplifier l'écriture et donc la compréhension des requêtes. Une table CTE peut être considérée comme une table temporaire et spécifique à une instruction du SQL DML. Une alternative à l'utilisation de tables CTE peut être de définir une table temporaire locale (#matable) avant la requête du SQL DML et à supprimer cette table temporaire locale immédiatement après l'exécution de la requête. Bien évidemment cette alternative est beaucoup plus lourde à gérer et donc moins propre en terme de programmation.

Les tables CTE permettent d'écrire de façon simple des requêtes complexes en simplifiant considérablement l'écriture de requêtes imbriquées.

Les tables CTE peuvent être utilisées dans le cadre d'une requête d'extraction de données (SELECT) mais également pour les requêtes de modification de données (INSERT, UPDATE ou bien DELETE).

 Les CTE sont des éléments de la norme ANSI SQL 99 ou SQL 3.

Syntaxe

```
WITH nomTableCTE(nomColonne1, nomColonne2, ...) AS
(
requêteSelect
)
```

La table CTE est créée en utilisant l'instruction WITH suivie du nom de la table accompagné de la liste des colonnes. Enfin, la requête SELECT qui sert de base à la construction de la table CTE est définie après le mot clé AS.

Exemple de mise en place d'une table CTE

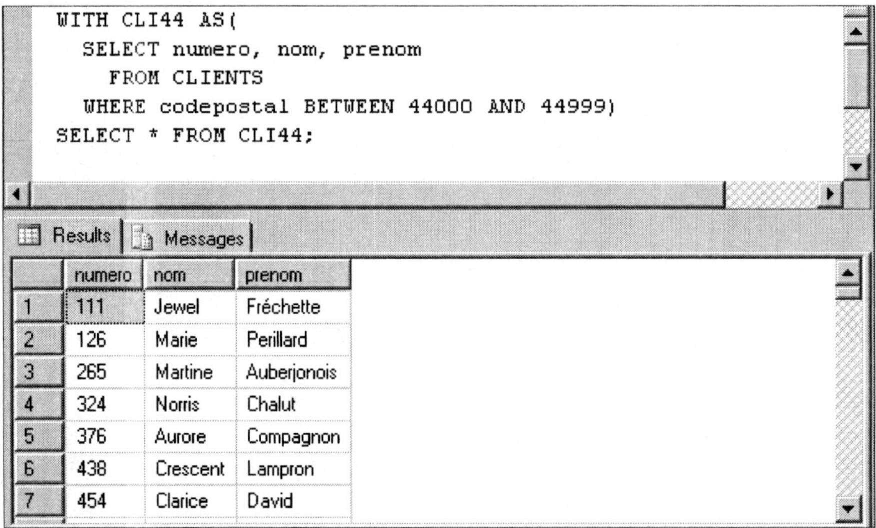

```
WITH CLI44 AS(
  SELECT numero, nom, prenom
    FROM CLIENTS
  WHERE codepostal BETWEEN 44000 AND 44999)
SELECT * FROM CLI44;
```

Results | Messages

	numero	nom	prenom
1	111	Jewel	Fréchette
2	126	Marie	Perillard
3	265	Martine	Auberjonois
4	324	Norris	Chalut
5	376	Aurore	Compagnon
6	438	Crescent	Lampron
7	454	Clarice	David

Une fois définie, la table CTE doit être utilisée immédiatement, sinon une erreur est levée.

```
WITH CLI44 AS(
  SELECT numero, nom, prenom
    FROM CLIENTS
  WHERE codepostal BETWEEN 44000 AND 44999)

SELECT COUNT(*) FROM CLIENTS;

SELECT * FROM CLI44;
```

Results | Messages

```
(1 row(s) affected)
Msg 208, Level 16, State 1, Line 8
Invalid object name 'CLI44'.
```

Les tables CTE sont donc plus faciles à créer que les tables temporaires, car l'effort de syntaxe est moindre, par contre le nombre de restrictions est plus large :

- Elles doivent être utilisées immédiatement après leur définition.
- Il n'est pas possible d'utiliser les instructions COMPUTE, ORDER BY, INTO, FOR XML, FOR BROWSE.

9. Génération de lignes statistiques

La clause COMPUTE crée des nouvelles lignes contenant des résultats statistiques à partir de fonctions d'agrégation. Cette clause permet de visualiser à la fois les lignes détail et les calculs d'agrégats, à l'inverse de GROUP BY qui ne visualise que les calculs.

Syntaxe

```
SELECT.....COMPUTE fonction_stat_ligne (col) [,...]
[BY col[,...]
```

```
fonction_stat_ligne(col)
```

Fonctions COUNT, SUM, AVG, MAX, MIN.

```
BY col
```

Affiche le résultat au changement de valeur de colonne. Dans ce cas, une clause ORDER BY doit être utilisée sur la ou les colonnes concernées.

Exemple

Quantités en stock par Dépôt :

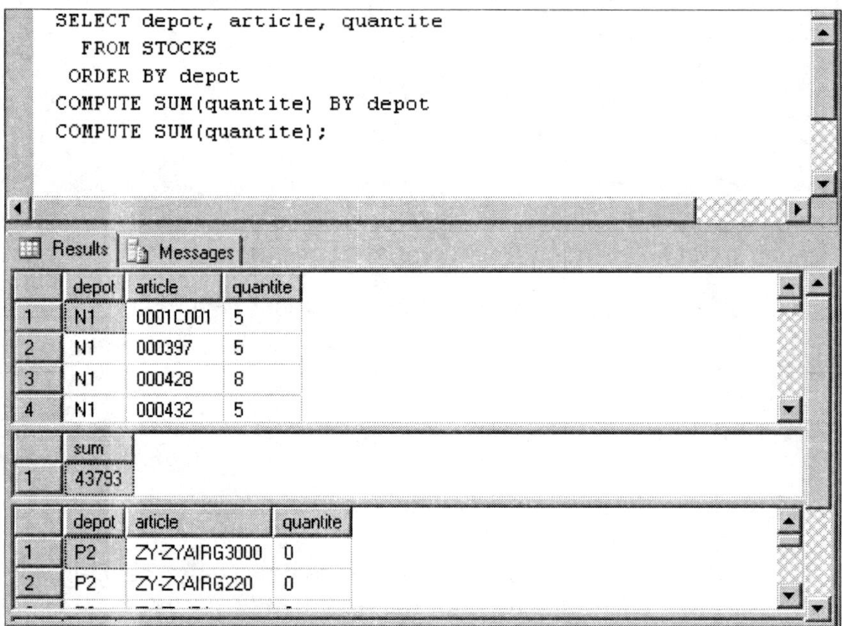

Opérateurs ROLLUP et CUBE

Les opérateurs ROLLUP et CUBE sont utilisés en combinaison avec la clause GROUP BY et les fonctions statistiques, afin d'obtenir des lignes supplémentaires comportant le calcul de la fonction, pour des regroupements combinés.

La clause WITH ROLLUP permet de créer des lignes comportant les résultats statistiques pour les regroupements des colonnes du GROUP BY combinées de la gauche vers la droite. Par exemple, si on demande la somme pour un regroupement sur les colonnes A, B et C, la clause WITH ROLLUP fournira, en plus, la somme pour un regroupement sur A, la somme pour un regroupement sur A et B, et la somme totale.

La clause WITH CUBE permet de créer des lignes supplémentaires pour toutes les combinaisons de regroupement des colonnes du GROUP BY. Pour l'exemple précédent, on aura, en plus, la somme pour un regroupement sur B, la somme pour un regroupement sur C, la somme pour un regroupement sur A et C ainsi que la somme pour un regroupement sur B et C.

On peut utiliser au maximum 10 expressions de regroupement pour une taille totale de 900 octets.

Exemple

Calcul des Quantités en stock totales par dépôt, catégorie et article pour 2 catégories et 2 dépôts :

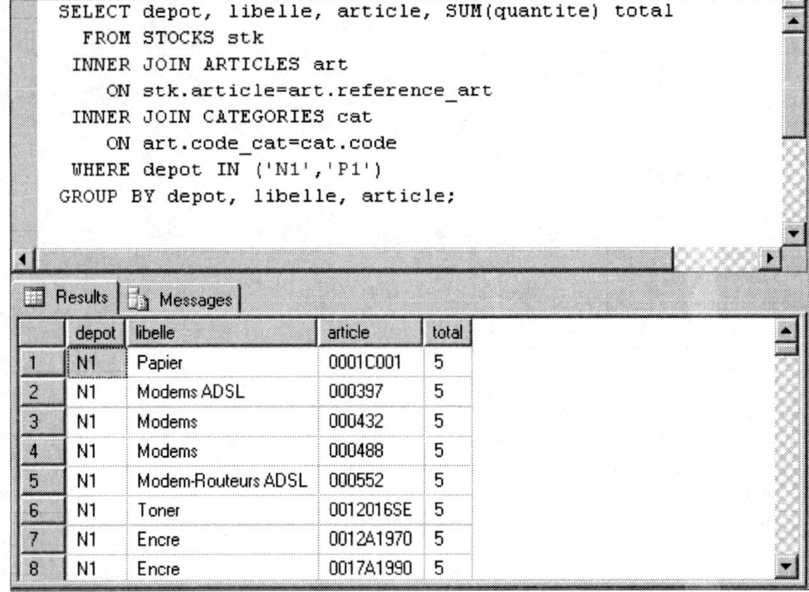

```
SELECT depot, libelle, article, SUM(quantite) total
  FROM STOCKS stk
 INNER JOIN ARTICLES art
    ON stk.article=art.reference_art
 INNER JOIN CATEGORIES cat
    ON art.code_cat=cat.code
 WHERE depot IN ('N1','P1')
GROUP BY depot, libelle, article;
```

	depot	libelle	article	total
1	N1	Papier	0001C001	5
2	N1	Modems ADSL	000397	5
3	N1	Modems	000432	5
4	N1	Modems	000488	5
5	N1	Modem-Routeurs ADSL	000552	5
6	N1	Toner	0012016SE	5
7	N1	Encre	0012A1970	5
8	N1	Encre	0017A1990	5

Si on ajoute à la syntaxe la clause WITH ROLLUP, le résultat devient :

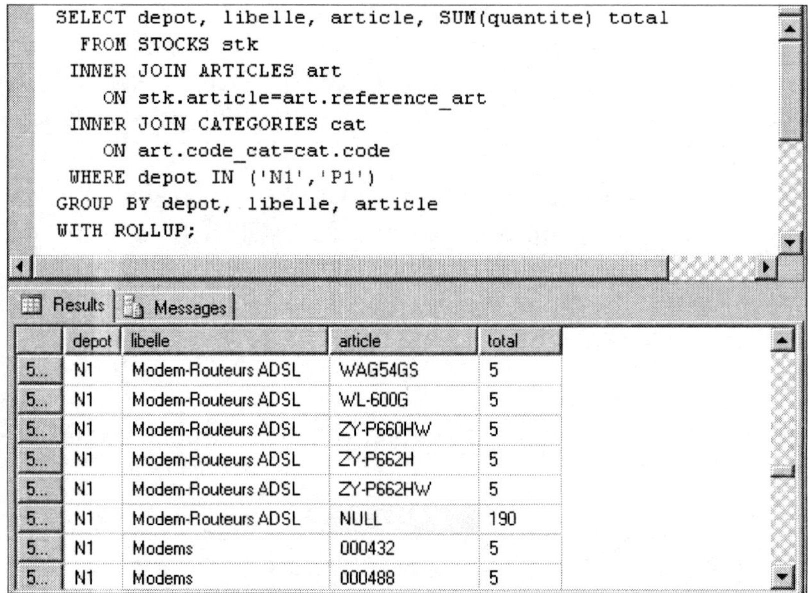

```
SELECT depot, libelle, article, SUM(quantite) total
  FROM STOCKS stk
 INNER JOIN ARTICLES art
    ON stk.article=art.reference_art
 INNER JOIN CATEGORIES cat
    ON art.code_cat=cat.code
 WHERE depot IN ('N1','P1')
GROUP BY depot, libelle, article
WITH ROLLUP;
```

Results | Messages

	depot	libelle	article	total
5...	N1	Modem-Routeurs ADSL	WAG54GS	5
5...	N1	Modem-Routeurs ADSL	WL-600G	5
5...	N1	Modem-Routeurs ADSL	ZY-P660HW	5
5...	N1	Modem-Routeurs ADSL	ZY-P662H	5
5...	N1	Modem-Routeurs ADSL	ZY-P662HW	5
5...	N1	Modem-Routeurs ADSL	NULL	190
5...	N1	Modems	000432	5
5...	N1	Modems	000488	5

Si on remplace WITH ROLLUP par WITH CUBE, le résultat devient :

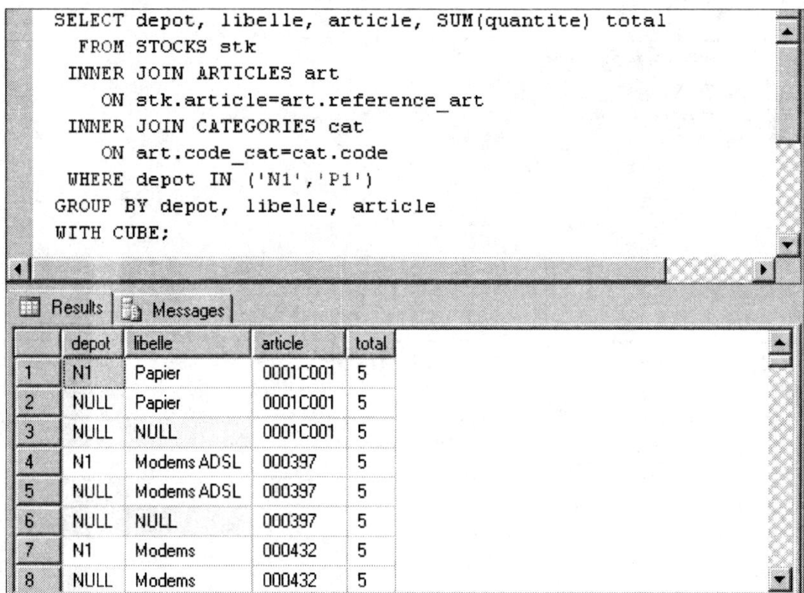

```
SELECT depot, libelle, article, SUM(quantite) total
  FROM STOCKS stk
 INNER JOIN ARTICLES art
    ON stk.article=art.reference_art
 INNER JOIN CATEGORIES cat
    ON art.code_cat=cat.code
 WHERE depot IN ('N1','P1')
GROUP BY depot, libelle, article
WITH CUBE;
```

Results | Messages

	depot	libelle	article	total
1	N1	Papier	0001C001	5
2	NULL	Papier	0001C001	5
3	NULL	NULL	0001C001	5
4	N1	Modems ADSL	000397	5
5	NULL	Modems ADSL	000397	5
6	NULL	NULL	000397	5
7	N1	Modems	000432	5
8	NULL	Modems	000432	5

Opérateur OVER

Cette clause permet de partitionner les données ou bien de les trier avant, par exemple, d'appliquer une fonction de calcul d'agrégat ou une fonction de tri, c'est-à-dire ROW_NUMBER, DENSE_RANK, RANK et NTILE.

Dans le cadre d'une fonction de tri, la clause OVER va pouvoir contenir un partitionnement et/ou une instruction ORDER BY pour effectuer un tri. Dans le cas où une fonction de calcul d'agrégat est utilisée, seul le partitionnement des données est possible avec la clause OVER.

Syntaxe

```
OVER ([PARTITION BY expression, …][ORDER BY colonne, …])
```

Exemple

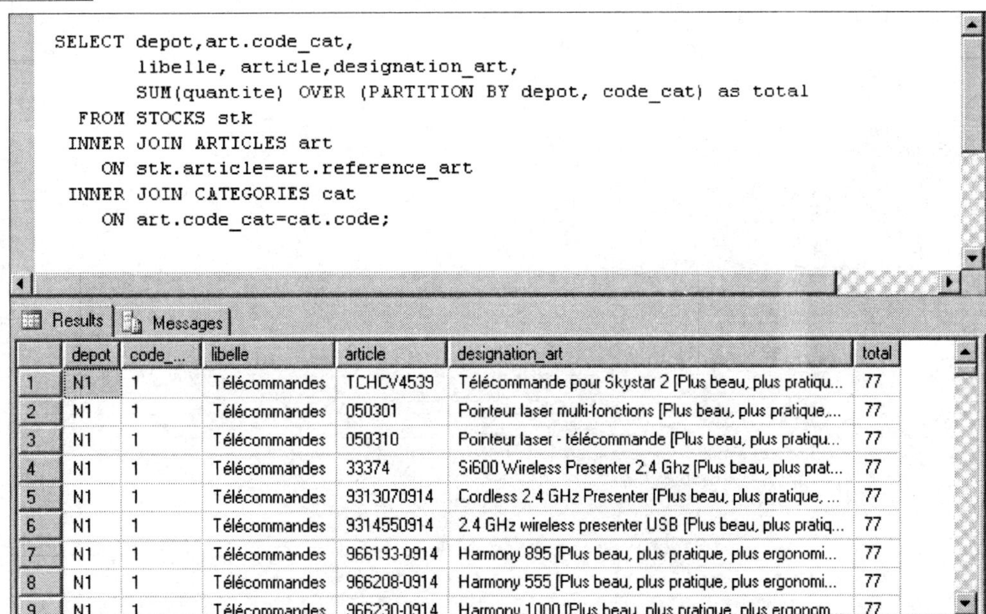

```
SELECT depot,art.code_cat,
       libelle, article,designation_art,
       SUM(quantite) OVER (PARTITION BY depot, code_cat) as total
  FROM STOCKS stk
 INNER JOIN ARTICLES art
    ON stk.article=art.reference_art
 INNER JOIN CATEGORIES cat
    ON art.code_cat=cat.code;
```

Results | Messages

	depot	code_...	libelle	article	designation_art	total
1	N1	1	Télécommandes	TCHCV4539	Télécommande pour Skystar 2 [Plus beau, plus pratiqu...	77
2	N1	1	Télécommandes	050301	Pointeur laser multi-fonctions [Plus beau, plus pratique,...	77
3	N1	1	Télécommandes	050310	Pointeur laser - télécommande [Plus beau, plus pratiqu...	77
4	N1	1	Télécommandes	33374	Si600 Wireless Presenter 2.4 Ghz [Plus beau, plus prat...	77
5	N1	1	Télécommandes	9313070914	Cordless 2.4 GHz Presenter [Plus beau, plus pratique, ...	77
6	N1	1	Télécommandes	9314550914	2.4 GHz wireless presenter USB [Plus beau, plus pratiq...	77
7	N1	1	Télécommandes	966193-0914	Harmony 895 [Plus beau, plus pratique, plus ergonomi...	77
8	N1	1	Télécommandes	966208-0914	Harmony 555 [Plus beau, plus pratique, plus ergonomi...	77
9	N1	1	Télécommandes	966230-0914	Harmony 1000 [Plus beau, plus pratique, plus ergonom...	77

Opérateur NTILE

Cette fonction est utilisée conjointement à OVER et permet de diviser chaque partition en des groupes de données équilibrés. Par exemple, avec l'instruction NTILE(4) OVER... le résultat de chaque partition sera divisé en 4 groupes. Les données seront réparties de façon équitable dans chaque groupe. Si le nombre de lignes présentes dans la partition n'est pas un multiple du nombre de groupes à créer alors les premier groupes contiennent une ligne de plus que les derniers groupes.
Dans le cas présenté ici, si 4 groupes doivent être créés et que la partition contient 15 lignes alors les 3 premiers groupes vont contenir 4 lignes et le 4ième groupe contiendra 3 lignes.

Syntaxe

```
NTILE(entier) OVER ...
```

Exemple

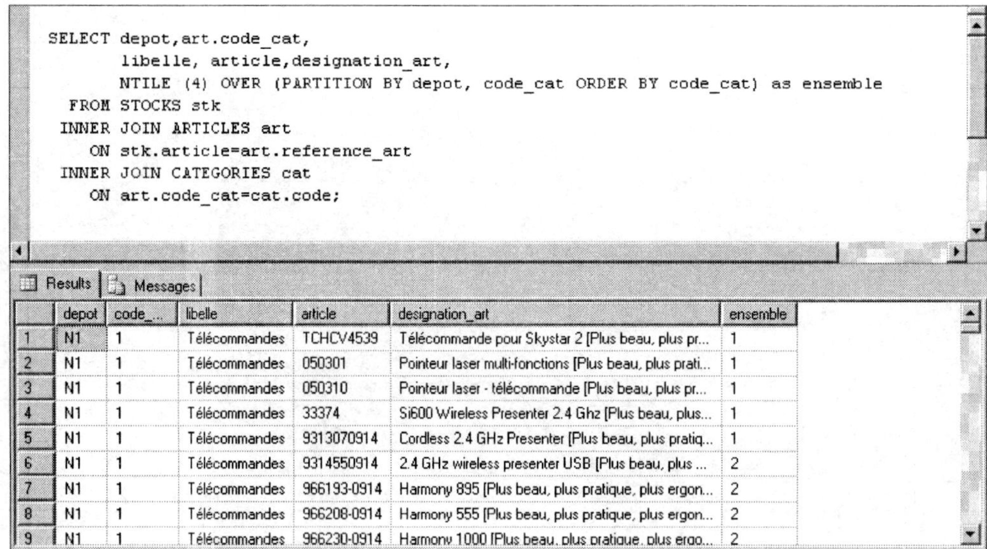

```
SELECT depot,art.code_cat,
       libelle, article,designation_art,
       NTILE (4) OVER (PARTITION BY depot, code_cat ORDER BY code_cat) as ensemble
  FROM STOCKS stk
 INNER JOIN ARTICLES art
    ON stk.article=art.reference_art
 INNER JOIN CATEGORIES cat
    ON art.code_cat=cat.code;
```

Results | Messages

	depot	code_...	libelle	article	designation_art	ensemble
1	N1	1	Télécommandes	TCHCV4539	Télécommande pour Skystar 2 [Plus beau, plus pr...	1
2	N1	1	Télécommandes	050301	Pointeur laser multi-fonctions [Plus beau, plus prati...	1
3	N1	1	Télécommandes	050310	Pointeur laser - télécommande [Plus beau, plus pr...	1
4	N1	1	Télécommandes	33374	Si600 Wireless Presenter 2.4 Ghz [Plus beau, plus...	1
5	N1	1	Télécommandes	9313070914	Cordless 2.4 GHz Presenter [Plus beau, plus pratiq...	1
6	N1	1	Télécommandes	9314550914	2.4 GHz wireless presenter USB [Plus beau, plus ...	2
7	N1	1	Télécommandes	966193-0914	Harmony 895 [Plus beau, plus pratique, plus ergon...	2
8	N1	1	Télécommandes	966208-0914	Harmony 555 [Plus beau, plus pratique, plus ergon...	2
9	N1	1	Télécommandes	966230-0914	Harmony 1000 [Plus beau, plus pratique, plus ergo...	2

10.Sous-requêtes imbriquées

Il est possible d'imbriquer une requête SELECT dans une autre requête SELECT (ou dans une instruction UPDATE ou DELETE) dans tous les cas d'utilisation d'une expression. En général, l'utilisation se fait avec les clauses WHERE ou HAVING.

On peut distinguer plusieurs types de sous-requêtes :

- sous-requêtes renvoyant une seule valeur. Elles peuvent être utilisées avec les opérateurs =,< ,<= >,> =.
- sous-requêtes renvoyant une liste de valeurs. Elles peuvent être utilisées avec les opérateurs IN, EXISTS, ANY, SOME ou ALL.
- sous-requêtes corrélées (ou subordonnées). La clause WHERE de la requête interne fait référence à une des tables de la requête externe. Dans ce cas, la sous-requête interne est exécutée pour chaque ligne extraite par la requête externe.

Exemples

Commandes du Client DURAND :

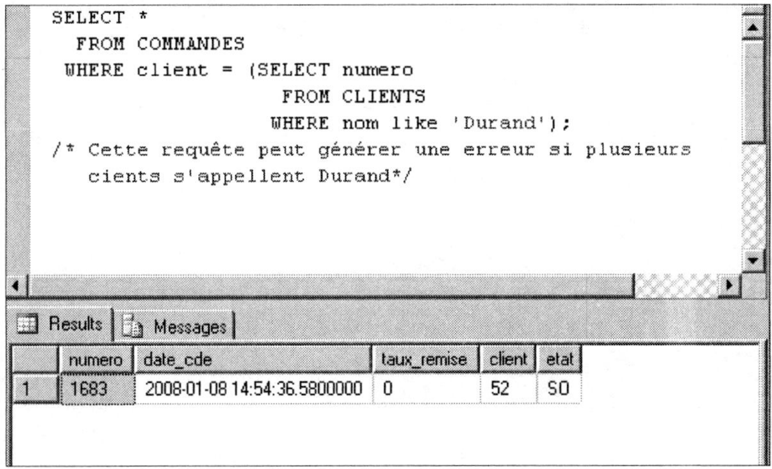

```
SELECT *
  FROM COMMANDES
 WHERE client = (SELECT numero
                   FROM CLIENTS
                  WHERE nom like 'Durand');
/* Cette requête peut générer une erreur si plusieurs
   cients s'appellent Durand*/
```

Results | Messages

	numero	date_cde	taux_remise	client	etat
1	1683	2008-01-08 14:54:36.5800000	0	52	SO

Extraction des articles dont le libellé de catégorie comporte "COM" :

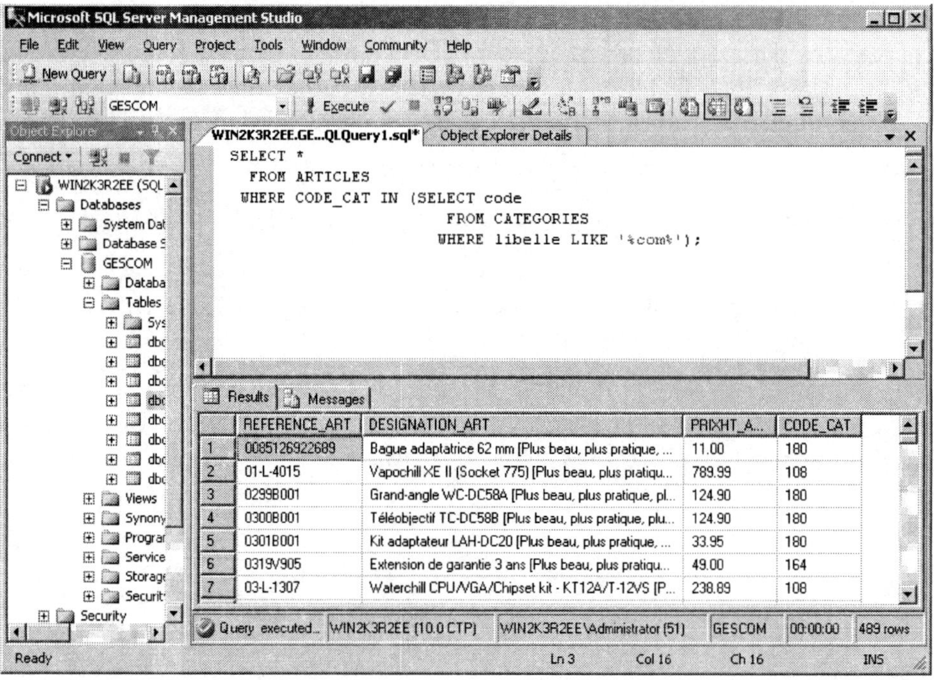

Liste des articles ne faisant partie d'aucune commande :

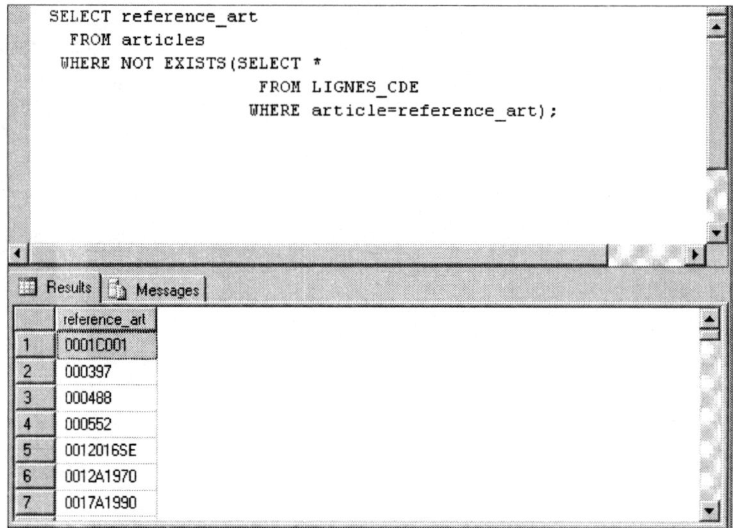

Liste des articles ayant des prix identiques :

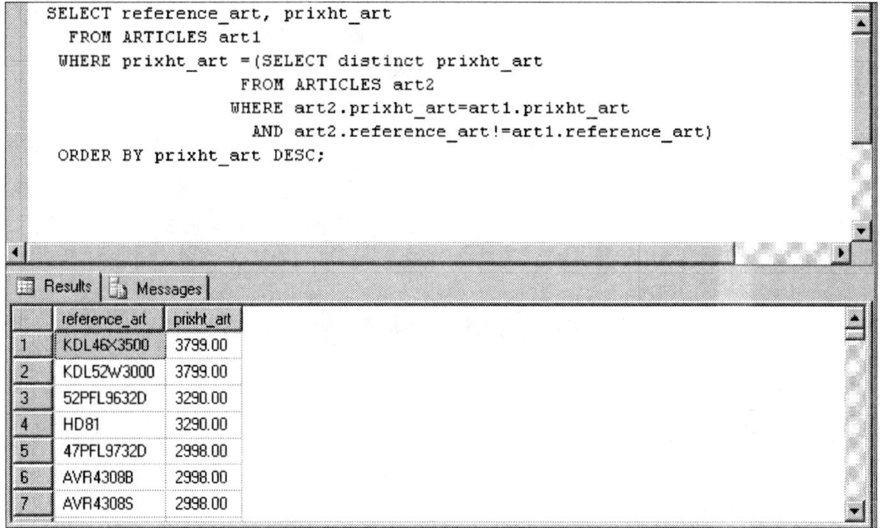

```
SELECT reference_art, prixht_art
  FROM ARTICLES art1
 WHERE prixht_art =(SELECT distinct prixht_art
                     FROM ARTICLES art2
                    WHERE art2.prixht_art=art1.prixht_art
                      AND art2.reference_art!=art1.reference_art)
 ORDER BY prixht_art DESC;
```

	reference_art	prixht_art
1	KDL46X3500	3799.00
2	KDL52W3000	3799.00
3	52PFL9632D	3290.00
4	HD81	3290.00
5	47PFL9732D	2998.00
6	AVR4308B	2998.00
7	AVR4308S	2998.00

11.PIVOT et UNPIVOT

Ces deux instructions du Transact SQL sont puissantes et d'une grande facilité d'emploi. L'objectif de PIVOT est de transformer un résultat présenté sous forme de lignes distinctes en colonnes distinctes. UNPIVOT réalise l'opération inverse.
Le travail réalisé par PIVOT était effectué auparavant en définissant une instruction case compliquée, ou en s'appuyant sur les autres opérateurs tels que la jointure, l'union, le calcul d'agrégat pour présenter l'information comme souhaitée. Dans tous les cas, un codage long est fastidieux et peut être la source de dysfonctionnements.

Avant d'utiliser cette opération, il faut définir quelles sont les données qui vont être concernées et quelle colonne va représenter le PIVOT. En général, l'objectif est de réaliser un tableau de synthèse pour lequel la valeur présente dans la cellule provient d'un calcul d'agrégat dépendant de la ligne et de la colonne.

Pour pouvoir exécuter ces instructions le serveur doit être défini en niveau de compatibilité 9.0 (sp_dbcmptlevel) ou 00. En effet, ces instructions ont été introduites dans le Transact SQL par SQL Server 2005.

Comment utiliser PIVOT ?

L'instruction PIVOT fait partie de la clause FROM de l'instruction SELECT. L'utilisation de cette instruction va donc permettre de créer une pseudo table qui sera interne à la requête. Comme toutes les tables manipulées dans une requête, il est possible de lui spécifier un alias de table par l'intermédiaire de la clause AS.

Avant de faire appel à la fonction PIVOT, il faut déterminer quel est le calcul d'agrégat à effectuer et pour quelles valeurs de la colonne, il est possible de réaliser ce traitement. La colonne autour de laquelle le pivot est effectué doit posséder une valeur convertible en nvarchar car les valeurs vont se transformer en nom de colonne. Il n'est donc pas possible d'organiser un pivot autour d'une valeur au format binaire.

Extrait de syntaxe

```
SELECT
FROM [...]
PIVOT (calculAgregat FOR colonnePivot IN
(listeDeValeur)) as aliasDeTable
```

La liste de valeur permet de préciser les valeurs de la colonne PIVOT qui vont se transformer en colonne. Dans la liste, chaque valeur doit être spécifiée entre crochets [ ] sans apostrophe pour les chaînes de caractères. Cette même notation sera reprise derrière la clause SELECT afin de préciser le titre de la colonne ainsi que l'ordre des colonnes.

L'alias de table pour le PIVOT est indispensable.

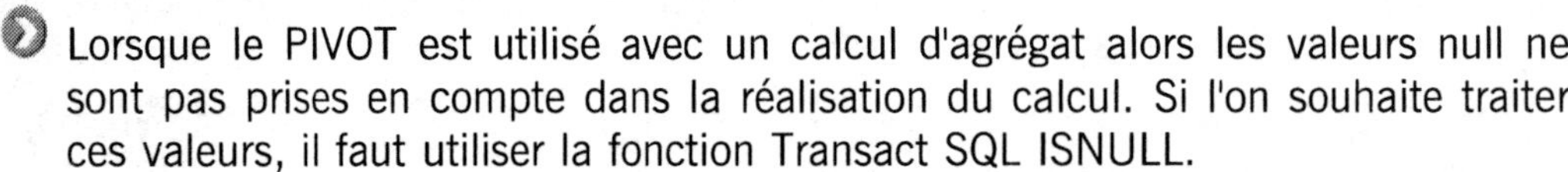

Lorsque le PIVOT est utilisé avec un calcul d'agrégat alors les valeurs null ne sont pas prises en compte dans la réalisation du calcul. Si l'on souhaite traiter ces valeurs, il faut utiliser la fonction Transact SQL ISNULL.

Exemple d'utilisation de PIVOT

Dans l'exemple suivant, la table des stocks contient une ligne d'information par article et par dépôt. Pour l'instant, il existe trois entrepôts distincts : N1, N2 et P1 qui sont localisés respectivement à Nantes pour les 2 premiers et à Paris pour le troisième.

Exemple de la table des stocks

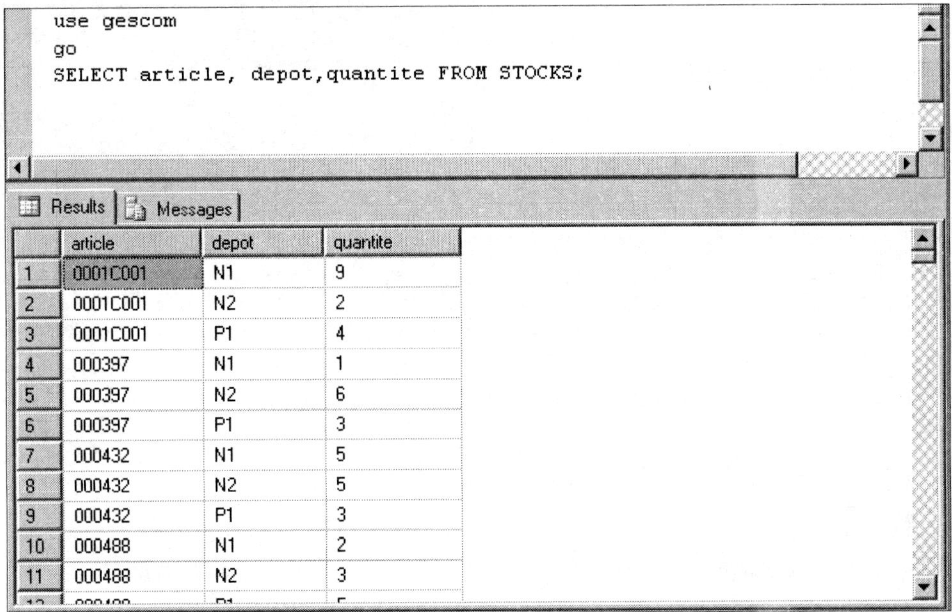

```
use gescom
go
SELECT article, depot,quantite FROM STOCKS;
```

Results | Messages

	article	depot	quantite
1	0001C001	N1	9
2	0001C001	N2	2
3	0001C001	P1	4
4	000397	N1	1
5	000397	N2	6
6	000397	P1	3
7	000432	N1	5
8	000432	N2	5
9	000432	P1	3
10	000488	N1	2
11	000488	N2	3

Pour obtenir une vue synthétique de la disponibilité d'un article, il est nécessaire de parcourir trois lignes d'informations. Il n'est donc pas facile de lire l'information.

Par contre, en faisant pivoter les informations par rapport à la référence articles et en affichant en regard de cette dernière, les quantités disponibles en stocks dans chacun des trois dépôts, alors l'information sera plus pertinente.

Exemple d'extraction en utilisant PIVOT

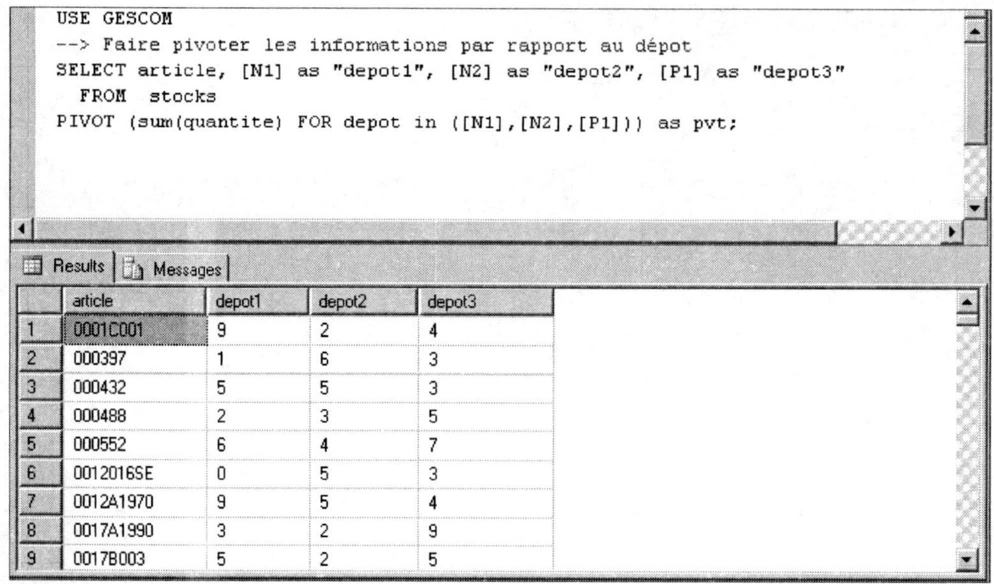

```
USE GESCOM
--> Faire pivoter les informations par rapport au dépot
SELECT article, [N1] as "depot1", [N2] as "depot2", [P1] as "depot3"
  FROM  stocks
PIVOT (sum(quantite) FOR depot in ([N1],[N2],[P1])) as pvt;
```

Results | Messages

	article	depot1	depot2	depot3
1	0001C001	9	2	4
2	000397	1	6	3
3	000432	5	5	3
4	000488	2	3	5
5	000552	6	4	7
6	0012016SE	0	5	3
7	0012A1970	9	5	4
8	0017A1990	3	2	9
9	0017B003	5	2	5

Afin d'éclaircir le résultat, il est possible de réaliser des jointures avec d'autres tables. Dans l'exemple suivant, une jointure est faite avec la table des articles afin de connaître la désignation des articles.

Exemple d'utilisation d'une jointure en plus du pivot

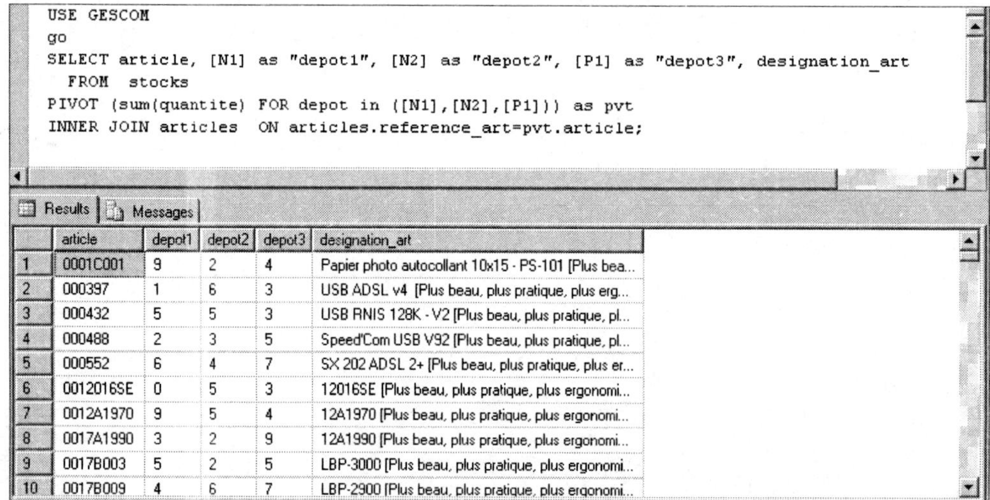

```
USE GESCOM
go
SELECT article, [N1] as "depot1", [N2] as "depot2", [P1] as "depot3", designation_art
  FROM  stocks
PIVOT (sum(quantite) FOR depot in ([N1],[N2],[P1])) as pvt
INNER JOIN articles  ON articles.reference_art=pvt.article;
```

Results | Messages

	article	depot1	depot2	depot3	designation_art
1	0001C001	9	2	4	Papier photo autocollant 10x15 - PS-101 [Plus bea...
2	000397	1	6	3	USB ADSL v4 [Plus beau, plus pratique, plus erg...
3	000432	5	5	3	USB RNIS 128K - V2 [Plus beau, plus pratique, pl...
4	000488	2	3	5	Speed'Com USB V92 [Plus beau, plus pratique, pl...
5	000552	6	4	7	SX 202 ADSL 2+ [Plus beau, plus pratique, plus er...
6	0012016SE	0	5	3	12016SE [Plus beau, plus pratique, plus ergonomi...
7	0012A1970	9	5	4	12A1970 [Plus beau, plus pratique, plus ergonomi...
8	0017A1990	3	2	9	12A1990 [Plus beau, plus pratique, plus ergonomi...
9	0017B003	5	2	5	LBP-3000 [Plus beau, plus pratique, plus ergonomi...
10	0017B009	4	6	7	LBP-2900 [Plus beau, plus pratique, plus ergonomi...

UNPIVOT

La fonction UNPIVOT réalise le travail inverse à celui fait par PIVOT. Cependant son usage est plus restreint car le cas se présente moins fréquemment de vouloir transformer des colonnes en lignes. Si toutefois le cas se présente, alors cette fonctionnalité peut être mise en œuvre à l'aide de la syntaxe suivante :

```
SELECT ... colonneUnpivot, AliasNouvelleColonne
FROM table
UNPIVOT (AliasNouvelleColonne FOR colonneUnPivot IN
listeDeValeur) AS aliasDeTable
```

Comme pour l'utilisation du PIVOT, il est possible de faire des jointures avec une table qui contient la colonne UNPIVOT.

Exemple d'utilisation d'UNPIVOT

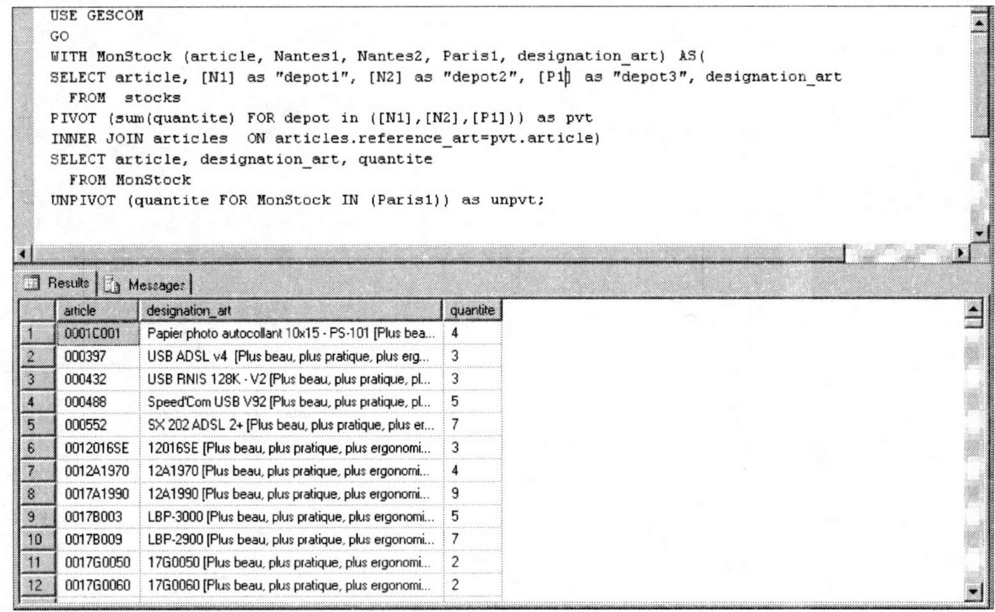

```
USE GESCOM
GO
WITH MonStock (article, Nantes1, Nantes2, Paris1, designation_art) AS(
SELECT article, [N1] as "depot1", [N2] as "depot2", [P1] as "depot3", designation_art
  FROM  stocks
PIVOT (sum(quantite) FOR depot in ([N1],[N2],[P1])) as pvt
INNER JOIN articles  ON articles.reference_art=pvt.article)
SELECT article, designation_art, quantite
  FROM MonStock
UNPIVOT (quantite FOR MonStock IN (Paris1)) as unpvt;
```

Results | Messages

	article	designation_art	quantite
1	0001C001	Papier photo autocollant 10x15 - PS-101 [Plus bea...	4
2	000397	USB ADSL v4 [Plus beau, plus pratique, plus erg...	3
3	000432	USB RNIS 128K - V2 [Plus beau, plus pratique, pl...	3
4	000488	Speed'Com USB V92 [Plus beau, plus pratique, pl...	5
5	000552	SX 202 ADSL 2+ [Plus beau, plus pratique, plus er...	7
6	0012016SE	12016SE [Plus beau, plus pratique, plus ergonomi...	3
7	0012A1970	12A1970 [Plus beau, plus pratique, plus ergonomi...	4
8	0017A1990	12A1990 [Plus beau, plus pratique, plus ergonomi...	9
9	0017B003	LBP-3000 [Plus beau, plus pratique, plus ergonomi...	5
10	0017B009	LBP-2900 [Plus beau, plus pratique, plus ergonomi...	7
11	0017G0050	17G0050 [Plus beau, plus pratique, plus ergonomi...	2
12	0017G0060	17G0060 [Plus beau, plus pratique, plus ergonomi...	2

Une table CTE est utilisée dans le script afin de faciliter sa compréhension.

12.MERGE

L'instruction MERGE permet en une seule opération Transact SQL d'effectuer des modifications, des ajouts et même des suppressions sur une même table de destination. La sélection de l'action à réaliser s'effectue en précisant des critères de sélection. Naturellement, l'instruction MERGE ne peut pas utiliser la même table comme source et destination. Toutefois, il est possible de définir une condition de jointure entre la source et la destination afin de limiter les données manipulées.

Cette instruction permet de simplifier certains traitements de l'information, pour la construction de synthèses par exemple. Sans cette instruction il est nécessaire de définir un lot Transact SQL avec un curseur pour être en mesure de traiter chaque ligne de la source de façon individuelle et de décider ainsi de l'action à effectuer.

Syntaxe

```
MERGE [ INTO ] tableCible
USING sourceDonnée
ON <conditionSélection>
[ WHEN MATCHED [ AND <conditionSélection> ]
      THEN <opération> ]
[ WHEN [TARGET] NOT MATCHED [ AND < conditionSélection > ]
      THEN <opération> ]
[ WHEN SOURCE NOT MATCHED [ AND < conditionSélection > ]
      THEN <opération> ]
```

`tableCible`

Il s'agit de la table qui contient les données sur lesquelles vont porter les instructions INSERT, UPDATE et DELETE.

`sourceDonnées`

C'est à partir de cette source de données que sont issues les informations qui permettent de sélectionner le type d'opération à exécuter ainsi que les données à utiliser.

`conditionSélection`

Critère de restriction permettant de savoir si les données doivent être sélectionnées ou bien si l'opération qui suit doit être exécutée.

`opération`

Instruction INSERT, UPDATE ou bien DELETE à exécuter sur la table cible.

Exemples

La table SyntheseClients contient les références de tous les clients qui ont passé au moins une commande, c'est-à-dire qui possèdent un chiffre d'affaires :

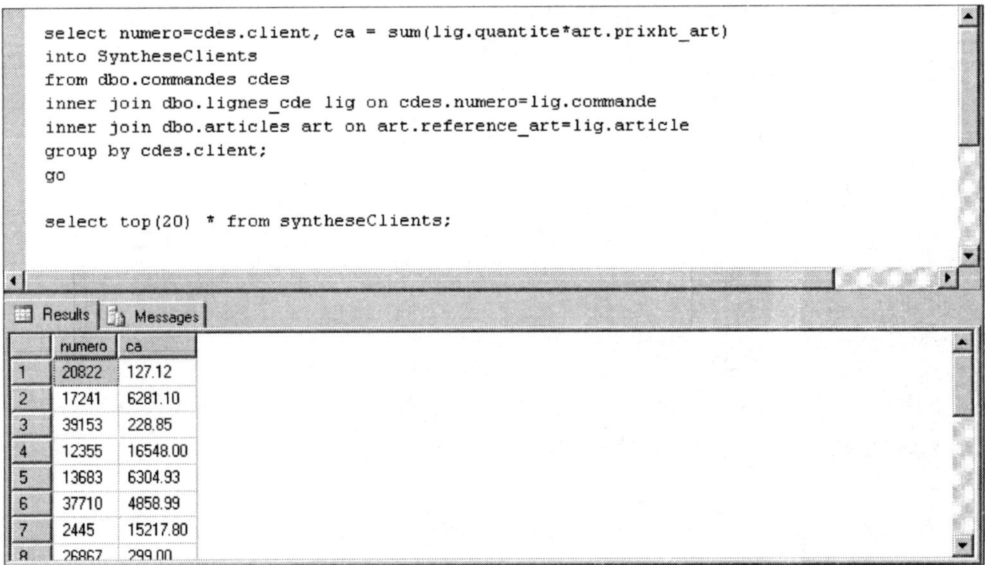

Une colonne CA de type numeric(10,2) est ajoutée à la table des clients de la façon suivante :

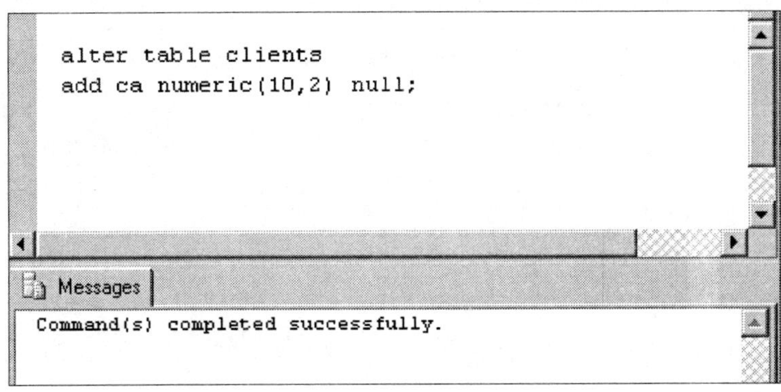

En s'appuyant sur les informations contenues dans la table syntheseClients, la table Clients va être modifiée de la façon suivante :

- *Mise à jour de la colonne ca avec le chiffre d'affaires calculé.*
- *Mise à zéro du CA pour les autres clients.*

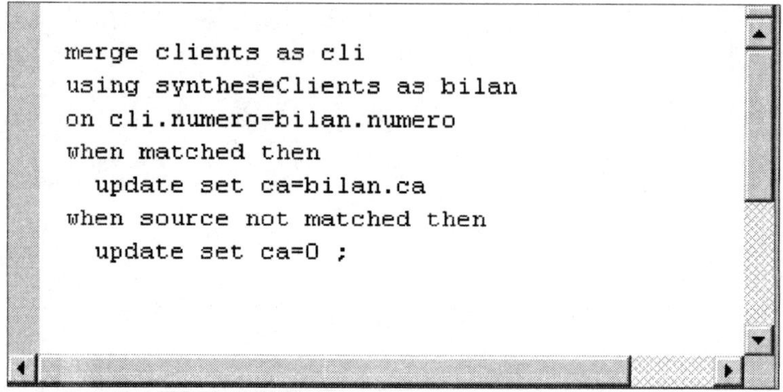

```
merge clients as cli
using syntheseClients as bilan
on cli.numero=bilan.numero
when matched then
  update set ca=bilan.ca
when source not matched then
  update set ca=0 ;
```

C. Gestion des vues

SQL Server permet la gestion d'objets associés aux tables : les vues (VIEWS). Une vue est une table virtuelle, c'est-à-dire un objet ayant la même utilisation qu'une table par rapport au Langage de Manipulation de Données, à quelques restrictions près, mais n'occupant pas d'espace disque pour les données. Une vue ne "stocke" que la requête correspondant à l'extraction.

Les intérêts d'utilisation d'une vue sont multiples :

- Simplification des structures des tables. Certaines tables peuvent comporter de nombreuses colonnes avec des noms et des types peu pratiques à manipuler. Une vue fournira à l'utilisateur les mêmes données dans une forme simplifiée.
- Réutilisation de requêtes. Lorsque les requêtes sont souvent exécutées (jointures, calculs), une vue permettra de stocker l'instruction et de l'utiliser plus simplement.
- Sécurité d'accès. Il est possible de cacher des lignes et des colonnes aux utilisateurs en ne mettant à leur disposition que des vues de projection ou de restriction à la place des tables initiales.

La modification des données au travers d'une vue n'est autorisée que si une seule table correspondant à la vue est modifiée et si la requête de la vue n'utilise pas de calculs.

Création de vues

On peut créer une vue par le langage de définition de données ou par SQL Server Management Studio.

Syntaxe

```
CREATE VIEW nom
[WITH ENCRYPTION | WITH SCHEMABINDING| WITH VIEW_METADATA]
AS requête [WITH CHECK OPTION]
```

`nom`

Nom d'objet, doit être unique dans la base.

`requête`

Instruction SELECT ne comportant pas de clause ORDER BY, UNION, COMPUTE ou INTO.

`WITH ENCRYPTION`

Permet de crypter le code dans les tables système.

`WITH SCHEMABINDING`

Permet de lier la vue au schéma. Avec une telle option, les objets référencés dans la vue doivent être nommés de la façon suivante, *nom_schema.nom_objet*, et les tables utilisées dans la vue ne peuvent être supprimées. De même, si une opération ALTER TABLE affecte la définition de la vue, alors elle échoue.

```
WITH VIEW_METADATA
```

Permet de préciser à SQL Server de renvoyer les informations de métadonnées correspondant à la vue et non pas celles des tables qui composent la vue. Cette demande d'informations de métadonnées est particulièrement importante dans le cadre de l'accès aux données via une interface de programmation comme ODBC ou OLE-DB.

```
WITH CHECK OPTION
```

Permet de ne pas autoriser l'insertion ni la modification de données ne répondant pas aux critères de la requête.

Suppression de vues

Syntaxe

```
DROP VIEW nom
```

Exemple

Simplification de la table articles :

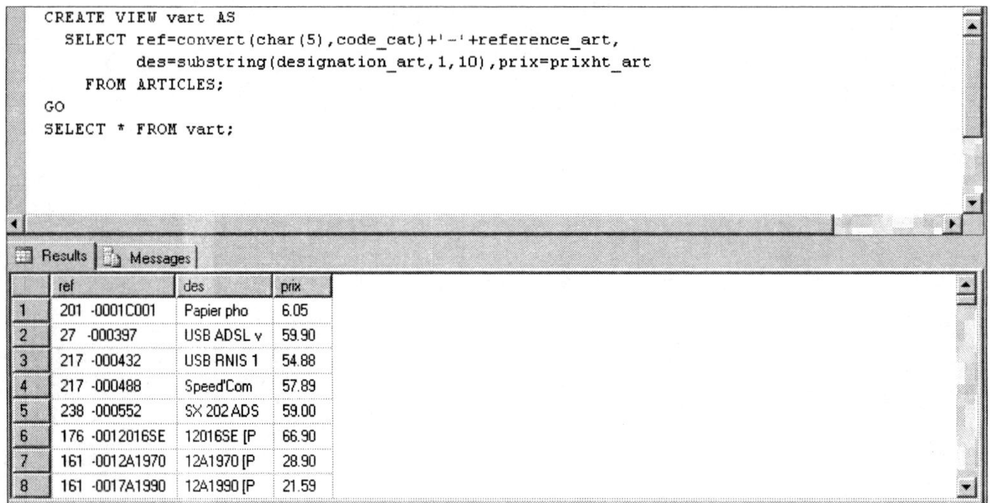

```
CREATE VIEW vart AS
  SELECT ref=convert(char(5),code_cat)+'-'+reference_art,
         des=substring(designation_art,1,10),prix=prixht_art
    FROM ARTICLES;
GO
SELECT * FROM vart;
```

Results | Messages

	ref	des	prix
1	201 -0001C001	Papier pho	6.05
2	27 -000397	USB ADSL v	59.90
3	217 -000432	USB RNIS 1	54.88
4	217 -000488	Speed'Com	57.89
5	238 -000552	SX 202 ADS	59.00
6	176 -0012016SE	12016SE [P	66.90
7	161 -0012A1970	12A1970 [P	28.90
8	161 -0017A1990	12A1990 [P	21.59

Création d'une vue par SQL Server Management Studio :

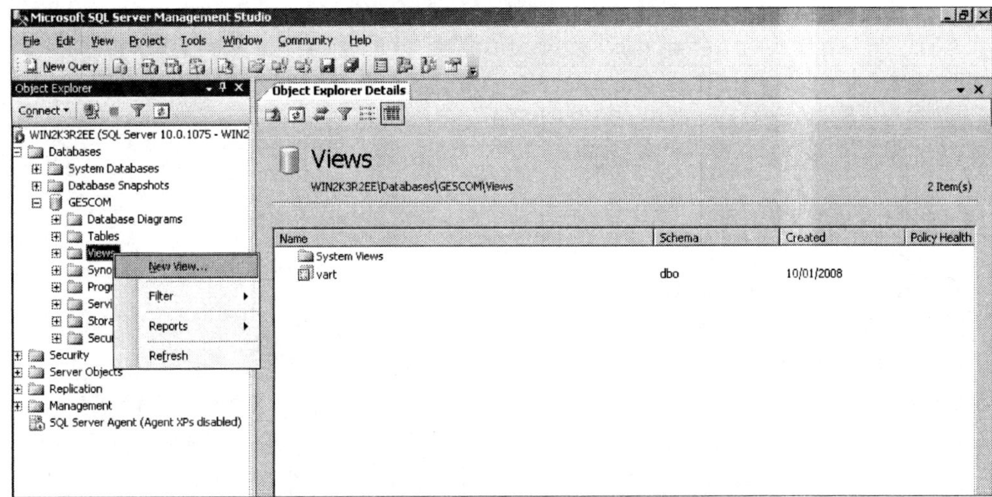

Édition d'une vue par SQL Server Management Studio :

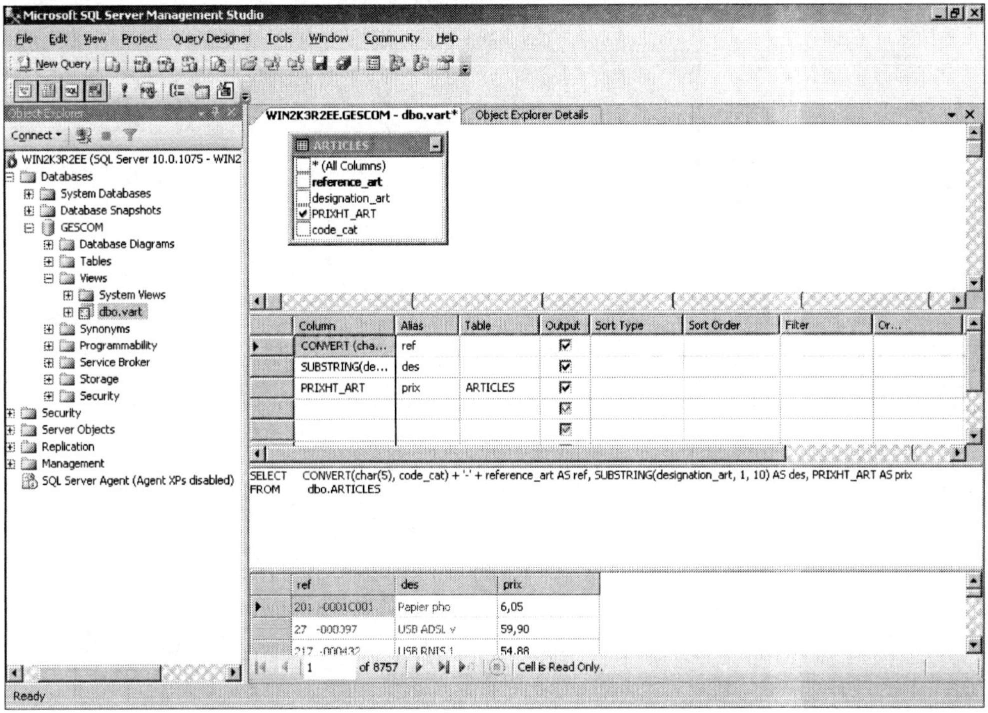

 Les déclencheurs de type INSTEAD OF sont particulièrement bien adaptés pour les vues car ils permettent de détourner les actions INSERT, UPDATE et DELETE vers les tables qui composent la vue. Ces déclencheurs donnent la possibilité d'avoir des vues dont le comportement est totalement translucide pour l'utilisateur de la base de données.

Chapitre 4 : Transact SQL : le langage procédural

A. Le SQL procédural

SQL Server est un serveur de base de données relationnelle et à ce titre, il fournit tous les éléments pour stocker de façon structurée les données mais aussi les outils nécessaires pour travailler avec les données au travers de SQL. Avec le Transact SQL il est également possible de définir des traitements procéduraux directement dans la base de données. Ces traitements vont pouvoir être utilisables par tous les utilisateurs de la base sous réserve qu'ils possèdent les privilèges nécessaires. Il est possible de conserver la définition de ces traitements et de les rendre paramétrables par l'intermédiaire de la création de procédures et de fonctions.

Des traitements procéduraux pourront également être mis en place pour définir des contraintes d'intégrité complexes, il s'agira alors de triggers ou déclencheurs de base de données.

1. Gestion des variables utilisateur

Une variable est une zone mémoire, caractérisée par un nom et un type, permettant de stocker une valeur. Les variables Transact SQL doivent obligatoirement être déclarées avant leur utilisation. Elles peuvent ensuite remplacer n'importe quelle expression dans les instructions SQL.

Déclaration de variables

```
DECLARE @nom_variable type [,...]
```

`nom_variable`

Nom précédé du caractère @.

`type`

Type système ou défini par l'utilisateur.

Valorisation des variables

```
SELECT @nom_variable = expr [,...][FROM...]
```

Exemple

Modification du prénom des clients qui ont le même nom que le 954 :

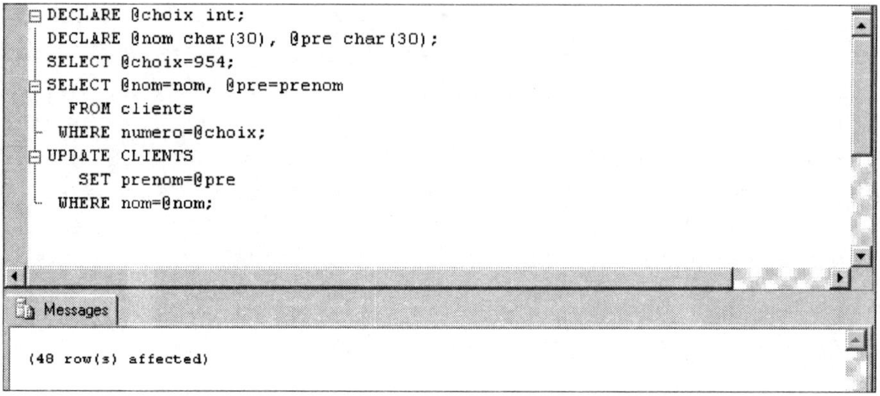

```
DECLARE @choix int;
DECLARE @nom char(30), @pre char(30);
SELECT @choix=954;
SELECT @nom=nom, @pre=prenom
   FROM clients
  WHERE numero=@choix;
UPDATE CLIENTS
    SET prenom=@pre
  WHERE nom=@nom;
```

```
Messages
(48 row(s) affected)
```

2. Variables système

Ces variables sont définies par le système, et peuvent être utilisées seulement en lecture. Elles se distinguent des variables utilisateur par le double @.

`@@CONNECTIONS`

Nombre de connexions ou de tentatives de connexion depuis le dernier démarrage de SQL Server.

`@@CPU_BUSY`

Temps consacré par l'unité centrale à SQL Server depuis le dernier démarrage de celui-ci. Le résultat est exprimé en unité CPU. Il faut multiplier par @@TIMETICKS pour avoir un résultat en microsecondes.

`@@CURSOR_ROWS`

Nombre de lignes affectées dans le dernier curseur ouvert.

`@@DATEFIRST`

Renvoie la valeur courante du paramètre SET DATEFIRST.

@@DBTS

Valeur du type de données timestamp courant pour la base de données.

@@ERROR

Dernier numéro d'erreur généré par le système.

@@FETCH_STATUS

Contient le statut d'une commande de curseur FETCH.

@@IDENTITY

Enregistre la dernière valeur IDENTITY insérée.

@@IDLE

Temps, en millisecondes, pendant lequel SQL Server est resté inactif depuis son dernier démarrage.

@@IO_BUSY

Temps, en millisecondes, consacré par SQL Server à effectuer des opérations d'entrée/sortie depuis son dernier démarrage.

@@LANGID

Identificateur de la langue actuellement utilisée.

@@LANGUAGE

Langue actuellement utilisée.

@@LOCK_TIMEOUT

Timeout, en millisecondes, de la session en cours.

@@MAX_CONNECTIONS

Nombre maximal de connexions simultanées qu'il est possible d'établir avec SQL Server.

@@MAX_PRECISION

Renvoie le niveau de précision utilisé par les types de données décimal et numeric.

@@NESTLEVEL

Niveau d'imbrication de l'instruction en cours d'exécution.

@@OPTIONS

Informations sur les valeurs courantes des options SET.

@@PACK_RECEIVED

Nombre de paquets entrants lus par SQL Server depuis son dernier démarrage.

@@PACK_SENT

Nombre de paquets sortants écrits par SQL Server depuis son dernier démarrage.

@@PACKET_ERRORS

Nombre d'erreurs qui se sont produites alors que SQL Server envoyait ou recevait des paquets depuis son dernier démarrage.

@@PROCID

Identificateur de la procédure stockée Transact SQL du traitement en cours d'exécution.

@@REMSERVER

Renvoie le nom du serveur contenu dans l'enregistrement des noms d'accès d'un serveur distant.

@@ROWCOUNT

Nombre de lignes affectées par la dernière instruction.

@@SERVERNAME

Nom du serveur SQL local.

@@SERVICENAME

Nom du service en cours d'exécution.

@@SPID

Numéro d'identification du processus courant sur le serveur.

@@TEXTSIZE

Longueur maximale, en octets, des données texte ou image renvoyées par une instruction SELECT.

@@TIMETICKS

Nombre de millisecondes par pulsation.

@@TOTAL_ERRORS

Nombre d'erreurs rencontrées par SQL Server en lisant ou en écrivant des données depuis son dernier démarrage.

@@TOTAL_READ

Nombre de lectures de données sur le disque effectuées par SQL Server depuis son dernier démarrage.

@@TOTAL_WRITE

Nombre d'écritures de données sur le disque effectuées par SQL Server depuis son dernier démarrage.

@@TRANCOUNT

Nombre de transactions actuellement actives pour l'utilisateur courant.

@@VERSION

Date, numéro de version et type de processeur de la version courante de SQL Server.

3. Les transactions

Gestion des transactions

Le premier point à prendre en considération est le verrouillage des informations. En effet, lorsque SQL Server lit des données ou les modifie, il verrouille les lignes d'informations manipulées. Ce verrouillage dure le temps de l'exécution de l'instruction ou le temps de la transaction.

Suivant le type de verrous posés, il est possible ou non à d'autres transactions d'accéder simultanément à la même information.

Une transaction est un ensemble d'instructions de manipulations de données s'exécutant dans une même unité de travail. La validation d'une transaction assure que toutes les instructions en faisant partie se sont correctement terminées, l'annulation de la transaction assurera l'annulation de l'ensemble des instructions.

Seules les instructions du DML (SELECT, INSERT, UPDATE, DELETE) sont prises en compte dans une transaction. Sont exclues toutes les instructions manipulant des objets (CREATE, ALTER, DROP, SELECT INTO, GRANT, REVOKE, LOAD, DUMP...).

Les transactions sont utiles pour assurer l'intégrité et la cohérence des données lors de modifications multiples, pour améliorer les performances, pour tester les effets de modification, pour gérer les verrouillages.

Une transaction est caractérisée par le mot clé ACID (*Atomicity Consistency Isolation Durability*) qui peut se traduire en français par Atomique Consistance Indépendance Durée.

- Atomique car une transaction représente une unité atomique (non divisible) de travail pour le serveur.
- Consistance car à la fin de la transaction les informations présentes dans la base doivent être consistantes, c'est-à-dire cohérentes par rapport aux règles de structuration des données mises en place.
- Indépendance car les données visibles sont, soit celles d'avant la transaction, soit celles résultantes de la transaction. Il n'est pas possible, depuis une autre transaction, de visualiser les données en cours de modification dans une transaction.

- Durée car lorsqu'une transaction est validée, les changements apportés par la transaction sur les données sont durables et le gestionnaire de base de données doit garantir que, quoi qu'il arrive au niveau du système, ces changements seront toujours visibles.

Syntaxes

Début de transaction.

```
BEGIN TRAN[SACTION][nomtransaction]
```

Validation de transaction.

```
COMMIT TRAN[SACTION][nomtransaction]
```

Déclaration d'un point de contrôle.

```
SAVE TRAN[SACTION][nom du point de contrôle]
```

Annulation de transaction.

```
ROLLBACK TRAN[SACTION][{nomtransaction/nom point de contrôle}]
```

Exemple

Simulation d'augmentation de tarifs :

```
   UPDATE ARTICLES
      SET prixht_art=prixht_art*1.02
    WHERE code_cat='01'
   SAVE TRAN P1
   UPDATE ARTICLES
      SET prixht_art=prixht_art*1.01
      WHERE code_cat='02';
   -- L'augmentation de la catégorie 01 est conservée
   ROLLBACK TRAN P1
   -- Validation
 COMMIT TRAN augmente
```

Messages

```
(20 row(s) affected)

(4 row(s) affected)
```

Gestion des verrous

Lors de transactions concurrentes, SQL Server gère automatiquement des verrous afin de garantir la cohérence des données de chaque transaction.

Une transaction ne pourra pas modifier des lignes accessibles par une autre transaction, et ne pourra lire des lignes en cours de modification (lecture cohérente).

SQL Server pose automatiquement les verrous lors de l'exécution des transactions. Ces verrous peuvent être posés à différents niveaux : ligne, pages, tables, extension... Le type de verrou est choisi par SQL Server afin de minimiser les coûts. Les types disponibles sont :

Verrous partagés

Destinés aux opérations de lecture, ils empêchent la modification de données. Plusieurs transactions peuvent poser des verrous partagés sur les mêmes éléments.

Verrous de mise à jour

Mis en place en vue d'opérations de modifications (UPDATE LOCK). Seule une transaction peut acquérir un verrou de ce type sur une ressource, les autres transactions doivent attendre. Si la transaction ne met pas à jour les données lues, alors le verrou se transforme en verrou partagé.

Verrous exclusifs

Destinés aux opérations d'écriture, ils n'autorisent aucun autre verrou. Ils agissent au niveau table ou page.

Verrous d'intention

Ils permettent à SQL Server de signaler qu'une transaction souhaite acquérir un verrou de mise à jour ou partagé sur la ressource. La pose de verrous exclusifs est impossible.

Il est possible d'agir sur les verrous de plusieurs façons, au niveau de la configuration, au niveau des transactions ou en obtenant des informations par l'intermédiaire de la vue dynamique **sys.dm_tran_locks** ou dans SQL Server Management Studio et en sélectionnant le nœud **Management - Activity Monitor** dans l'**Object Explorer**.

SET TRANSACTION

On peut définir le système de verrouillage des instructions SELECT pour toutes les transactions de la session.

Syntaxe

```
SET TRANSACTION ISOLATION LEVEL option
```

Options

`READ UNCOMMITTED`

Ce niveau permet de lire des modifications non encore validées effectuées par d'autres transactions. Ce type de lecture est appelé lecture sale ou dirty reads, car les données visualisées ne seront pas forcément conservées en cas d'annulation de transaction (ROLLBACK). Dans ce mode de fonctionnement, les instructions DML ne vont pas réclamer un verrou partagé lors de la lecture des données car rien n'empêche la modification des données lues, même si la modification n'est pas encore validée.

`READ COMMITTED`

C'est le mode de fonctionnement par défaut. Seules les modifications validées (COMMIT) sont visibles. Les instructions du DML utilisent toujours un verrouillage exclusif. Cependant, les verrous acquis pour la lecture des informations sont relâchés, non pas en fin de transaction mais dès que la lecture est terminée. Dans le cas où la même ligne est lue plus d'une fois au cours de la même transaction, il n'est pas garanti que la lecture de la même ligne retourne toujours le même lot d'informations. Ce cas peut se présenter si les données sont modifiées et validées par une autre transaction entre les deux opérations de lecture.

`REPEATABLE READ`

Avec ce mode de fonctionnement, les données lues ou modifiées par une transaction ne sont plus accessibles par les autres transactions et ce, afin de garantir que la lecture répétée d'une ligne de données retourne toujours les mêmes informations. Cependant, les informations lues sont encore accessibles en lecture pour les autres transactions. Les verrous sont donc définis pour la durée de la transaction. Avec ce type de verrouillage, des informations peuvent être ajoutées dans les tables entre le début et la fin de la transaction et donc le jeu de données n'est plus le même. Ce type de problème peut avoir une incidence significative lors, par exemple, d'un calcul de remise par rapport à un chiffre d'affaires effectué par une transaction et simultanément une commande supplémentaire est ajoutée par une autre transaction. Cette nouvelle commande vient modifier le résultat du calcul de remise.

`SERIALIZABLE`

Avec ce mode de fonctionnement, les données lues ou modifiées par une transaction sont accessibles uniquement par cette transaction. Les données simplement lues restent accessibles en lecture seule pour les autres transactions. Les verrous sont définis pour la durée de la transaction au niveau des lignes de données. Des verrous de plus haut niveau, dans les index, sont également définis afin d'éviter l'ajout de données dans le jeu de résultats de la transaction. S'il n'existe pas d'index couvrant la requête de lecture, alors un verrou de plus au niveau est posé, c'est-à-dire un verrouillage au niveau de la table.

Options de verrouillage

Il est possible de spécifier le verrouillage d'une table pour une instruction SELECT particulière.

Il est très fortement recommandé de laisser la gestion des verrous au moteur relationnel de SQL Server afin d'optimiser cette gestion. La gestion manuelle ne permet que rarement une gestion optimum et peut donc provoquer des problèmes d'interblocage ou de délai d'attente pour les autres transactions.

Syntaxe

```
SELECT.....FROM nomtable WITH (option de verrou)
```

Options de verrou

`NOLOCK`

Pas de verrous.

`HOLDLOCK`

Maintien de verrous partagés jusqu'à la fin de la transaction.

`UPDLOCK`

Maintien de verrous de mises à jour de pages jusqu'à la fin de la transaction.

`TABLOCK`

Utilisation de verrous partagés sur la table.

`PAGLOCK`

Utilisation de verrous partagés sur les pages.

`TABLOCKX`

Maintien d'un verrou exclusif.

`ROWLOCK`

Permet de spécifier qu'un verrou de niveau ligne doit être choisi lorsque l'optimiseur de requête aurait plutôt fait le choix d'en acquérir un au niveau de la page ou de la table.

Exemple

Pose d'un verrou partagé pendant l'extraction (niveau table) :

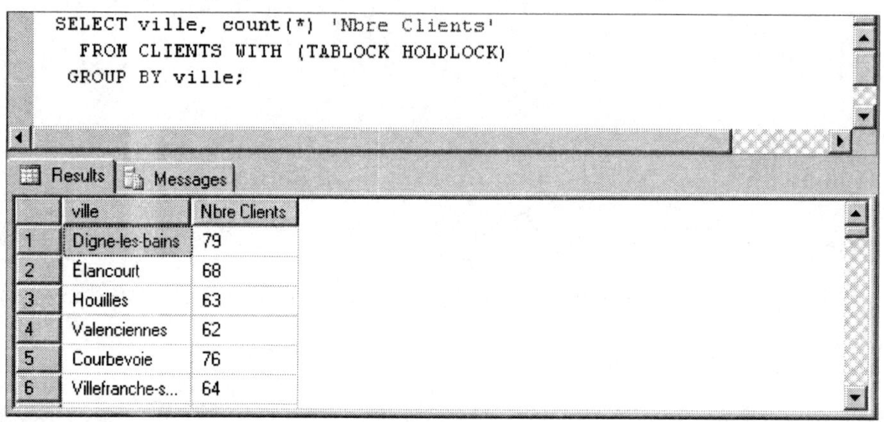

```
SELECT ville, count(*) 'Nbre Clients'
  FROM CLIENTS WITH (TABLOCK HOLDLOCK)
 GROUP BY ville;
```

	ville	Nbre Clients
1	Digne-les-bains	79
2	Élancourt	68
3	Houilles	63
4	Valenciennes	62
5	Courbevoie	76
6	Villefranche-s...	64

On peut activer le verrouillage au niveau ligne lors des insertions (IRL : *Insert Row-level Locking*) en exécutant la procédure stockée : sp_tableoption 'nomtable','insert row lock','true'.

4. Gestion des lots et des scripts

Un lot d'instructions est un ensemble d'instructions Transact SQL qui sera compilé et exécuté en une seule unité. Il se termine par la commande GO.

Un lot peut comporter n'importe quelle instruction ou série d'instructions ainsi que des transactions.

L'intérêt des lots réside dans l'amélioration des performances, ainsi que dans la compilation unique. Dans le cas d'une erreur de syntaxe, aucune instruction n'est exécutée.

Cependant, les lots sont soumis à certaines restrictions :

- Il n'est pas possible de combiner certaines instructions dans un même lot : CREATE PROCEDURE, CREATE RULE, CREATE DEFAULT, CREATE TRIGGER, CREATE VIEW.

- Il n'est pas possible d'agir sur des définitions de colonne et d'utiliser ces modifications dans un même lot (valeurs par défaut, contrainte CHECK, ajout de colonnes à une table).
- Il n'est pas possible de supprimer un objet et de le recréer dans un même lot.

Les scripts sont des ensembles de lots qui seront exécutés successivement à partir d'un fichier texte. Ces fichiers ont, par convention, l'extension '.sql'.

5. Contrôle de flux

C'est un ensemble de fonctionnalités comportant des instructions (RETURN, RAISERROR, PRINT) et des structures de contrôles (séquence, alternative, répétitive) qui améliorent l'utilisation des instructions Transact SQL en permettant à l'utilisateur de contrôler leur exécution.

a. RETURN

Cette instruction permet de sortir inconditionnellement d'une procédure ou fonction en renvoyant éventuellement une valeur entière.

Syntaxe

```
RETURN [exprn]
```

Exemple

Renvoi d'une valeur d'une procédure pour indiquer le bon fonctionnement :

```
CREATE PROC p1 AS
  IF (1<2)  --Condition
    RETURN 0;    --Procédure OK
  ELSE
    RETURN 1;    --Erreur
```

Messages

```
Command(s) completed successfully.
```

Utilisation :

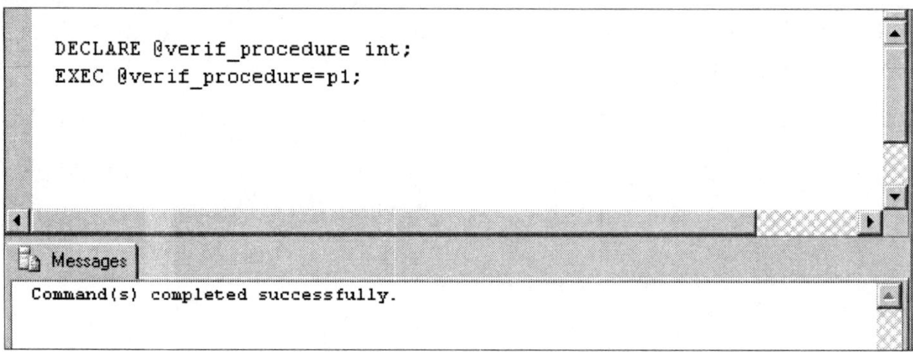

```
DECLARE @verif_procedure int;
EXEC @verif_procedure=p1;
```

```
Command(s) completed successfully.
```

On pourra alors tester la variable @verif_procedure.

b. PRINT

C'est une instruction d'affichage de message.

Syntaxe

```
PRINT {'texte'|@variable|@@variablesystème}
```

Exemple

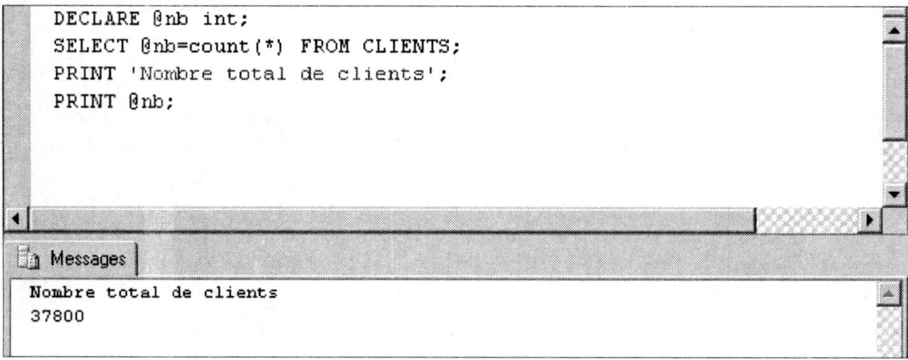

```
DECLARE @nb int;
SELECT @nb=count(*) FROM CLIENTS;
PRINT 'Nombre total de clients';
PRINT @nb;
```

```
Nombre total de clients
37800
```

c. CASE

C'est une expression qui permet d'attribuer des valeurs conditionnelles.

Syntaxe

```
CASE [expression]
      WHEN {valeur|condition} THEN
      valeurattribuée1
     [...]
     [ELSE valeurattribuée n]
      END
```

Renvoie la valeur attribuée en fonction de la valeur de l'expression ou en fonction d'une condition.

Exemple

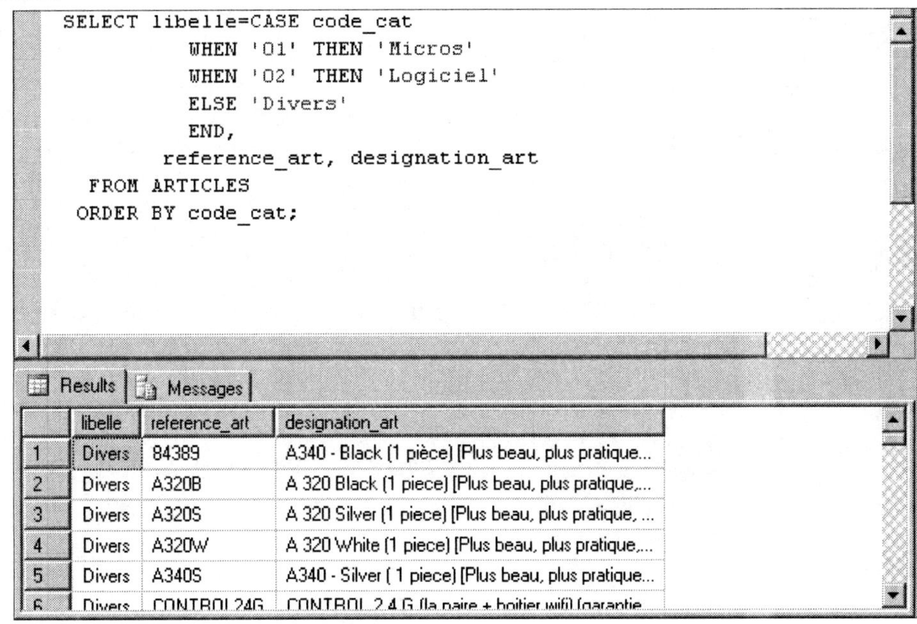

```
SELECT libelle=CASE code_cat
          WHEN '01' THEN 'Micros'
          WHEN '02' THEN 'Logiciel'
          ELSE 'Divers'
          END,
        reference_art, designation_art
  FROM ARTICLES
 ORDER BY code_cat;
```


	libelle	reference_art	designation_art
1	Divers	84389	A340 - Black (1 pièce) [Plus beau, plus pratique...
2	Divers	A320B	A 320 Black (1 piece) [Plus beau, plus pratique,...
3	Divers	A320S	A 320 Silver (1 piece) [Plus beau, plus pratique, ...
4	Divers	A320W	A 320 White (1 piece) [Plus beau, plus pratique,...
5	Divers	A340S	A340 - Silver (1 piece) [Plus beau, plus pratique...
6	Divers	CONTROL24G	CONTROL 2.4 G (la paire + boitier wifi) (garantie...

L'exemple suivant montre l'utilisation de l'instruction CASE avec une condition de comparaison au niveau de la clause WHEN. Cette condition va fournir un résultat de type booléen.

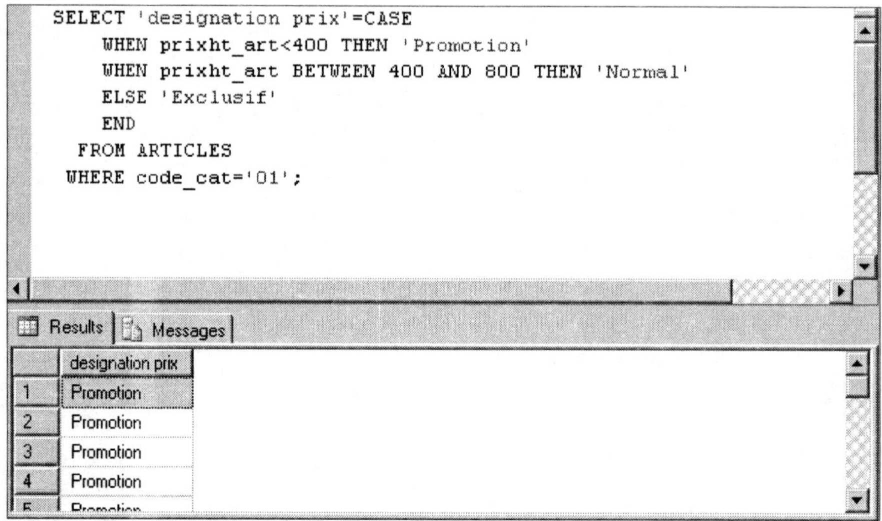

d. BEGIN... END

C'est une structure de contrôle permettant de délimiter une série d'instructions (bloc). Elle est utilisée avec les tests (IF) et les boucles (WHILE).

Syntaxe

```
BEGIN
    {instruction | bloc}
    ...
END
```

e. IF

C'est la structure de contrôle alternative permettant de tester une condition et d'exécuter une instruction ou un bloc si le test est vrai.

Syntaxe

```
IF condition
   {instruction|bloc}
[ELSE]
   {instruction|bloc}
```

Exemple

```
declare @nocli int=153689;
if exists (select * from clients where numero=@nocli)
  begin
    delete from commandes where client=@nocli;
    delete from clients where numero=@nocli;
    print 'Suppression OK';
  end
else
  print 'Pas de client pour ce numéro';
```

Messages

```
Pas de client pour ce numéro
```

f. WHILE

C'est la structure de contrôle répétitive qui permet d'exécuter une série d'instructions tant qu'une condition est vraie.

Syntaxe

```
WHILE condition
      {instruction|bloc}
```

L'instruction BREAK permet la sortie de la boucle.

L'instruction CONTINUE permet de repartir à la première instruction de la boucle.

Exemple

On augmente les tarifs jusqu'à ce qu'un article de la catégorie '01' soit supérieur à 100 €.

```
DECLARE @augmente numeric(2,1)=1.01;

WHILE (SELECT AVG(prixht_art) FROM ARTICLES)<5000
BEGIN
  UPDATE ARTICLES set prixht_art=isnull(prixht_art,0)*@augmente
  IF (SELECT MAX(prixht_art) FROM ARTICLES WHERE code_cat='01')>100
    BREAK
  SELECT @augmente=@augmente+0.01
END
```

Results | Messages

```
(1 row(s) affected)
```

g. OUTPUT

Cette clause permet de connaître les lignes affectées par l'opération du DML INSERT, UPDATE ou DELETE. Ce retour d'information permet à l'application qui a demandé l'exécution de l'instruction DML de savoir quelles lignes d'informations sont concernées.

La valeur des colonnes retournées par l'intermédiaire de la clause OUTPUT est celle après application des contraintes d'intégrité et exécution de l'instruction DML mais avant l'exécution du ou des déclencheurs associés à la table et à l'instruction DML.

 Cette clause est disponible uniquement à partir de SQL Server 2005.

Syntaxe

```
OUTPUT [listeColonne] INTO @variable
```

`listeColonne`

Représente la liste des colonnes retournées dans la variable. Ces colonnes peuvent provenir directement de l'instruction DML, ou correspondre à un résultat de calcul élémentaire. Les données peuvent être issues directement de la table. En utilisant les préfixes DELETED et INSERTED, il est possible de voir les données touchées par la suppression/modification et après modification/insertion.

`@variable`

La variable doit être de type table et elle doit être déclarée avant son utilisation dans la clause OUTPUT.

```
INSERT INTO table(listeColonne)
OUTPUT  [listeColonne] INTO @variable
VALUES (listeValeurs)

DELETE table
OUTPUT[listeColonne] INTO @variable
WHERE condition

UPDATE table SET colonne=valeur
OUTPUT [listeColonne] INTO @variable
WHERE condition
```

Exemple

Utilisation de la clause OUTPUT afin de connaître la valeur affectée par une colonne de type IDENTITY lors de l'ajout d'informations.

```
DECLARE @AJOUT table(
  numero int,
  date_facture datetime,
  commande int,
  montantht smallmoney,
  etat_fac char(2));

insert into histo_fac(date_fac, numero_cde, montantht, etat_fac)
output inserted.* into @AJOUT
values(getdate(), 1377, 234.67, 'EC');

select numero from @ajout;
```

Results | Messages

	numero
1	1003

6. Gestion des curseurs

L'utilisation de curseurs est une technique permettant de traiter ligne par ligne le résultat d'une requête, contrairement au SQL (SELECT) qui traite un ensemble de lignes.

Les curseurs peuvent être mis en œuvre par des instructions Transact SQL (curseurs ANSI-SQL) ou par l'API OLE-DB.

On utilisera les curseurs ANSI lorsqu'il faudra traiter les lignes individuellement dans un ensemble ou lorsque le SQL ne pourra pas agir uniquement sur les lignes concernées. Les curseurs des API seront utilisés par les applications clientes pour traiter des volumes importants ou pour gérer plusieurs ensembles de résultats.

 N'utilisez les curseurs que si le SQL "ensembliste" n'est pas possible. Ils sont généralement coûteux en mémoire et en temps de traitement.

a. DECLARE CURSOR

Cette instruction permet la déclaration et la description du curseur ANSI.

Syntaxe

```
DECLARE nomcurseur[INSENSITIVE][SCROLL]CURSOR
    FOR SELECT ....
    FOR {READ ONLY|UPDATE[OF liste_colonne]}]
```

`INSENSITIVE`

Seules les opérations sur la ligne suivante sont permises.

`SCROLL`

Les déplacements dans les lignes du curseur peuvent être effectués dans tous les sens.

UPDATE

Précise que des mises à jour vont être réalisées sur la table d'origine du curseur.

Un curseur INSENSITIVE avec une clause ORDER BY ne peut pas être mis à jour. Un curseur contenant ORDER BY, UNION, DISTINCT ou HAVING est INSENSITIVE et READ ONLY.

En plus de cette syntaxe conforme au standard ISO, Transact SQL propose une syntaxe étendue qui offre plus de possibilités au niveau des curseurs :

```
DECLARE nomcurseur CURSOR [ LOCAL | GLOBAL ]
     [ FORWARD_ONLY | SCROLL ]
     [ STATIC | KEYSET | DYNAMIC | FAST_FORWARD ]
     [ READ_ONLY | SCROLL_LOCKS | OPTIMISTIC ]
     [ TYPE_WARNING ]
     FOR SELECT …
     [ FOR UPDATE [ OF liste_colonne [ ,...n ] ] ]
```

LOCAL

La portée du curseur est locale au lot, procédure ou fonction en cours d'exécution dans lequel le curseur est défini. En dehors de ce lot, il n'est pas possible de référencer le curseur.

GLOBAL

La portée du curseur est globale à la connexion. L'option de base de données **default to local cursor** est définie à faux (false) par défaut. Cette option permet de définir la portée par défaut du curseur.

FORWARD_ONLY

Les données sont extraites du curseur dans leur ordre d'apparition (de la première à la dernière).

STATIC

Une copie temporaire des données est faite sur tempdb afin que le curseur ne soit pas affecté par les modifications qui peuvent intervenir sur la base.

`KEYSET`

Les lignes et leur ordre dans le curseur sont fixés au moment de l'ouverture du curseur. Les références vers chacune de ces lignes d'informations sont conservées dans une table temporaire au sein de tempdb.

`DYNAMIC`

Le curseur reflète exactement les données présentes dans la base. Ce qui signifie que le nombre de lignes, leur ordre et leur valeur peuvent être modifiés de façon dynamique.

`FAST_FORWARD`

Permet de définir un curseur en avant et en lecture seule (FORWARD_ONLY et READ_ONLY).

`SCROLL_LOCKS`

Permet de garantir le succès des instructions UPDATE et DELETE qui peuvent être exécutées relativement au curseur. Avec ce type de curseur, un verrou est posé lors de l'ouverture du curseur pour éviter qu'une autre transaction tente de modifier les données.

`OPTIMISTIC`

Avec cette option, il se peut qu'une opération de mise à jour (UPDATE) ou bien de suppression (DELETE) réalisée au sein du curseur ne puisse s'effectuer correctement car une autre transaction aura modifié les données en parallèle.

`TYPE_WARNING`

Un message d'avertissement (warning) est envoyé à l'application cliente si des conversions implicites de type sont effectuées.

b. OPEN

Cette instruction permet de rendre le curseur utilisable et de créer éventuellement les tables temporaires associées. La variable @@CURSOR_ROWS est valorisée après le OPEN.

Compte tenu de l'espace disque et mémoire utilisé et du verrouillage éventuel des données lors de l'ouverture du curseur, cette opération doit être exécutée la plus proche possible du traitement des données issues du curseur.

Syntaxe

```
OPEN [GLOBAL] nomcurseur
```

c. FETCH

C'est l'instruction qui permet d'extraire une ligne du curseur et de valoriser des variables avec leur contenu. Après le fetch, la variable @@FETCH_STATUS est à 0 si le fetch s'est bien passé.

Syntaxe

```
FETCH[{NEXT|PRIOR|FIRST|LAST|ABSOLUTE n|RELATIVE n]
     [FROM] [GLOBAL] nomcurseur[INTO Listevariable]
```

`NEXT`

Lit la ligne suivante (seule option possible pour les INSENSITIVE CURSOR).

`PRIOR`

Lit la ligne précédente.

`FIRST`

Lit la première ligne.

`LAST`

Lit la dernière ligne.

`ABSOLUTE n`

Lit la nième ligne de l'ensemble.

`RELATIVE n`

Lit la nième ligne à partir de la ligne courante.

d. CLOSE

Fermeture du curseur et libération de la mémoire.

Cette opération doit intervenir dès que possible afin de libérer les ressources le plus tôt possible.

Syntaxe

```
CLOSE nomcurseur
```

e. DEALLOCATE

Supprime le curseur et les structures associées.

Syntaxe

```
DEALLOCATE nomcurseur
```

Exemple

On ne veut que les trois articles les plus chers par catégorie dans une table de travail :

```
CREATE TABLE tempo_art(reference nchar(16), cat char(2), prix numeric(8,2));
go
-- Déclaration du curseur et des variables
DECLARE c_art CURSOR FOR
   SELECT reference_art, code_cat, prixht_art
     FROM articles ORDER BY code_cat, prixht_art DESC;
DECLARE @cpt int;
DECLARE @ref nchar(16);
DECLARE @cat char(2);
DECLARE @prix numeric(8,2);
DECLARE @catref char(2);
OPEN c_art; --ouverture du curseur
FETCH c_art INTO @ref, @cat, @prix; -- ramener la première ligne
WHILE (@@FETCH_STATUS=0) BEGIN-- Le dernier fetch a t il reùmené une ligne?
  INSERT INTO tempo_art VALUES(@ref, @cat, @prix);
  SELECT @catref=@cat; --mémoriser la catégorie
  SELECT @cpt=1;
  FETCH c_art INTO @ref, @cat, @prix; --ligne suivante
  WHILE (@@FETCH_STATUS=0 AND @catref=@cat) BEGIN
    IF (@cpt<3) BEGIN
      INSERT INTO tempo_art VALUES(@ref, @cat, @prix);
      SELECT @cpt=@cpt+1;
    END
    FETCH c_art INTO @ref, @cat, @prix; --ligne suivante
  END
END
CLOSE c_art;
DEALLOCATE c_art;
go
```

Si le même script Transact SQL travaille avec plusieurs curseurs, la variable @@FETCH_STATUS correspond à l'état du dernier curseur utilisé. Pour connaître avec détail l'état de chaque curseur, il faut interroger la colonne **fetch_status** de la vue dynamique **sys.dm_exec_cursors**.

7. Gestion des exceptions

a. Les messages d'erreurs

Pour chaque erreur, SQL Server produit un message d'erreur. Ce message est, par défaut, affiché à l'écran et sa lecture complète permet bien souvent de résoudre le problème.

La plupart de ces messages sont définis dans SQL Server, mais il est également possible de définir ses propres messages par l'intermédiaire de la procédure **sp_addmessage**.

La structure des messages

Quelle que soit leur origine, tous les messages d'erreurs possèdent la même structure et les mêmes champs d'informations qui sont :

- **numéro** : chaque message est identifié de façon unique par un numéro. Ce numéro est indépendant de la langue choisie pour installer SQL Server. Ainsi, le programme déclenche une erreur identifiée par son numéro. Ensuite, SQL Server sélectionne le message à afficher depuis la table **sys.messages** de la base master en fonction du numéro de l'erreur et de la langue d'installation du serveur.
- **message au format texte** : le message est spécifique à chaque message d'erreurs. Beaucoup de messages possèdent des variables afin d'adapter le message générique au cas précis et délivrer ainsi plus d'informations.
- **Sévérité** : c'est un indicateur sur la gravité de l'erreur. Ainsi des messages avec une sévérité de 1 ou 2 sont donnés simplement à titre informatif.
- **État** : une même erreur peut avoir différentes origines, c'est-à-dire être provoquée depuis différents contextes. Pour chaque type de contexte, un état est associé. Ce numéro d'état peut s'avérer utile lors de la recherche d'informations dans la documentation.
- **nom de la procédure** : si l'erreur est provoquée depuis une procédure stockée, alors son nom est affiché.
- **numéro de la ligne** : numéro de la ligne à l'origine de l'erreur, que cette ligne se trouve dans un lot d'instructions, une fonction, une procédure stockée ou bien un déclencheur de base de données.

La gravité des messages d'erreurs

Dans SQL Server, chaque message d'erreur possède une gravité également nommée sévérité. Cette gravité permet de classer les messages par rapport au risque potentiel associé. Il existe 25 niveaux différents de gravité.

La gravité est représentée par un nombre entier compris entre 0 et 24. Cette sévérité est associée au message d'erreur lors de sa création, mais il est possible d'en fixer une légèrement différente lorsque l'erreur est levée par l'intermédiaire de l'instruction RAISERROR.

Inférieure à 9 Le message est donné à simple titre d'information. Il n'est pas bloquant. Si la gravité est de 0 alors le message n'est pas visible.

Égale à 10 C'est un message de type information pour décrire une erreur faite par l'utilisateur dans l'information qu'il vient de saisir.

Entre 11 et 16 L'erreur peut être résolue par l'utilisateur.

Égale à 17 Ressources insuffisantes. Signale, par exemple, que SQL Server manque d'espace disque, ou bien que l'instance a atteint certaines limites fixées par l'administrateur.

Égale à 18 Erreur interne non fatale. Une erreur interne s'est produite mais la requête a pu être traitée correctement et la connexion au serveur est maintenue.

Égale à 19 Erreur SQL dans l'accès à une ressource. SQL Server a atteint une limite non configurable de l'instance. À partir de ce niveau, tous les messages doivent être remontés à l'administrateur.

Égale à 20 Erreur fatale dans le processus courant. Le processus en cours vient de subir une erreur grave, mais l'instance SQL Server n'est pas affectée.

Égale à 21 Erreur fatale dans les processus de l'instance, cependant, il y a peu de chance que la base de données en elle-même soit affectée par ce problème.

Égale à 22 Erreur fatale concernant l'intégrité d'une table. L'intégrité des données contenues dans une table n'est pas respectée. L'administrateur peut utiliser DBCC CHECKDB pour savoir si d'autres tables sont affectées et tentera de rétablir l'intégrité par l'intermédiaire de DBCC.

Égale à 23 L'intégrité de la base n'est plus garantie. Si l'outil DBCC s'avère inefficace, l'administrateur peut être conduit à restaurer la base pour remédier au problème.

Égale à 24 Problème matériel, tel qu'un échec d'accès au disque.

b. Déclencher une erreur

Le programmeur peut décider de lever un message d'erreur en fonction du comportement du code. Pour lever une erreur, il va faire appel à l'instruction RAISERROR.

Il existe deux possibilités pour travailler avec cette instruction, soit elle lève une erreur parfaitement identifiée par son numéro, soit elle permet de lever une erreur prédéfinie.

Syntaxe

```
RAISERROR ( { identifiant | message }
    { ,gravité ,état }
    [ ,argument [ ,...n ] ] )
[WITH option, ...]
```

`identifiant`

Numéro d'identification du message tel qu'il est enregistré dans la table sysmessages. Le message sélectionné est fonction de son identifiant et de la langue de la session. Par défaut, c'est le message en langue anglaise qui est sélectionné.

`message`

Il est également possible de définir directement le texte du message, dans la limite de 2047 caractères. Dans ce cas, il est nécessaire de définir une gravité et un état.

`gravité`

Permet de spécifier la gravité du message d'erreur. En général les messages utilisateurs ont une gravité inférieure strictement à 20. Au-delà l'erreur est considérée comme fatale et la connexion à la base est rompue.

`état`

Permet de tracer l'origine de l'erreur.

`argument`

Dans le cas où le message d'erreur prédéfini ou non possède des paramètres, il faut les valoriser à partir de constantes ou bien de variables.

`option`

Il existe trois options possibles LOG, NOWAIT et SETERROR.
L'option LOG permet de spécifier que le message sera consigné dans l'observateur des évènements de Windows.
L'option NOWAIT permet de s'assurer que le message sera envoyé sans délai au client.
L'option SETERROR permet de valoriser @@ERROR et ERROR_NUMBER avec le numéro du message d'erreur.

Exemples

Erreur définie par l'utilisateur :

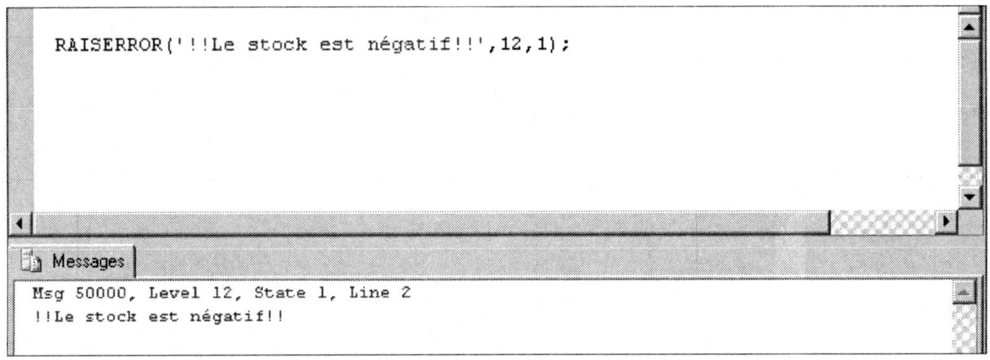

```
RAISERROR('!!Le stock est négatif!!',12,1);
```

Messages

```
Msg 50000, Level 12, State 1, Line 2
!!Le stock est négatif!!
```

Erreur grave avec passage de paramètres dans le message :

```
DECLARE @numero int;
SELECT @numero=1;
RAISERROR ('!!Erreur grave sur le client: %d !!',21,1,@numero)
     WITH LOG;
```

Messages

```
Msg 2745, Level 16, State 2, Line 3
Process ID 55 has raised user error 50000, severity 21.
SQL Server is terminating this process.
Msg 50000, Level 21, State 1, Line 3
!!Erreur grave sur le client: 1 !!
Msg 0, Level 20, State 0, Line 0
A severe error occurred on the current command.
The results, if any, should be discarded.
```

c. Définir un message d'erreur

Il est possible de définir ses propres messages d'erreur, afin de pouvoir faire remonter une erreur de type applicative vers l'application cliente en respectant le mécanisme de gestion des erreurs de SQL Server. En travaillant de cette manière au niveau des procédures stockées, des fonctions et des déclencheurs, il est très facile pour le programme appelant de gérer les erreurs.

Pour définir un nouveau message d'erreur, il faut faire appel à la procédure stockée **sp_addmessage**.

Les messages ajoutés à l'aide de la procédure **sp_addmessage** peuvent être supprimés par la procédure **sp_dropmessage**.

Syntaxe

```
sp_addmessage [ @msgnum = ] identifiant ,
     [ @severity = ] severité ,
     [ @msgtext = ] 'message'
     [ , [ @lang = ] 'langue' ]
     [ , [ @with_log = ] TRUE|FALSE ]
     [ , [ @replace = ] 'replace' ]
```

`@msgnum`

Nombre entier (int) qui permet de spécifier le numéro du message. Les messages définis par l'utilisateur doivent avoir un identifiant compris entre 50001 et 2 147 483 647.

`@severity`

Nombre entier (smallint) qui permet de préciser la gravité du message. Cette gravité doit être comprise entre 1 et 25.

`@msgtext`

Chaîne de caractères qui représente le texte affiché lorsque l'erreur est levée.

`@lang`

Chaîne de caractères qui permet de préciser la langue du message. En premier lieu, le message doit être défini en anglais 'us_english', puis il peut être localisé en français en précisant 'French'.

`@with_log`

Permet de préciser si le message sera consigné dans l'observateur des évènements de Windows ou non.

`@replace`

Permet de demander d'écraser, s'il existe, le message qui porte le même numéro que celui en cours de création.

```
EXEC sp_addmessage @msgnum=50005, @severity=12,
                   @msgtext='Stock mini supérieur au stock maxi',
                   @lang='us_english'
GO
EXEC sp_addmessage @msgnum=50005, @severity=12,
                   @msgtext='Stock mini supérieur au stock maxi',
                   @lang='French'
GO
RAISERROR(50005,12,1)
```

Messages

```
WIN2K3R2EE(WIN2K3R2EE\Administrator): Msg 50005, Level 12, State 1, Line 1
Stock mini supérieur au stock maxi
```

Pour connaître les différents codes de langue, il suffit d'exécuter la procédure `sp_helplanguage` sans aucun paramètre.

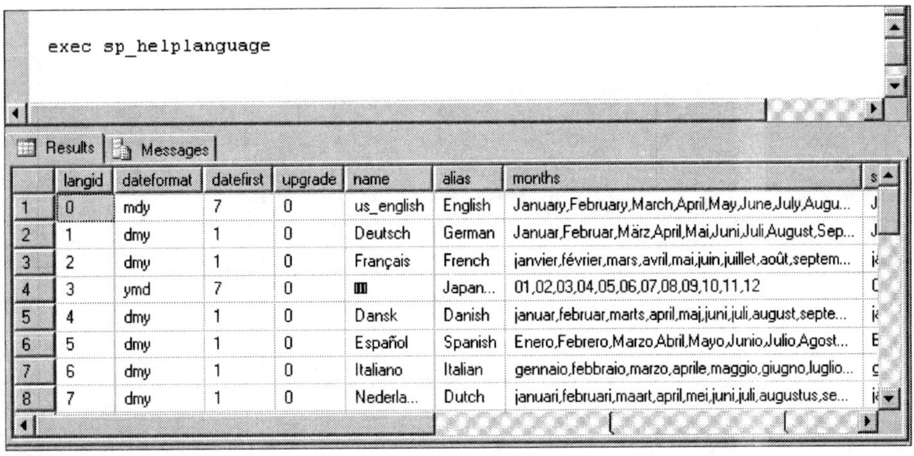

```
exec sp_helplanguage
```

Results | Messages

	langid	dateformat	datefirst	upgrade	name	alias	months	s
1	0	mdy	7	0	us_english	English	January,February,March,April,May,June,July,Augu...	J
2	1	dmy	1	0	Deutsch	German	Januar,Februar,März,April,Mai,Juni,Juli,August,Sep...	J
3	2	dmy	1	0	Français	French	janvier,février,mars,avril,mai,juin,juillet,août,septem...	j
4	3	ymd	7	0	▥	Japan...	01,02,03,04,05,06,07,08,09,10,11,12	0
5	4	dmy	1	0	Dansk	Danish	januar,februar,marts,april,maj,juni,juli,august,septe...	j
6	5	dmy	1	0	Español	Spanish	Enero,Febrero,Marzo,Abril,Mayo,Junio,Julio,Agost...	E
7	6	dmy	1	0	Italiano	Italian	gennaio,febbraio,marzo,aprile,maggio,giugno,luglio...	g
8	7	dmy	1	0	Nederla...	Dutch	januari,februari,maart,april,mei,juni,juli,augustus,se...	j

Il est possible de définir des variables dans le texte du message de façon à personnaliser le texte du message en fonction du contexte à partir duquel il est levé. Il est ainsi possible, par exemple, de connaître le nom de l'utilisateur, ou de la table affectée par l'opération.

Pour introduire des valeurs issues de variables dans le texte du message d'erreur il est nécessaire de préciser comment la valeur va être convertie et introduite dans le texte. Le format est toujours sous la forme suivante :

`%[drapeau][largeur][.precision]type.`

`drapeau`

Ce drapeau, qui peut être +, -, 0, # ou bien des espaces, a pour objectif le cadrage à gauche des données de type numérique avec complément éventuel avec des zéro et de préciser le comportement à adopter lors de l'affichage de valeurs signées.

`largeur`

Permet de définir le nombre de caractères que va réclamer la représentation textuelle de la valeur numérique.

`precision`

Permet de définir le nombre de décimales à afficher.

`type`

Les caractères suivants sont utilisés pour préciser le type de valeur transmis en paramètre :

Type	Représente
`d` ou `i`	Entier signé
`u`	Entier non signé
`s`	Chaîne de caractères
`o`	Un nombre en octal (base 8)
`x` ou `X`	Un nombre en hexadécimal (base 16)

Lors de la définition du message en anglais, il faut utiliser les paramètres %s pour pouvoir insérer une donnée de type caractère et %d lorsque la valeur est de type numérique. Dans les versions localisées du message, il faut utiliser %1! pour faire référence au premier paramètre défini dans le texte du message anglais, puis %2! pour le deuxième et ainsi de suite.

```
EXEC sp_addmessage @msgnum=50006, @severity=12,
                   @msgtext='Error for customer : %s on invoice %d',
                   @lang='us_english'
GO
EXEC sp_addmessage @msgnum=50006, @severity=12,
                   @msgtext='Erreur sur la commande %2! du client %1!',
                   @lang='French'
GO
RAISERROR(50006,12,1,'Dupont',15)
```

Messages

```
WIN2K3R2EE(WIN2K3R2EE\Administrator): Msg 50006, Level 12, State 1, Line 1
Error for customer : Dupont on invoice 15
```

Lorsque le message possède des paramètres, il est parfois préférable de préparer le message d'erreur en valorisant les différents paramètres du message lors de l'exécution du programme puis de lever l'erreur uniquement si cela est nécessaire.

La fonction FORMATMESSAGE permet cette préparation du message. Le message ainsi préparé devra être levé par l'intermédiaire de la fonction RAISERROR. Cette possibilité de préparer ainsi les messages n'est possible que pour les messages qui possèdent des paramètres et qui ont été définis avec sp_addmessage.

Syntaxe

```
FORMATMESSAGE (idmessage, valeurParametre1,….)
```

Exemple

Dans l'exemple suivant le message est préparé à l'aide de l'instruction FORMATMESSAGE :

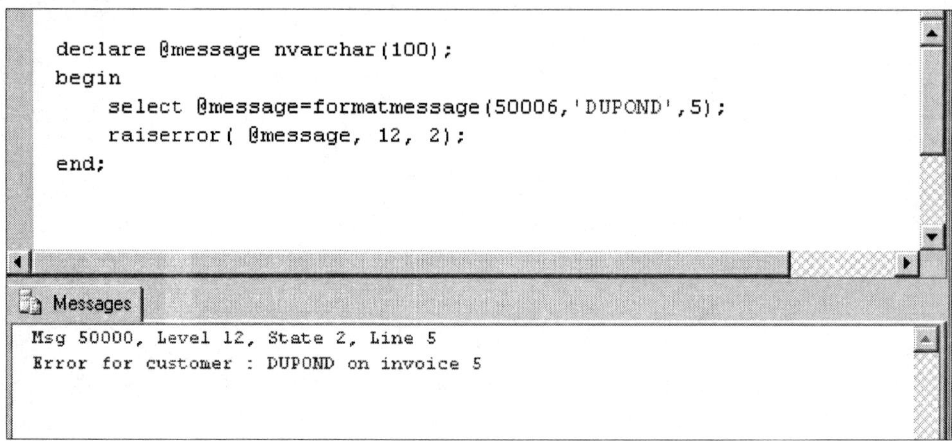

d. La gestion des erreurs

En Transact SQL, il existe deux moyens de gérer les erreurs qui peuvent se produire lors de l'exécution du code.

- La première possibilité consiste à tester la valeur de la variable système @@error après chaque instruction pour savoir si elle s'est exécutée correctement ou non. Cette approche classique de la gestion des erreurs présente l'inconvénient d'être fastidieuse à écrire et de rendre le code peu lisible.
- La seconde possibilité consiste à regrouper une ou plusieurs instructions Transact SQL dans un bloc TRY et de centraliser la gestion des erreurs dans un bloc CATCH. Pour un type d'erreur, le traitement de l'erreur est écrit une seule fois même si plusieurs instructions peuvent lever cette même erreur. Ce type de gestion des erreurs est bien connu des développeurs Java, VC++, C#...

Dans le bloc CATCH, il est possible d'utiliser les fonctions ERROR_MESSAGE(), ERROR_NUMBER(), ERROR_SEVERITY(), ERROR_STATE() pour obtenir des informations sur le message d'erreur, le numéro de l'erreur, la gravité de l'erreur et l'état de l'erreur. En dehors de ce bloc, ces fonctions retournent systématiquement la valeur null et ne possèdent donc aucun intérêt.

Dans le cas où plusieurs blocs Try/Catch sont empilés, ces fonctions ne permettent d'obtenir des informations que sur l'erreur déclenchée localement et non pas dans l'un des sous-blocs.

Les blocs TRY et CATCH sont toujours associés. Il n'est pas possible de définir un bloc TRY sans bloc CATCH et réciproquement.

Il n'est possible de gérer dans le bloc CATCH que des erreurs dont la sévérité est supérieure à 10 et à condition que l'erreur ne mette pas fin au script.

Syntaxe

```
BEGIN TRY
...
END TRY
BEGIN CATCH
....
END CATCH;
```

Le bloc TRY

Le bloc TRY permet de regrouper l'ensemble des instructions qui sont susceptibles de lever des erreurs. Dans le cas où une instruction déclenche une erreur, le contrôle est immédiatement passé à la première instruction du bloc CATCH correspondant au bloc TRY.
Dans le cas où toutes les instructions du bloc TRY s'exécutent sans erreur, alors le bloc CATCH n'est jamais exécuté.

Dans un bloc TRY, il y a toujours au moins une instruction ou un bloc d'instructions, mais il peut y en avoir plusieurs.

Ce bloc est toujours entièrement défini à l'intérieur d'une procédure ou d'une fonction.

Le bloc CATCH

Ce bloc suit immédiatement le bloc TRY. Il est exécuté, si et seulement si, une instruction du bloc TRY a levé une erreur.

C'est dans ce bloc que du code est défini pour essayer de traiter au mieux les différents types d'erreurs qui peuvent avoir lieu au niveau du bloc TRY correspondant. Après le traitement de l'erreur, le contrôle est passé à l'instruction, qui suit immédiatement la fin du bloc CATCH (END CATCH).

Les différentes fonctions disponibles uniquement dans ce bloc sont : ERROR_MESSAGE(), ERROR_NUMBER(), ERROR_SEVERITY(), ERROR_STATE(). Elles permettent d'obtenir toutes les informations relatives à l'erreur qui a provoqué l'exécution du bloc et d'adapter le traitement en fonction de cette erreur.

L'exemple suivant illustre la mise en place des blocs TRY et CATCH ainsi que la gestion d'une erreur dans le bloc CATCH.

```
USE MASTER
GO
EXEC sp_addmessage @msgnum=50001, @severity=12, @msgtext=N'message d''erreur',
                   @lang='us_english', @replace='replace'
GO
USE GESCOM
GO
BEGIN TRY
  RAISERROR(50001,12,1);
END TRY
BEGIN CATCH
  DECLARE @msgerreur nvarchar(60);
  SET @msgerreur=ERROR_MESSAGE();
  PRINT @msgerreur+N' géré par le CATCH';
END CATCH
GO
```

Messages

```
WIN2K3R2EE(WIN2K3R2EE\Administrator):
message d'erreur géré par le CATCH
```

B. Gestion des procédures stockées

Les procédures stockées (*Stored Procedures*) sont des objets correspondant à un ensemble d'instructions du LMD, pouvant être exécutées par simple appel de leur nom ou par l'instruction EXECUTE. Ce sont de véritables programmes pouvant recevoir des paramètres, renvoyer des valeurs, être exécutés à distance, ayant leurs propres droits d'accès (privilège EXECUTE). De plus, les procédures stockées sont stockées dans le cache mémoire sous forme compilée lors de leur première exécution, ce qui accroît les performances (pour les exécutions suivantes !). Les procédures stockées peuvent être temporaires, c'est-à-dire créées pour une session (locale) ou plusieurs sessions (globale) du user.

Pour SQL Server une procédure stockée peut être définie comme une suite d'instructions Transact SQL, stockée dans la base de données et parfaitement identifiée par son nom. Pour permettre à cette suite d'instructions de s'adapter au plus grand nombre de cas, certaines valeurs du script sont paramétrables lors de l'appel de la procédure. Comme toute suite d'instructions Transact SQL, il est possible par exemple de trouver une instruction SELECT. L'exécution de la procédure déclenchera l'exécution de la requête et le résultat sera envoyé à l'environnement qui a demandé l'exécution de la procédure.

De nombreuses procédures stockées sont fournies par Microsoft et sont créées lors de l'installation des serveurs dans la base master. Ces procédures permettent de manipuler les tables système. Leur nom commence par "sp_".

Les différents cas d'utilisation de procédures stockées sont les suivants :

- Enchaînement d'instructions.
- Accroissement des performances.
- Sécurité d'exécution.
- Manipulation des données système.
- Mise en œuvre des règles d'entreprise.
- Traitements en cascade.

La création ou la modification des procédures stockées se fait par des instructions du Langage de Définition de données ou par SQL Server Management Studio.

Syntaxe

```
CREATE PROC[EDURE] nom[;numero][(param1[,...])][{FOR REPLICATION|WITH RECOMPILE}][WITH ENCRYPTION]AS instructions.
```

`nom`

Nom d'objet unique dans la base. Précédé d'un signe #, la procédure sera temporaire locale, avec deux # elle sera temporaire globale.

`numéro`

Numéro d'ordre pour des procédures ayant le même nom.

`param1,...`

Paramètre sous la forme :
@nom type [VARYING][= valeur]
[OUTPUT], pouvant être passé à la procédure. OUTPUT permet de spécifier un paramètre retourné par la procédure.
VARYING spécifie le jeu de résultats pris en charge comme paramètre de sortie. S'applique uniquement aux paramètres de type cursor.

Une procédure stockée peut contenir au maximum 2100 paramètres.

`FOR REPLICATION`

Permet de préciser que la procédure sera utilisée lors de la réplication.

`WITH RECOMPILE`

La procédure sera recompilée à chaque exécution.

`WITH ENCRYPTION`

Permet de crypter le code dans les tables système.

Exemples

Code d'une procédure stockée système par Enterprise Manager :

```
SET ANSI_NULLS ON
GO
SET QUOTED_IDENTIFIER ON
GO
ALTER procedure [sys].[sp_who]  --- 1995/11/28 15:48
       @loginame sysname = NULL --or 'active'
as

declare  @spidlow   int,
         @spidhigh  int,
         @spid      int,
         @sid       varbinary(85)

select   @spidlow   =      0
        ,@spidhigh  = 32767


if (    @loginame is not NULL
   AND  upper(@loginame collate Latin1_General_CI_AS) = 'ACTIVE'
   )
    begin

    select spid , ecid, status
              ,loginame=rtrim(loginame)
           ,hostname ,blk=convert(char(5),blocked)
```

Procédure utilisateur de suppression d'un client (création) :

```
CREATE PROCEDURE supp_cli(@nocli int) AS
  IF NOT EXISTS(SELECT * FROM CLIENTS WHERE numero=@nocli)
  BEGIN
    PRINT 'Client inexistant';
    RETURN;
  END
  IF EXISTS (SELECT * FROM COMMANDES WHERE client=@nocli)
  BEGIN
    PRINT 'Ce client possède des commandes';
    RETURN;
  END
  DELETE FROM CLIENTS WHERE numero=@nocli;
GO
```

Messages

```
Command(s) completed successfully.
```

Procédure utilisateur de suppression d'un client (utilisation) :

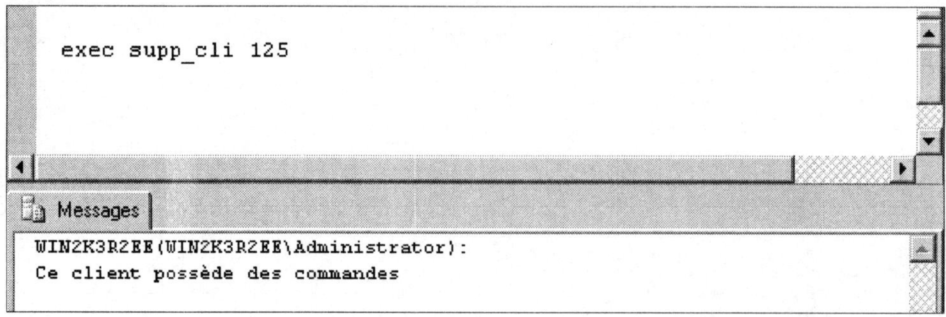

```
exec supp_cli 125
```

```
WIN2K3R2EE(WIN2K3R2EE\Administrator):
Ce client possède des commandes
```

C. Les fonctions définies par l'utilisateur

SQL Server prend en charge trois types de fonctions utilisateurs : les fonctions scalaires, les fonctions tables en ligne et les fonctions tables multi-instructions.

Une fonction accepte entre 0 et 1024 paramètres d'entrée et retourne, soit une valeur scalaire, soit une table.

Pour chacun des paramètres de la fonction, il est possible de définir une valeur par défaut en utilisant le mot clé DEFAULT. Mais lors de l'appel de la fonction, il faut préciser le mot clé DEFAULT pour utiliser la valeur par défaut. Ce comportement est différent de celui des procédures où la valeur par défaut est prise en compte de façon automatique si le paramètre n'est pas précisé lors de l'appel.

Les fonctions de type scalaire retournent, à l'aide du mot clé RETURN, une valeur scalaire. Bien sûr, les données de type timestamp, d'un type de données défini par l'utilisateur et d'un type table ou cursor ne peuvent être renvoyées. Il en est de même pour les types de données text, ntext et image.

Les fonctions tables retournent comme résultat une table. Elles ne contiennent pas de corps et la table est le résultat d'une commande SELECT unique. Si la fonction est composée de plusieurs instructions, alors les instructions sont encadrées par les mots clés BEGIN et END.

Les fonctions disposent d'un champ d'action limité et elles ne peuvent en aucun cas modifier leur environnement d'exécution. Depuis une fonction, il n'est donc pas possible de modifier le contenu d'une table de la base de données. À l'intérieur d'une fonction, les seules actions possibles sont celles qui vont modifier les objets locaux à la fonction.

Dès que la fonction est créée à l'aide de l'instruction CREATE FUNCTION, la clause WITH SCHEMABINDING permet de lier la fonction à tous les objets auxquels elle fait référence. Dès lors, toute modification (**ALTER**) ou suppression (**DROP**) de ces objets est vouée à l'échec. Cette clause, non obligatoire, suppose que tous les objets référencés appartiennent à la même base de données et que le propriétaire de la fonction possède un droit de **REFERENCE** sur les objets référencés par la fonction.

1. Création d'une fonction

Fonctions scalaires

```
CREATE FUNCTION nom_fonction ( [ liste_des_paramètres] )
RETURNS type_données
[ WITH ENCRYPTION| WITH SCHEMABINDING]
[ AS ]
BEGIN
corps de la fonction
RETURN valeur
END
```

Fonctions tables en ligne

```
CREATE FUNCTION nom_fonction ( [ liste_des_paramètres] )
RETURNS TABLE
[ WITH ENCRYPTION| WITH SCHEMABINDING]
[ AS ]
RETURN [ (requête_SELECT ) ]
```

Fonctions tables multi-instructions

```
CREATE FUNCTION nom_fonction ( [ liste_des_paramètres] )
RETURNS @@variable_retour TABLE (nom_colonne type, ...)
[ WITH ENCRYPTION| WITH SCHEMABINDING]
[ AS ]
BEGIN
corps de la fonction
RETURN valeur
END
```

Exemples

Création de la fonction nbre_cde qui retourne le nombre de commandes passées par un client transmis en paramètre :

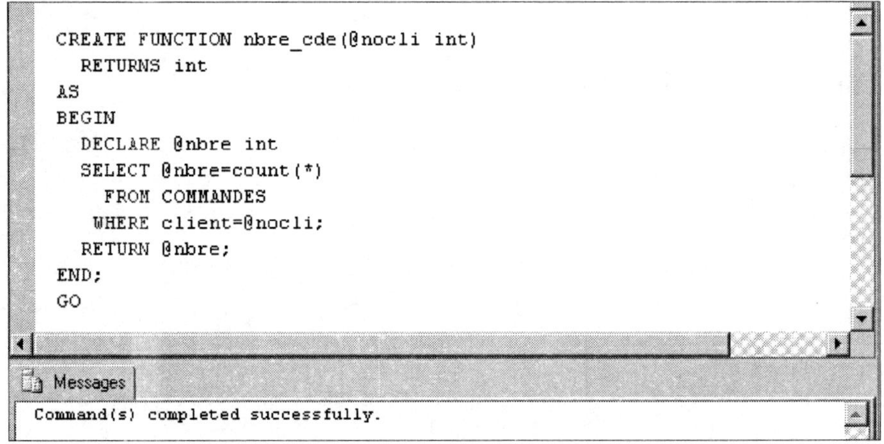

Création d'une fonction table inline qui permet de connaître les articles qui possèdent un prix inférieur à celui passé en paramètre :

```
CREATE FUNCTION ArticlesPetitPrix (@seuil int)
  RETURNS TABLE
AS
  RETURN (SELECT * FROM ARTICLES WHERE prixht_art<@seuil);
```

Messages

```
Command(s) completed successfully.
```

Création d'une fonction qui retourne une table et qui permet de connaître pour le client passé en paramètre, le nombre de commande passées et le montant moyen de ces commandes.

```
CREATE FUNCTION AnalyseClient(@nocli int)
  RETURNS @FicheClient TABLE (libelle nchar(30), valeur int)
AS
BEGIN
  INSERT INTO @FicheClient
    VALUES('Nombre de commandes',dbo.nbre_cde(@nocli));
  INSERT INTO @FicheClient
    SELECT 'Montant total', convert(int, SUM(quantite*prixht_art))
      FROM COMMANDES cde INNER JOIN LIGNES_CDE lig
        ON cde.numero=lig.commande
     INNER JOIN ARTICLES art
        ON lig.article=art.reference_art;
  RETURN;
END;
```

Messages

```
Command(s) completed successfully.
```

Utilisation de la fonction nbre_cde :

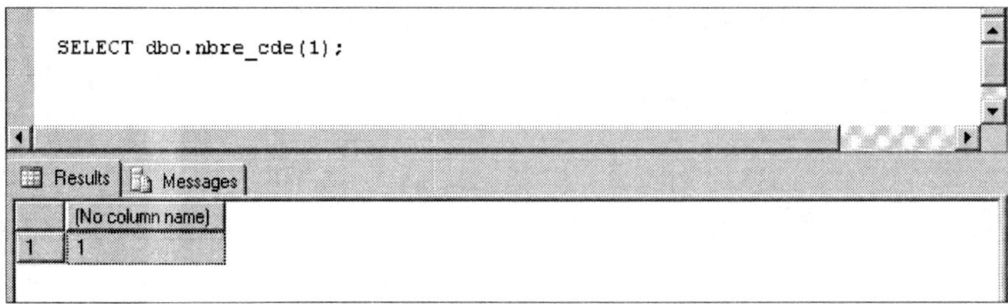

```
SELECT dbo.nbre_cde(1);
```


	(No column name)
1	1

Utilisation de la fonction de type table :

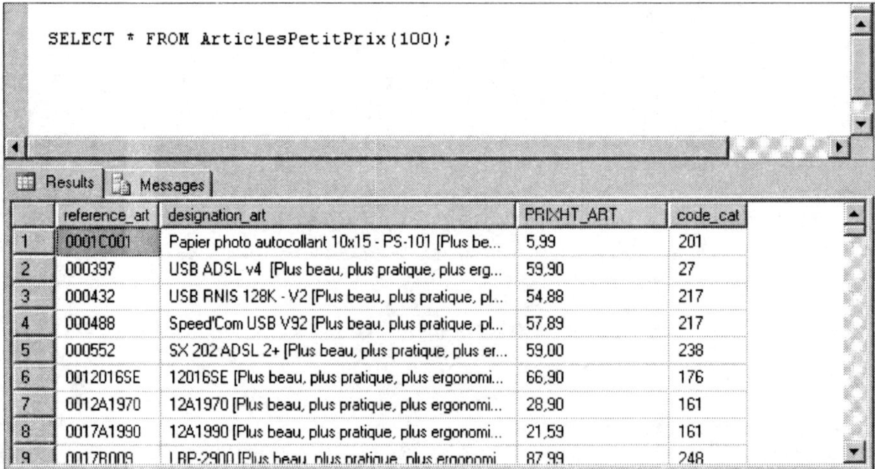

```
SELECT * FROM ArticlesPetitPrix(100);
```


	reference_art	designation_art	PRIXHT_ART	code_cat
1	0001C001	Papier photo autocollant 10x15 - PS-101 [Plus be...	5,99	201
2	000397	USB ADSL v4 [Plus beau, plus pratique, plus erg...	59,90	27
3	000432	USB RNIS 128K - V2 [Plus beau, plus pratique, pl...	54,88	217
4	000488	Speed'Com USB V92 [Plus beau, plus pratique, pl...	57,89	217
5	000552	SX 202 ADSL 2+ [Plus beau, plus pratique, plus er...	59,00	238
6	0012016SE	12016SE [Plus beau, plus pratique, plus ergonomi...	66,90	176
7	0012A1970	12A1970 [Plus beau, plus pratique, plus ergonomi...	28,90	161
8	0017A1990	12A1990 [Plus beau, plus pratique, plus ergonomi...	21,59	161
9	0017B009	LBP-2900 [Plus beau, plus pratique, plus ergonomi...	87,99	248

Utilisation de la fonction de type table multi-ligne :

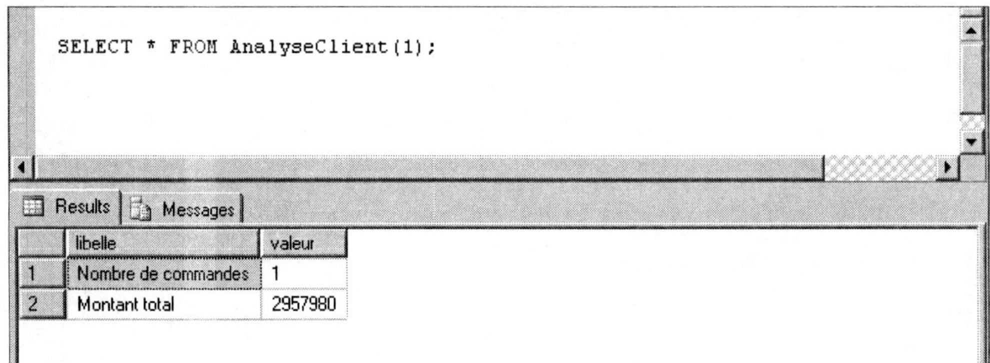

```
SELECT * FROM AnalyseClient(1);
```


	libelle	valeur
1	Nombre de commandes	1
2	Montant total	2957980

Création d'une fonction avec l'option WITH SCHEMABINDING et tentative de suppression de la table utilisée par la fonction :

```
CREATE FUNCTION ftest()
  RETURNS int
  WITH SCHEMABINDING
AS
BEGIN
  DECLARE @retour int;
  SELECT @retour=count(*) FROM dbo.HISTO_FAC;
  RETURN @retour;
END;
go
DROP TABLE HISTO_FAC;
```

Messages

```
WIN2K3R2EE(WIN2K3R2EE\Administrator): Msg 3729, Level 16, State 1, Line 1
Cannot DROP TABLE 'HISTO_FAC' because it is being referenced by object 'ftest'.
```

2. Modification d'une fonction

La commande ALTER FUNCTION accepte les mêmes paramètres que CREATE FUNCTION. La différence principale réside dans le fait que la commande ALTER FUNCTION permet de réécrire le corps d'une fonction qui existe déjà dans la base tandis que la commande CREATE permet de créer une nouvelle fonction. La commande ALTER ne permet pas, par exemple, de changer simplement une ligne de code mais elle permet de changer la totalité de la définition de la fonction.

```
ALTER FUNCTION dbo.ftest(@ref nchar(16))
  RETURNS int
  WITH SCHEMABINDING
AS
BEGIN
  DECLARE @qte_stock int;
  SELECT @qte_stock=SUM(quantite)
    FROM dbo.STOCKS
   WHERE article=@ref;
  RETURN @qte_stock;
END
GO
-- test de la fonction
SELECT Quantité=dbo.ftest('000397');
```

Results | Messages

	Quantité
1	10

3. Suppression d'une fonction

C'est la commande DROP FUNCTION qui permet de supprimer une fonction.

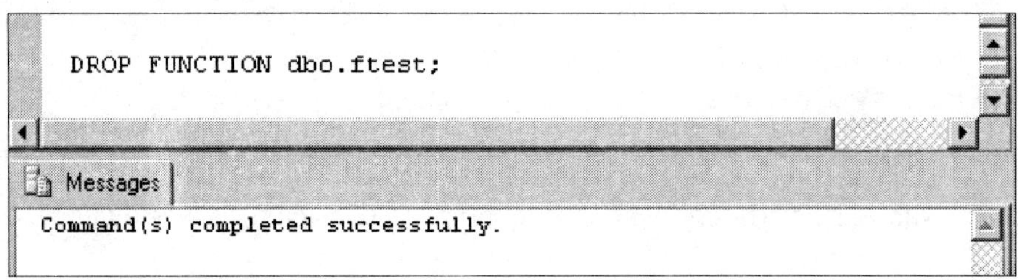

Les procédures stockées **sp_help** et **sp_helptext** permettent d'obtenir plus d'informations sur les fonctions définies par l'utilisateur.

4. CROSS APPLY et OUTER APPLY

L'opérateur Xxxxx APPLY permet de mettre en relation les données issues d'une table/vue de la base de données et une fonction de type table.

Avec CROSS APPLY, toutes les lignes de la table/vue de la base de données sont présentes dans le jeu de résultats même si la fonction de type table retourne une valeur nulle.

Avec OUTER APPLY, seules les lignes de la table/vue pour lesquelles la fonction table retourne une valeur non nulle sont présentes dans le jeu de résultats.

Exemple

Mettre en relation les informations des clients (nom et prénom) en relation avec l'analyse qui est faite de leurs commandes par la fonction AnalyseClient qui retourne une table.

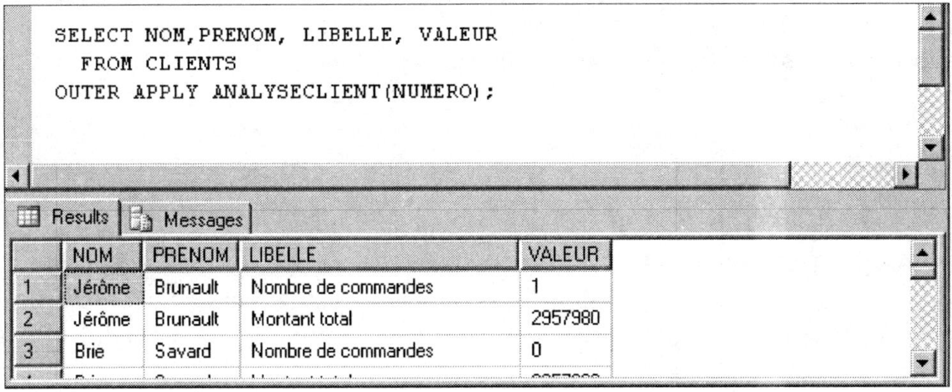

```
SELECT NOM,PRENOM, LIBELLE, VALEUR
  FROM CLIENTS
OUTER APPLY ANALYSECLIENT(NUMERO);
```


	NOM	PRENOM	LIBELLE	VALEUR
1	Jérôme	Brunault	Nombre de commandes	1
2	Jérôme	Brunault	Montant total	2957980
3	Brie	Savard	Nombre de commandes	0

D. Le contexte d'exécution

Le contexte d'exécution est directement lié à la connexion et à l'utilisateur de base de données associé. Le contexte d'exécution permet d'établir la liste des actions possibles et celles qui ne le sont pas. Cette liste est établie à partir des privilèges accordés à l'utilisateur soit directement soit par l'intermédiaire de rôles.

Dans certains cas, il peut être nécessaire et souhaitable de modifier le contexte d'exécution afin de profiter de privilèges étendus mais uniquement dans le cadre d'un script, d'une procédure ou d'une fonction.

EXECUTE AS

À l'aide de cette instruction il est possible de demander à se connecter sur la base en utilisant une connexion différente de celle en cours. Cette instruction peut être exécutée de façon autonome dans un script Transact SQL ou bien être utilisée en tant que clause lors de la création d'une procédure, fonction ou trigger.

Pour les procédures, fonctions et trigger la clause EXECUTE AS donne beaucoup de souplesse en terme de programmation et permet à un utilisateur de réaliser des actions pour lesquelles il ne possède pas de privilèges. Pour le développeur, le changement de contexte d'exécution permet également de garantir que la bonne exécution du code ne sera pas entravée pas un problème de droits d'accès aux données.

Lors de l'exécution d'un script Transact SQL, l'instruction EXECUTE AS permet de réaliser par exemple de façon ponctuelle des opérations qui nécessitent des privilèges élevés alors que le reste du script ne le nécessite pas.

SETUSER

Contrairement à l'instruction EXECUTE AS qui ne modifie pas la connexion initiale au serveur, l'instruction SETUSER permet de changer de connexion au cours d'un script Transact SQL. C'est-à-dire que le contexte actuel d'exécution est clôturé et un nouveau contexte d'exécution est ouvert. Il n'est pas possible de revenir au premier contexte d'exécution.

Original_Login

Cette fonction permet de déterminer le nom exact de la connexion utilisée initialement pour se connecter au serveur. La connaissance de ce nom ne présente un intérêt que lorsque que le contexte d'exécution diffère de la connexion initiale. Le contexte d'exécution peut être modifié par l'intermédiaire de l'instruction EXECUTE AS.

REVERT

Suite au changement de contexte d'exécution à l'aide de l'instruction EXECUTE AS, l'instruction REVERT permet de revenir au contexte d'exécution présent lors du changement de contexte avec EXECUTE AS.

Exemple

Dans l'exemple présenté ci-dessous, la procédure dbo.qui est définie afin d'afficher toutes les informations relatives à la connexion initiale au serveur, la connexion utilisée pour exécuter la requête et enfin au compte d'utilisateur utilisé :

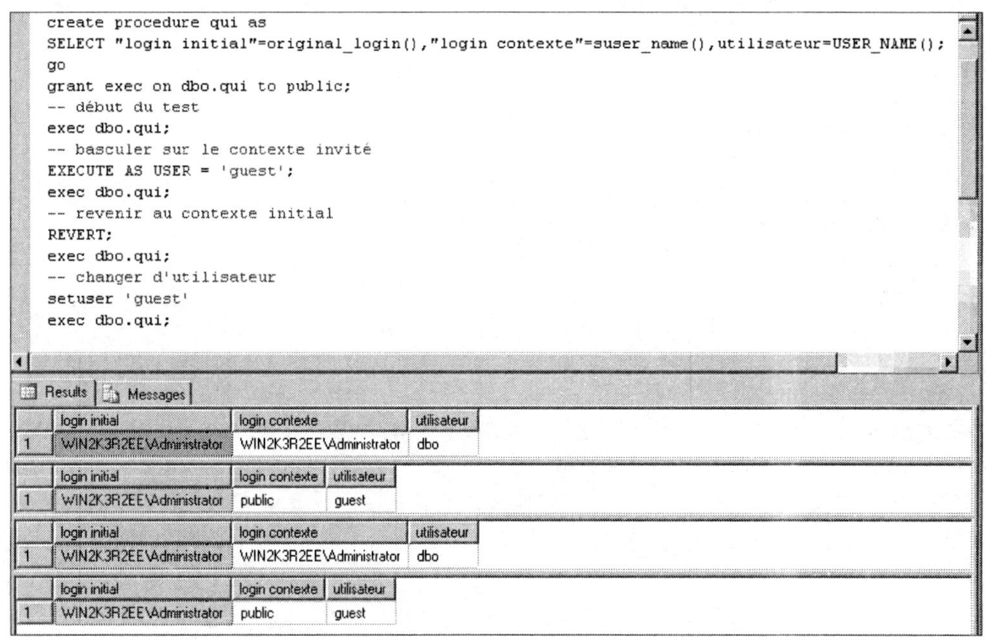

```
create procedure qui as
SELECT "login initial"=original_login(),"login contexte"=suser_name(),utilisateur=USER_NAME();
go
grant exec on dbo.qui to public;
-- début du test
exec dbo.qui;
-- basculer sur le contexte invité
EXECUTE AS USER = 'guest';
exec dbo.qui;
-- revenir au contexte initial
REVERT;
exec dbo.qui;
-- changer d'utilisateur
setuser 'guest'
exec dbo.qui;
```

Results | Messages

	login initial	login contexte	utilisateur
1	WIN2K3R2EE\Administrator	WIN2K3R2EE\Administrator	dbo

	login initial	login contexte	utilisateur
1	WIN2K3R2EE\Administrator	public	guest

	login initial	login contexte	utilisateur
1	WIN2K3R2EE\Administrator	WIN2K3R2EE\Administrator	dbo

	login initial	login contexte	utilisateur
1	WIN2K3R2EE\Administrator	public	guest

E. Les déclencheurs

SQL Server propose deux types de déclencheurs : les déclencheurs du DML et ceux du DDL.

Les déclencheurs DML existent depuis longtemps dans SQL Server et sont présents dans de nombreuses bases de données. C'est ce type de déclencheur qui est détaillé ici.

Les déclencheurs du DDL repose sur le même principe, à savoir associer l'exécution d'une procédure stockée à l'exécution d'une instruction. La particularité tient ici du fait que le déclencheur va être associé à une instruction du DDL soit une commande CREATE, ALTER DROP, GRANT, DENY, REVOKE et UPDATE STATISTICS. L'objectif de ces déclencheurs est de suivre l'évolution de la base pour réaliser au mieux les différentes tâches administratives.

Syntaxe

```
CREATE TRIGGER nom_trigger ON { table | vue }
 [ WITH ENCRYPTION ]
 {FOR | AFTER | INSTEAD OF } {  INSERT , UPDATE ,DELETE }
  [ WITH APPEND ]    [ NOT FOR REPLICATION ]
  AS
  [ IF UPDATE ( colonne )
  | IF ( COLUMNS_UPDATED ( )opérateur_comparaison_bits)]
Instructions_SQL
```

`WITH ENCRYPTION`

La définition du déclencheur est enregistrée de façon cryptée. Il n'est donc pas possible de connaître le code du déclencheur a posteriori. Cette option évite également que le déclencheur soit publié dans le cadre d'une réplication.

`FOR`

Permet de préciser à quel ordre SQL DML le déclencheur est associé. Par défaut, le déclencheur est de type AFTER.

`AFTER`

C'est le mode par défaut des déclencheurs. Le code est exécuté après vérification des contraintes d'intégrité et après modification des données.

`INSTEAD OF`

Le corps du déclencheur est exécuté à la place de l'ordre SQL envoyé sur la table ou la vue. Ce type de déclencheur est particulièrement bien adapté pour les vues.

`INSERT, UPDATE, DELETE`

Un déclencheur peut agir par rapport à une ou plusieurs actions. Dans ce cas, on séparera les actions par des virgules.

`WITH APPEND`

Cette clause n'est nécessaire que si le niveau de compatibilité de la base est inférieur ou égal à 65. Elle permet alors d'ajouter plusieurs déclencheurs sur un même ordre SQL et un même objet. Ce comportement est celui par défaut depuis la version (70).

`NOT FOR REPLICATION`

Indique que le déclencheur ne doit pas être exécuté lorsque la modification des données est issue d'un processus de réplication.

`IF UPDATE (`*`colonne`*`)`

Ne peut être utilisé que pour les déclencheurs UPDATE ou INSERT et ne s'exécutera que si la ou les colonnes sont concernées.

`IF ( COLUMNS_UPDATED ( )` *`opérateur_comparaison_bits`*`)`

Cette fonction permet de connaître les indices de la ou des colonnes qui ont été mises à jour. Pour chaque colonne affectée par la mise à jour, un bit est levé. Pour savoir quelles ont été les colonnes mises à jour, une simple comparaison binaire suffit.

`Instructions_SQL`

Il est possible d'utiliser toutes les instructions Transact SQL de manipulations de données (DML). Les instructions suivantes ne sont pas autorisées :
- CREATE et DROP.
- ALTER TABLE et ALTER DATABASE.
- TRUNCATE.
- GRANT et REVOKE.
- UPDATE STATISTICS.
- RECONFIGURE.
- LOAD DATABASE.

Il possible de définir, sur une même table, plusieurs déclencheurs pour chaque opération INSERT, UPDATE et DELETE

Les déclencheurs sont exécutés après (AFTER) vérification des contraintes d'intégrité et insertion des données dans la table.

Si l'instruction SQL échoue, alors le déclencheur n'est pas exécuté.

La procédure stockée **sp_helptrigger** permet de connaître les déclencheurs définis sur une table.

Les déclencheurs de type AFTER peuvent être posés uniquement sur les tables, il n'est pas possible de poser de tels déclencheurs sur les vues. Il est possible de créer plusieurs déclencheurs AFTER pour une même table et un même ordre SQL (insert, update ou delete) de déclenchement. Si plusieurs déclencheurs existent, la procédure stockée **sp_settriggerorder** permet de fixer le déclencheur qui s'exécutera en premier et celui qui s'exécutera en dernier. Les autres déclencheurs s'exécuteront suivant un ordre non maîtrisable.

Si une table possède une action en cascade, il n'est plus possible de poser un déclencheur INSTEAD OF.

SQL Server peut autoriser la récursivité des triggers si l'option de base de données recursive triggers a été activée à l'aide de ALTER DATABASE. Cette option permet de donner une puissance nettement supérieure aux déclencheurs mais elle peut être parfois dangereuse à utiliser.

Parmi les récursions possibles, il faut distinguer la récursion directe de la récursion indirecte.

La récursion directe est gérée par le paramètre **recursive_triggers**. Elle autorise, par exemple, un déclencheur posé sur la table CLIENTS et associé à l'ordre INSERT de contenir un ordre INSERT sur cette même table CLIENTS. Ce second ordre INSERT déclenche lui aussi l'exécution du déclencheur.

La récursion indirecte est gérée par le paramètre de serveur **nested triggers** de la procédure **sp_configure**. Pour illustrer la récursion indirecte, il faut considérer qu'un déclencheur posé sur la table de COMMANDES et associé à l'ordre INSERT provoque un ordre INSERT dans la table des CLIENTS, et que le déclencheur associé provoque à son tour un ordre INSERT sur la table des COMMANDES.

Afin d'éviter tout blocage définitif, les déclencheurs ne peuvent pas compter plus de 32 niveaux d'imbrication.

Lors des modifications de données, SQL Server crée des lignes dans des tables de travail ayant la même structure que la table modifiée : les tables **inserted** et **deleted**.

Lors d'une commande INSERT, la table **inserted** contient une copie logique des lignes créées.

Lors d'une commande DELETE, les lignes supprimées sont placées dans la table **deleted**.

Lors d'une commande UPDATE, les lignes contenant les modifications sont placées dans la table **inserted**, les lignes à modifier dans la table **deleted**.
Les tables **inserted** et **deleted** peuvent être accessibles pendant l'exécution du trigger.

Exemples

Création automatique d'une facture lors du changement d'état de la commande :

```
create trigger update_commandes on commandes
after update
as
if update (etat)
  begin
    declare @etat as char(2)
    declare @numero as int
    select @etat=etat, @numero=numero
      from inserted
    if (@etat='LI')
      insert into histo_fac(numero_cde, date_fac)
        values(@numero, getdate())
  end;
```

Messages

```
Command(s) completed successfully.
```

Demande de création d'un déclencheur sur la table Commandes depuis SQL Server Management Studio :

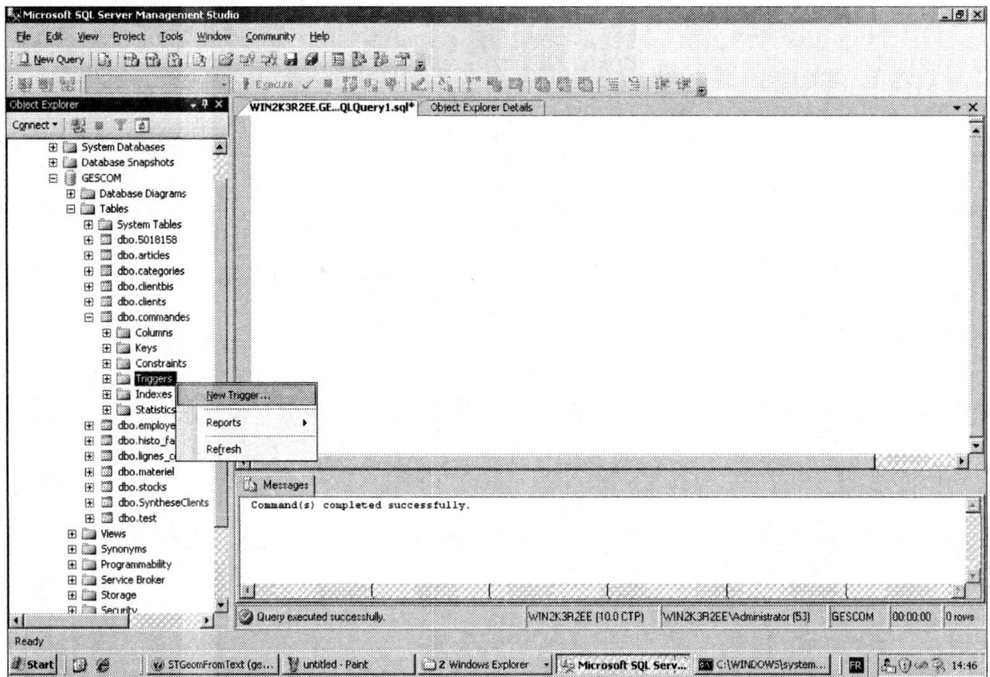

Création d'un premier déclencheur sur la table Commandes :

```
create trigger ins_cde_date on commandes
AFTER insert
as
BEGIN

  SET NOCOUNT ON;
  declare @numero int
  select @numero=numero from inserted
  -- la date de commande est la date du jur
  update commande set date_cde=getdate() where numero=@numero
END;
```

```
Messages
Command(s) completed successfully.
```

Création d'un second déclencheur sur la table Commandes pour calculer le taux de remise :

```
create trigger ins_cde_taux on commandes
AFTER insert
as
BEGIN
  SET NOCOUNT ON
  declare @numero int
  declare @nombre_commandes int
  select @numero=numero from inserted
  -- compter le nombre de commandes pour ce client
  select @nombre_commandes=count(*)
  from commandes, inserted
  where commandes.client=inserted.client
  -- remise de 5% à partir de 10 commandes
  if @nombre_commandes>10
    update commandes set taux_remise=5 where numero=@numero
end;
```

```
Messages
Command(s) completed successfully.
```

Connaître les déclencheurs posés sur la table des commandes :

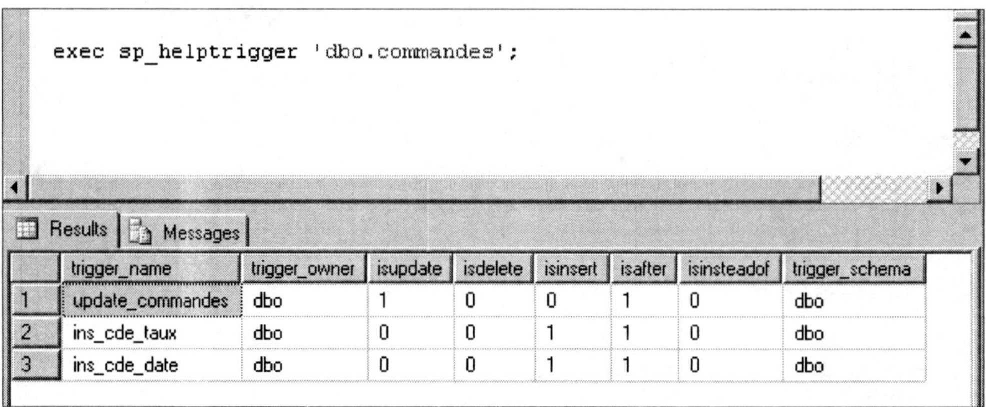

```
exec sp_helptrigger 'dbo.commandes';
```

	trigger_name	trigger_owner	isupdate	isdelete	isinsert	isafter	isinsteadof	trigger_schema
1	update_commandes	dbo	1	0	0	1	0	dbo
2	ins_cde_taux	dbo	0	0	1	1	0	dbo
3	ins_cde_date	dbo	0	0	1	1	0	dbo

Fixer le premier et le dernier déclencheur qui s'exécutent lors de chaque opération d'INSERT sur la table des commandes :

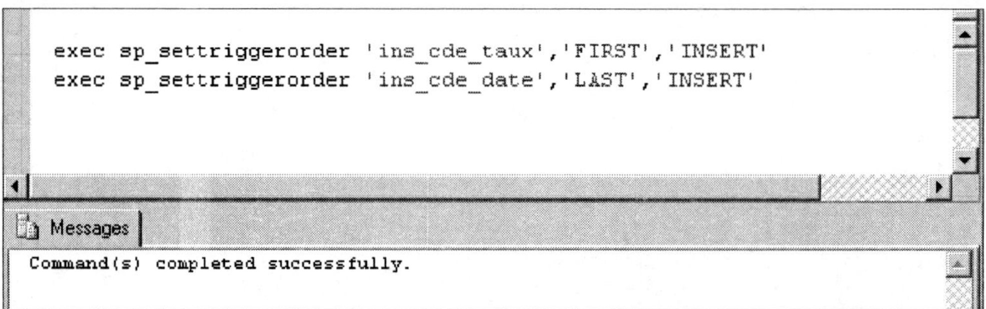

```
exec sp_settriggerorder 'ins_cde_taux','FIRST','INSERT'
exec sp_settriggerorder 'ins_cde_date','LAST','INSERT'
```

```
Command(s) completed successfully.
```

Chapitre 5 : Gestion des données distribuées

La gestion des données se fait de plus en plus dans des environnements réseau hétérogènes, c'est-à-dire avec plusieurs serveurs SQL Server qui doivent communiquer, ou avec des données autres que SQL Server installées sur des postes clients, ou encore avec des applications utilisant des données de plusieurs serveurs SQL et d'autres gestionnaires de données (Access, Oracle...).

Ces environnements vont donc poser de nombreux problèmes, parmi lesquels :

- la mise à disposition des utilisateurs de toutes les données ;
- la concurrence des accès aux données ;
- la cohérence et l'intégrité des données ;
- la sécurité d'accès aux données ;
- les performances des serveurs de données.

Les différents rôles de l'administrateur et de l'implémenteur de bases de données SQL Server consistent à :

- assurer la copie et le transfert des données entre plusieurs bases ou plusieurs serveurs ;
- établir la cohérence des données réparties dans plusieurs bases ;
- exporter et importer des données vers des gestionnaires non SQL Server ;
- permettre aux utilisateurs d'un serveur d'accéder aux données d'un autre serveur.

Les développeurs d'applications utilisant SQL Server, joueront également un rôle dans cette gestion de données distribuées, par :

- la gestion de l'intégrité des données entre plusieurs serveurs accédés par la même transaction ;
- l'accès des applications à des données hétérogènes (SQL Server et autres systèmes de gestion de données).

SQL Server 2008 propose toute une gamme de solutions pour assurer ces différentes fonctions :

Pour l'administrateur :

- SSIS permet la copie de données de base à base ou de serveur à serveur,
- la distribution des données sur médias amovibles permettant d'installer une base sur CD-ROM ou disque amovible ;

- la réplication asynchrone permettant de répercuter automatiquement les modifications faites à une base vers d'autres bases ;
- le programme BCP qui exporte ou importe des données vers des fichiers du système d'exploitation ;
- les procédures stockées distantes qui permettent à un utilisateur d'un serveur, de faire exécuter une procédure sur un autre serveur.

Pour le développeur :

- le "commit" à deux phases qui permet de s'assurer qu'une transaction utilisant plusieurs serveurs est validée correctement sur tous les serveurs.
- les API (*Application Program Interface*) côté serveur et côté client qui fournissent au développeur les fonctions pour les connexions, l'accès aux données ou les passerelles vers d'autres environnements.

A. SQL Server Integration Services

SQL Server 2008 propose avec SQL Server Integration Services (SSIS) d'un ensemble d'outils et de techniques puissants et conviviaux pour être capable d'importer rapidement un gros volume de données dans une base SQL Server.

L'extraction, la transformation et le chargement de données (ETL pour *Extract Transform and Load*) sont les trois tâches qu'Integration Services doit remplir.

Integration Services peut être utilisé pour récupérer des données stockées dans différents formats en vue d'une intégration dans une base SQL Server. Il peut aussi être utilisé pour consolider, dans une base de type DataWareHouse, des informations en provenance de plusieurs sources SQL Server par exemple. Il peut également être utilisé pour transférer facilement des données d'une base à une autre et profiter de ce transfert pour réorganiser les données afin de répondre aux nouvelles demandes d'évolution.

L'outil DTS présent dans les versions précédentes de SQL répondait en partie à ce besoin, mais les difficultés rencontrées au niveau de la programmation de boucles ou la gestion délicate des lots de grande dimension justifiaient le développement de "moulinette" depuis Visual Studio par exemple. Avec SSIS, il est beaucoup plus facile de réaliser ces tâches de travail et donc le recours à un outil maison se fera moins fréquent.

SQL Server Integration Services peut également être utilisé pour réaliser des tâches d'administration comme la sauvegarde de tables, de vues, de procédures... Il est ainsi possible d'automatiser ces tâches et de planifier leur exécution.

SSIS peut également être utilisé par l'administrateur pour intégrer dans la base des données actuellement présente sous forme de fichier plat.

1. Principes de fonctionnement

Le service d'intégration de SQL Server 2008 (SSIS) repose sur quatre éléments principaux qui sont :

- Le service SSIS proprement dit, qui permet depuis SQL Server Management Studio, de suivre l'exécution en cours des lots et de gérer les stockages des lots.
- Le modèle d'objet (*Object Model*) de SSIS propose sous forme d'API d'accéder aux outils SSIS, aux utilitaires en ligne de commande et de personnaliser les applications.
- Le runtime SSIS permet l'exécution des lots et gère de ce fait tous les éléments liés comme les journaux, la configuration des connexions, les transactions...
- Le flux de données. Ce composant intègre le moteur de gestion des données qui lit l'information depuis la source, la stocke dans des tampons mémoire avant de l'écrire sur la destination. Les transformations sont appliquées aux données qui sont dans les tampons mémoire avant qu'elles ne puissent être écrites sur la destination.

Le schéma ci-dessous illustre l'intégration et les relations qui peuvent exister entre ces quatre composants dans la construction de SSIS :

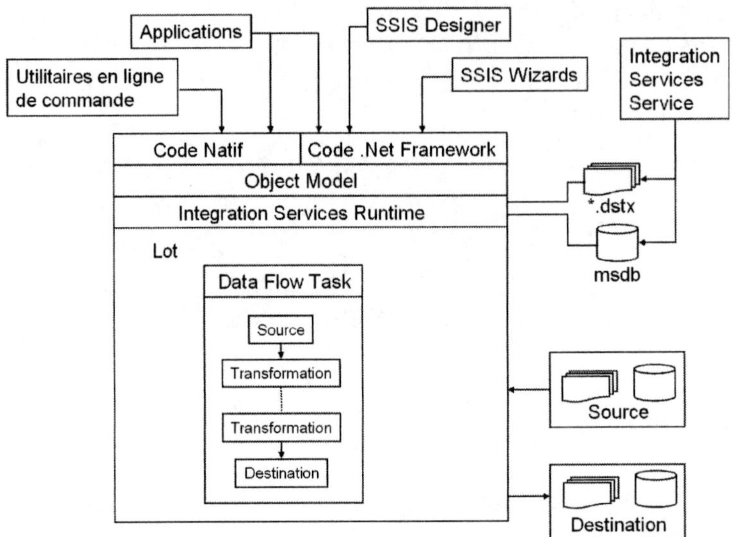

SSIS supporte aussi bien le code natif que le code géré par le Framework. Par exemple, il est possible d'écrire des tâches de transformation personnalisées en C++ et donc de produire un exécutable, ou en C# et donc de produire du code géré par le Framework .NET.

2. Les outils graphiques

Comme le service d'intégration de données peut être utilisé à la fois sur des bases de type OLAP que OLTP, il est possible de travailler avec SSIS aussi bien depuis SQL Server Management Studio pour les bases OLTP que depuis Business Intelligence Development Studio pour les solutions de reporting.

Les deux outils graphiques se partagent donc les opérations réalisables au niveau SSIS.

a. Business Intelligence Development Studio

Cet outil permet la définition des packages ainsi que leur personnalisation. C'est depuis cette console que les packages SSIS sont créés et mis au point.

En conséquence, il est possible de réaliser les opérations suivantes :

- Exécuter l'assistant d'importation et d'exportation pour concevoir des lots simples.
- Concevoir des lots complexes qui intègrent des opérateurs de contrôles de flux, de la logique applicative...
- Tester et mettre au point les lots.
- Définir la configuration du lot qui va permettre de mettre à jour les propriétés de la solution empaquetée.
- Empaqueter la solution pour permettre une installation du lot et des éléments qui dépendent sur les autres postes.
- Enregistrer le lot dans la base msdb, et le système de fichier.

b. SQL Server Management Studio

Au niveau de SSIS, SQL Server Management Studio représente plus une console de gestion des packages et mise en production. Il est possible de réaliser les opérations suivantes :

- Créer des dossiers afin d'organiser logiquement les différents packages SSIS.
- Exécuter les packages stockés localement par l'intermédiaire de l'utilitaire Execute Package.
- Exécuter l'utilitaire Execute Package pour générer la ligne de commande à utiliser avec l'outil dtexec.
- Importer et exporter des lots depuis et vers la base msdb et le système de fichier.

3. L'assistant d'importation et d'exportation

L'assistant d'importation et d'exportation permet de définir rapidement et simplement des lots SSIS simples, c'est-à-dire qui ne réalisent pas de transformations complexes. L'assistant permet de répondre rapidement aux problèmes les plus courants. Il permet également de fournir un premier socle de travail lors de la conception de lots plus complexes avec SSIS Designer.

Pour pouvoir définir un lot SSIS, l'assistant va devoir définir les éléments suivants :

- La source et la destination des données. Suivant le type de source et de destination, des options de paramétrages peuvent être demandées, comme le délimiteur de champs pour l'exportation dans un fichier plat.
- Valider et éventuellement modifier le mappage entre la source et la destination.

Il reste alors à enregistrer le lot SSIS dans la base MSDB ou bien sous forme de fichier. Dans le cas où l'assistant est exécuté depuis SQL Server Management Studio, il est possible de l'exécuter immédiatement.

Pour exécuter l'assistant depuis SQL Server Management Studio, il faut réaliser les manipulations suivantes :

→ Depuis l'explorateur, sélectionnez la base de données cible ou destination de l'importation ou l'exportation.

→ Depuis le menu contextuel associé à la base faites le choix **Tasks - Import Data** ou bien **Tasks - Export Data**.

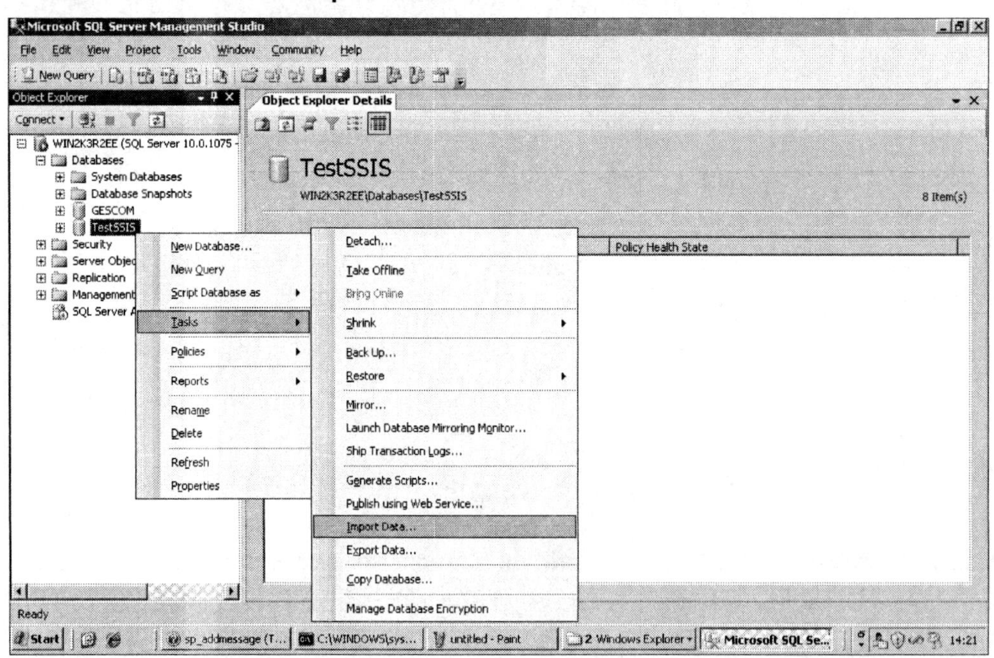

Pour exécuter l'assistant depuis Business Intelligence Development Studio, les manipulations suivantes sont à réaliser :

→ Depuis le menu **File - Open**, sélectionnez le projet **Integration Services** dans lequel l'assistant va travailler. Ce qui suppose que le projet existe déjà. Si l'opération est ponctuelle, il n'est pas nécessaire de créer un projet, et il est préférable de passer par SQL Server Management Studio.

→ Sélectionnez le dossier **SSIS Package** et validez l'option **SSIS Import and Export Wizard** depuis le menu contextuel.

Exemple

L'exemple suivant va permettre d'illustrer l'utilisation de l'assistant pour importer des données depuis un fichier texte.

Tout d'abord, l'écran d'accueil de l'assistant est présenté :

La source de données est sélectionnée comme étant un fichier plat, puis les éléments concernant la structure des données sont enregistrés : le séparateur de lignes, le séparateur de colonnes... Il est possible de paramétrer et de voir comment la source est interprétée en fonction des paramètres saisis en sélectionnant les vues **Columns**, **Advanced** et **Preview**.

Depuis la vue **Advanced**, le bouton **Suggest Type** permet d'analyser les premières lignes du fichier source afin de déterminer les types de données de la table de destination au plus juste. Par défaut, seules les 100 premières lignes sont analysées, mais il est possible de préciser le nombre de lignes à prendre en compte pour cette analyse.

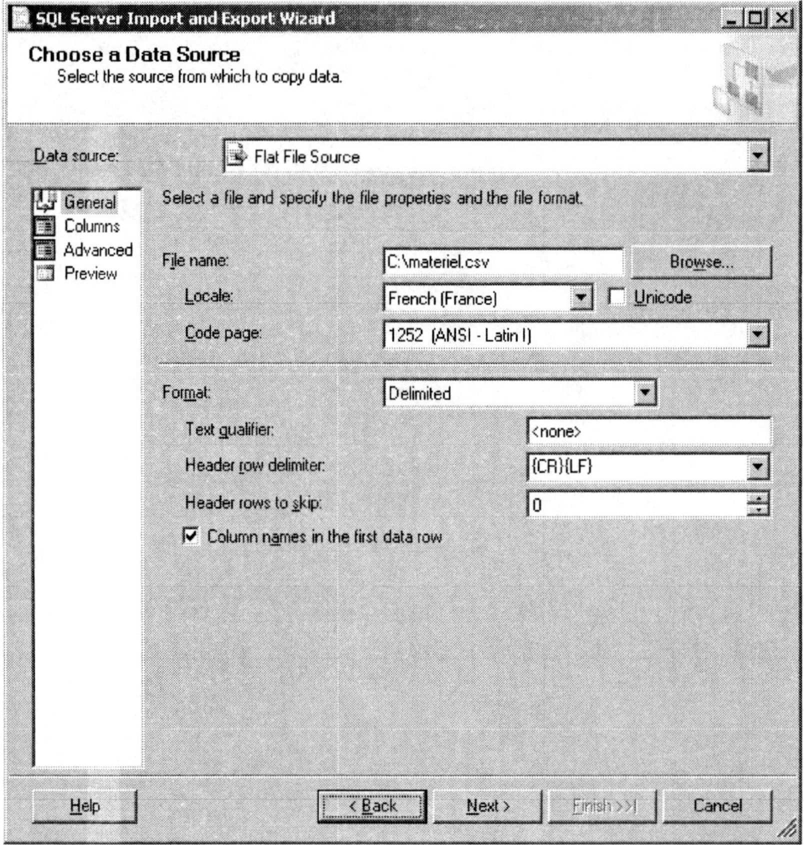

La destination est sélectionnée à l'étape suivante. Après avoir sélectionné l'instance SQL Server à laquelle il faut se connecter, il est possible de créer une nouvelle base de destination en sélectionnant le bouton **New**.

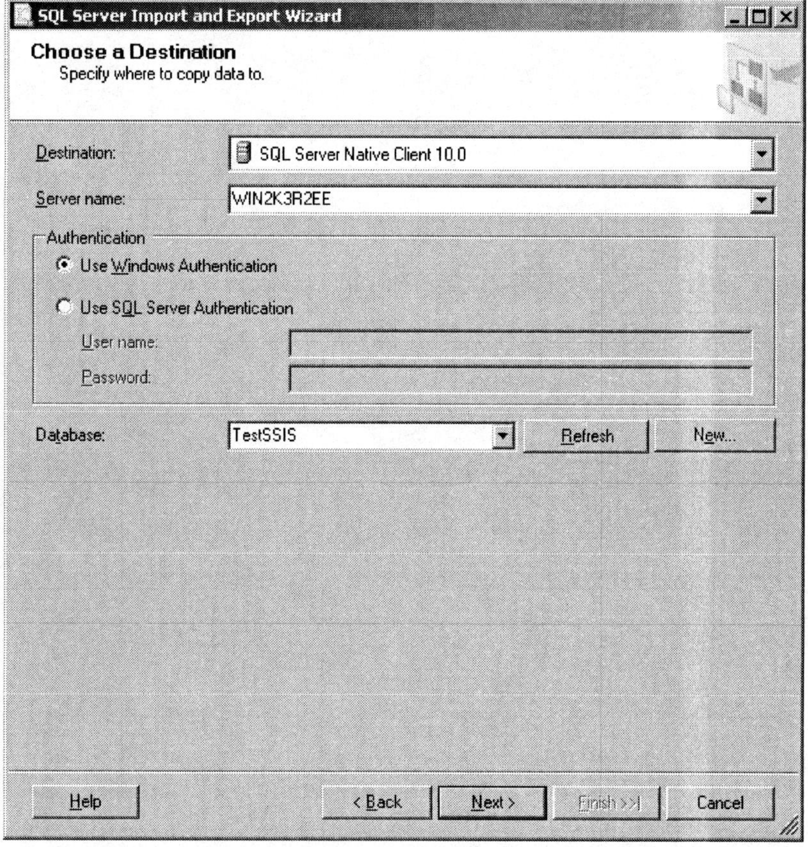

L'assistant propose ensuite la liste des mappages réalisés entre source et destination. La complexité de cet écran dépend du type de source sélectionné (source OLE-DB, source SQL Server...).

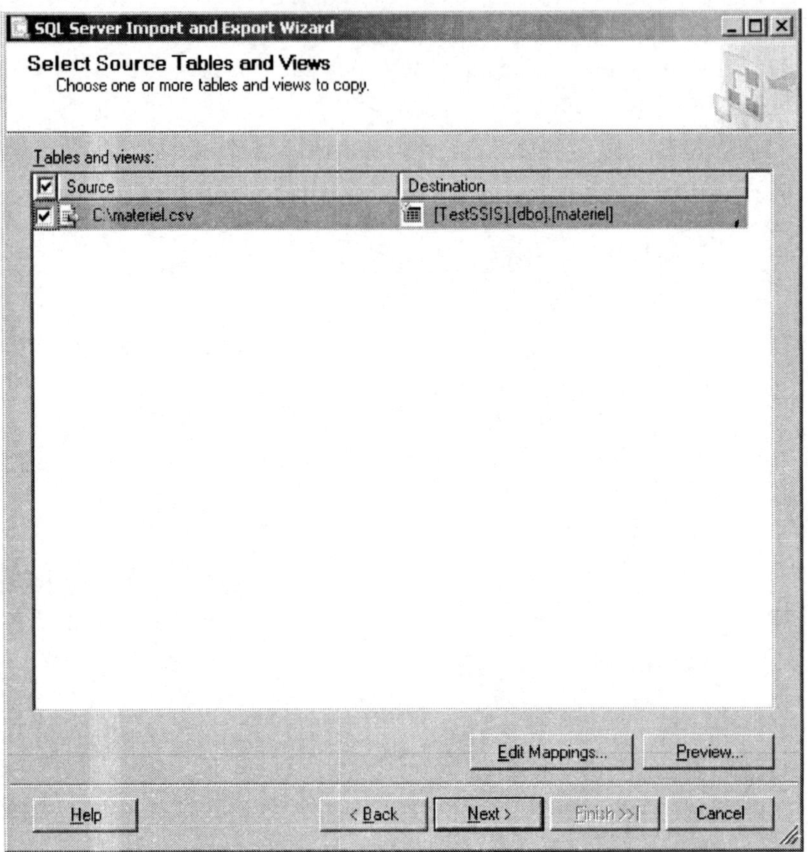

En utilisant le bouton **Edit Mappings**, il est possible de voir en détail le mappage réalisé au niveau de chaque colonne. Par exemple, les colonnes sont renommées afin de posséder un nom significatif.

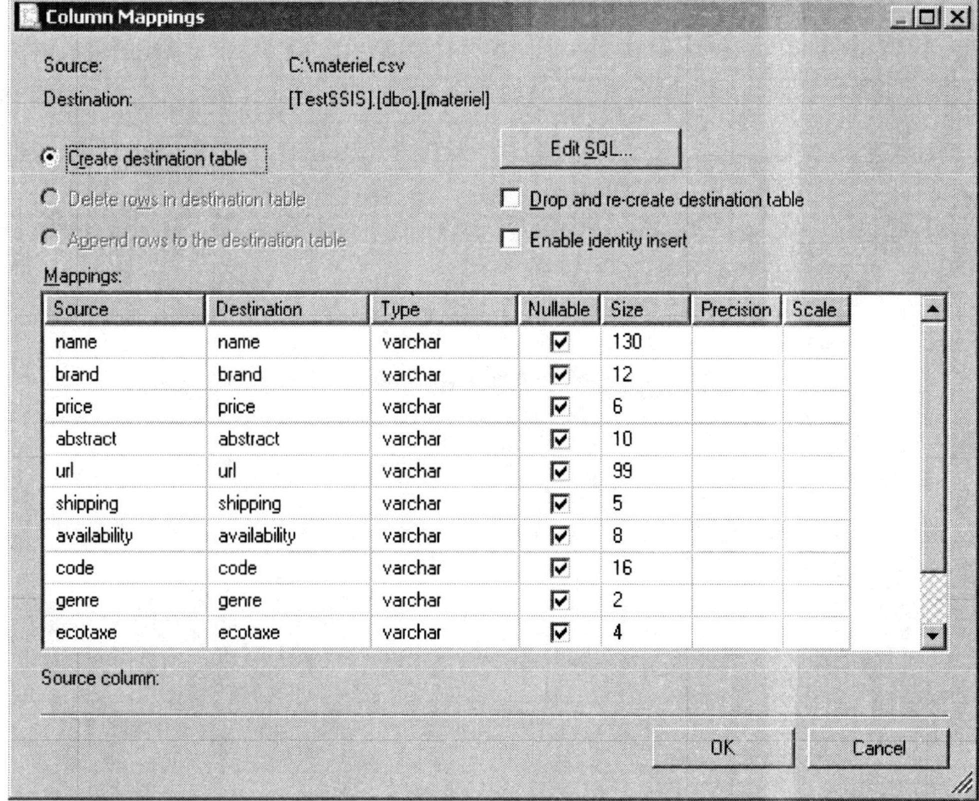

Source	Destination	Type	Nullable	Size	Precision	Scale
name	name	varchar	☑	130		
brand	brand	varchar	☑	12		
price	price	varchar	☑	6		
abstract	abstract	varchar	☑	10		
url	url	varchar	☑	99		
shipping	shipping	varchar	☑	5		
availability	availability	varchar	☑	8		
code	code	varchar	☑	16		
genre	genre	varchar	☑	2		
ecotaxe	ecotaxe	varchar	☑	4		

Enfin, l'assistant propose d'exécuter le lot immédiatement. Il est également possible d'enregistrer sa définition dans la base msdb ou bien sous forme de fichier.

Dans le cas où le lot est enregistré, il est nécessaire de spécifier le niveau de sécurité souhaité.

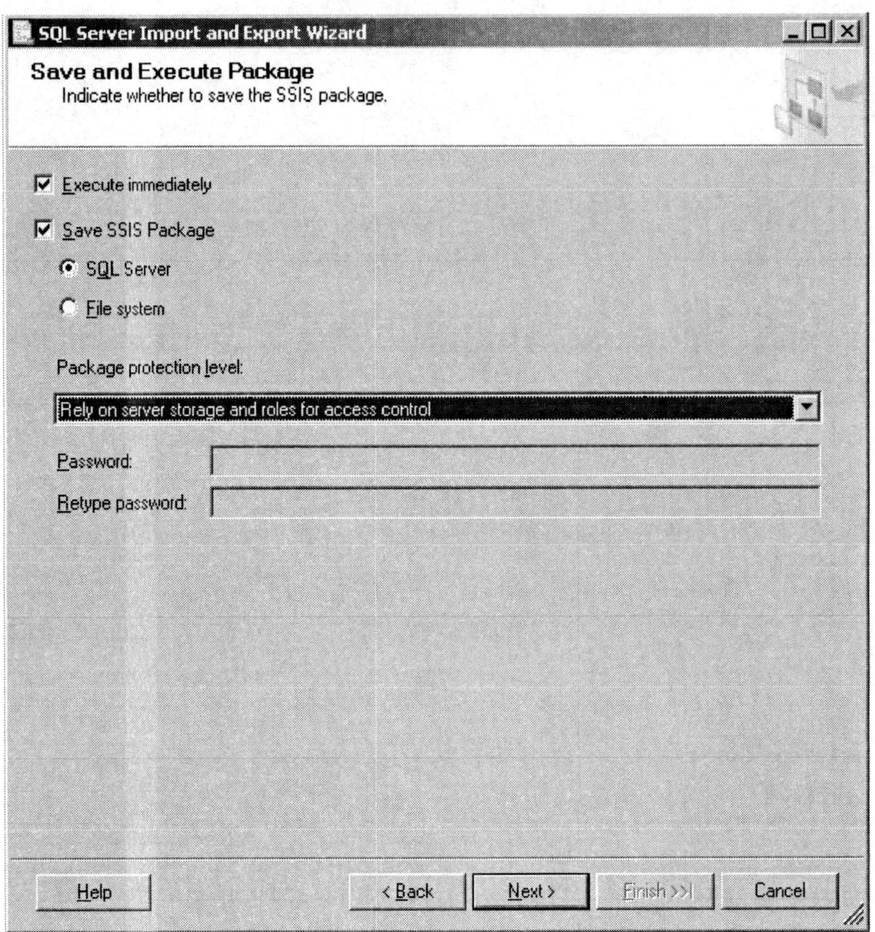

Puis il faut donner un nom et une description au lot, mais aussi préciser sur quelle instance de SQL Server, il sera enregistré.

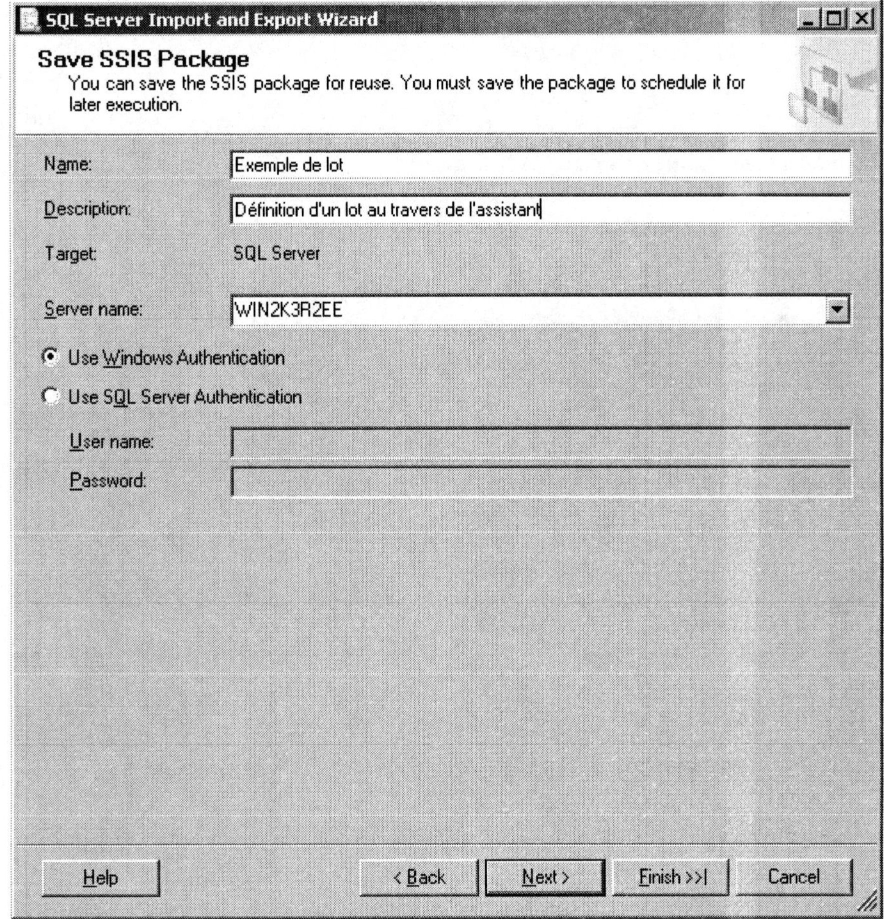

Avant de quitter l'assistant, il affiche un récapitulatif du travail et des choix effectués.

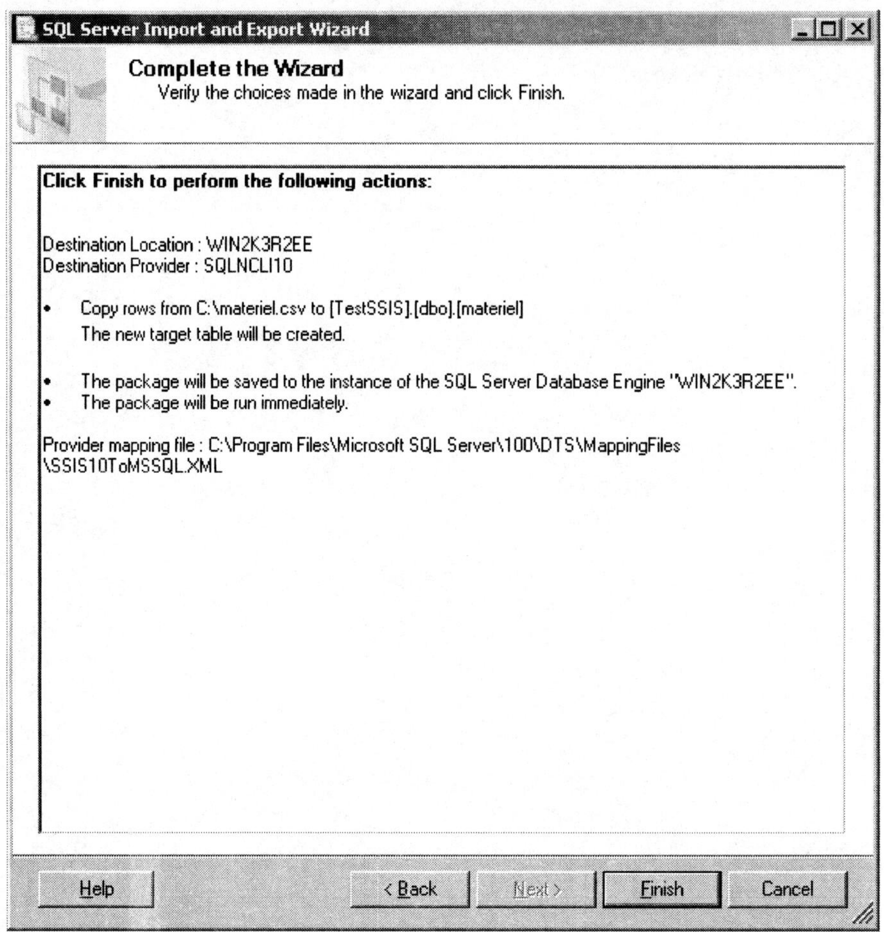

Lors de l'exécution du lot, il est possible de suivre l'avancement des opérations.

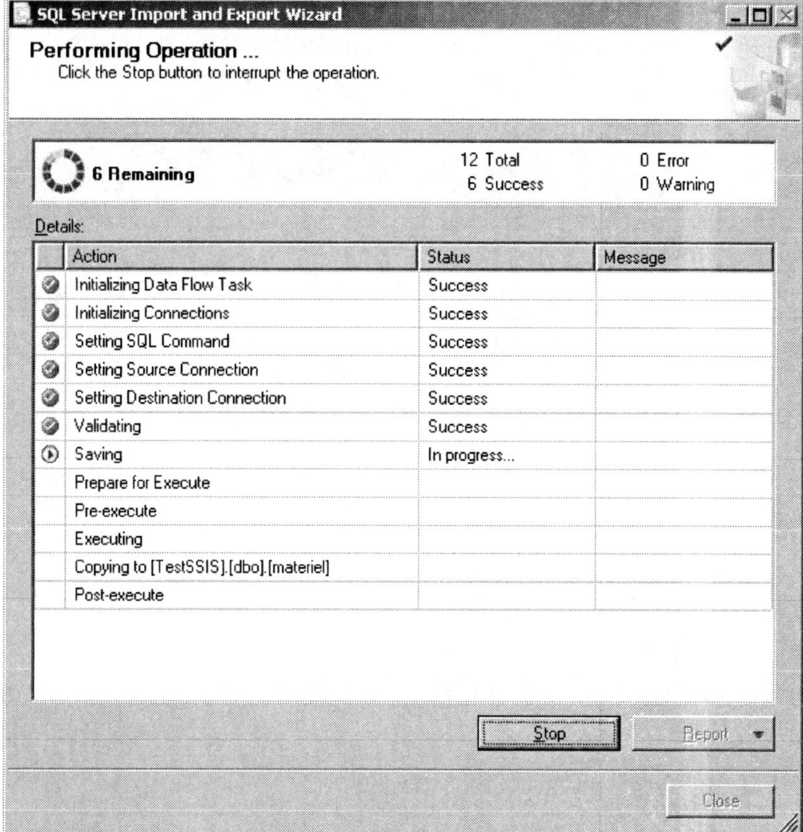

4. SSIS Designer

Avec ce concepteur de lots SSIS, il est possible de définir des lots complexes. Bien qu'il soit possible de concevoir la totalité du lot, il paraît raisonnable, lorsque cela est possible, de s'appuyer sur un lot créé à l'aide de l'assistant comme point de départ à la personnalisation.

SSIS Designer est disponible depuis Business Intelligence Development Studio lorsque l'on travaille sur un projet de type Integration Services.

Pour créer un projet de ce type dans Business Intelligence Development Studio, il faut choisir **File - New - Project** dans le menu. La fenêtre de création de nouveau projet apparaît alors. Il faut sélectionner un projet de type Integration Services et saisir son nom.

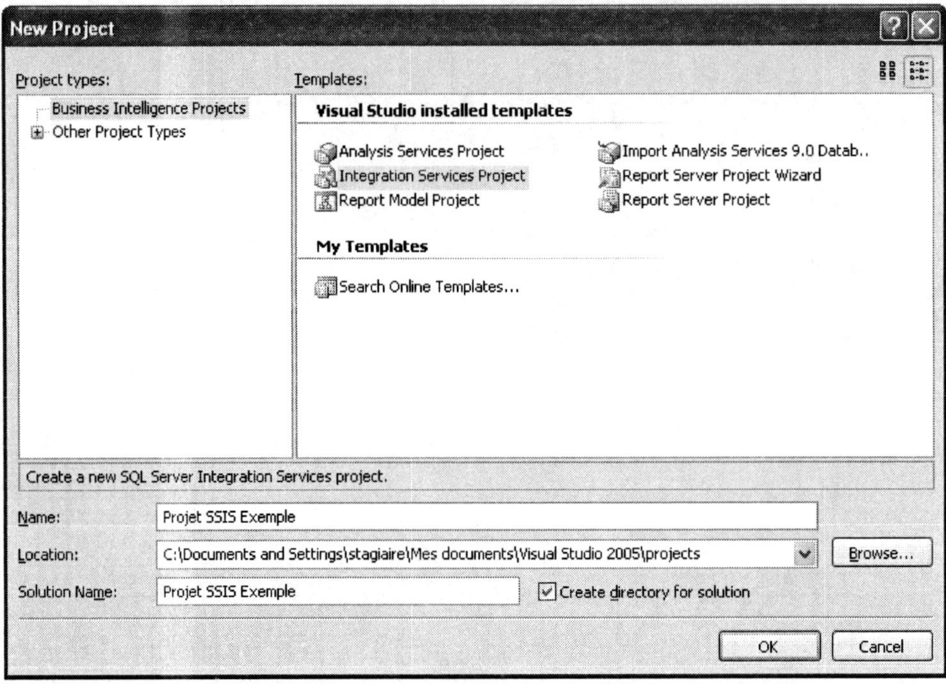

Une fois créé, le projet affiche directement SSIS Designer sur un package par défaut.

SSIS Designer est toujours composé des quatre onglets suivants :

- **Control Flow**
- **Data Flow**
- **Event Handler**
- **Package Explorer**

Lors de l'exécution d'un package, un cinquième onglet apparaît pour suivre l'avancement de l'exécution et pour visualiser le résultat de l'exécution.

SSIS Designer dispose également d'une fenêtre pour gérer les connexions aux différentes sources de données accédées par le package.

L'écran suivant illustre la structure de SSIS Designer :

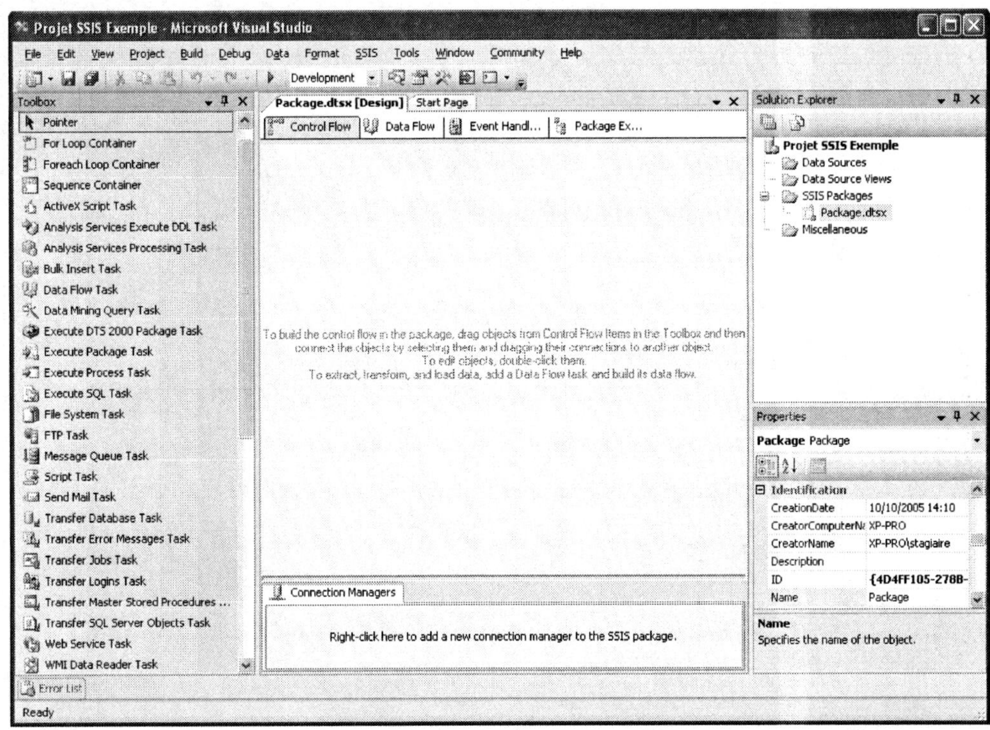

Sur la partie gauche de l'écran proposé par Business Intelligence Development Studio, une boîte à outils est disponible pour la définition des packages SSIS.

Cette boîte à outils permet de développer facilement et rapidement un lot. Après avoir sélectionné un élément, il faut le faire glisser vers le **Control Flow** ou la feuille active (Data Flow par exemple). Il est nécessaire de configurer chaque élément en éditant les propriétés par l'intermédiaire du choix **Edit** depuis le menu contextuel.

Pour affecter une connexion à un composant, il suffit de sélectionner la connexion depuis la fenêtre **Connection Managers** et de la faire glisser sur le composant.

Il est ainsi possible de développer facilement un lot comme l'illustre l'exemple suivant :

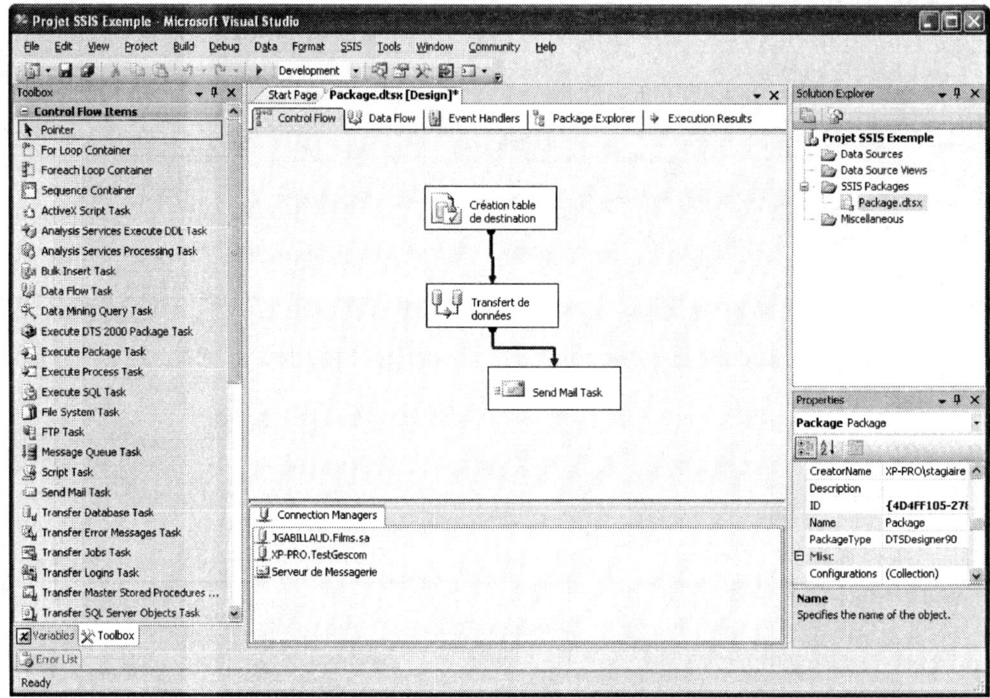

Le composant **Send Mail Task** (envoi de mail) est configuré de la façon suivante :

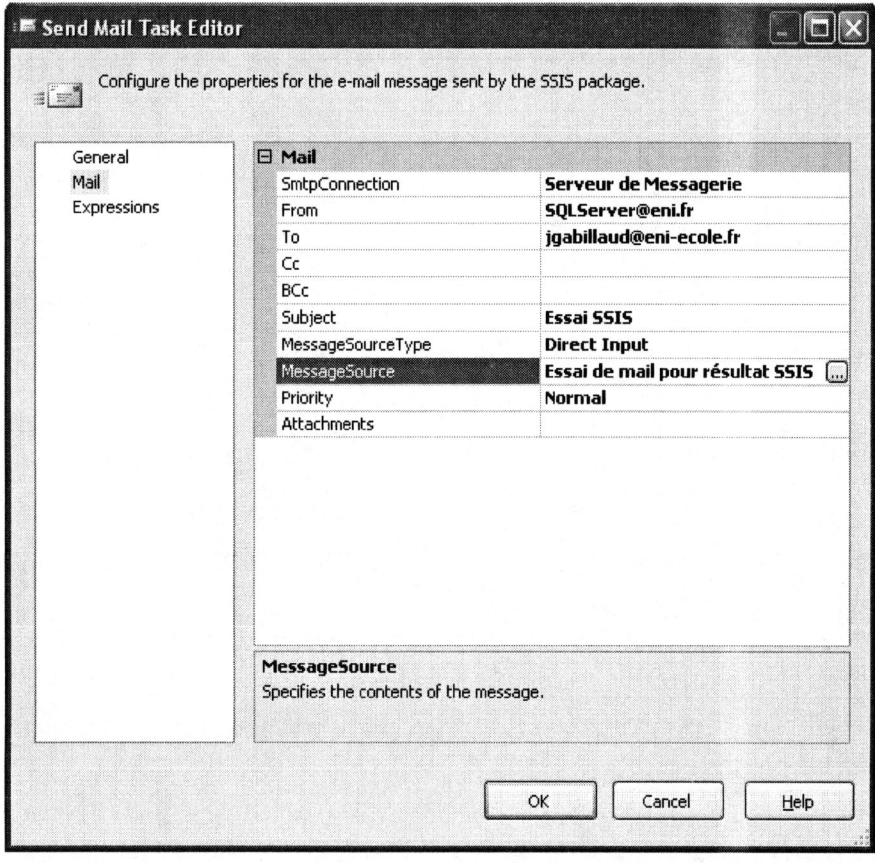

La tâche de transfert des données est détaillée dans l'onglet **Data Flow**. Dans ce cas-ci également, la barre d'outils fournie par SSIS Designer présente les différentes possibilités offertes en standard à ce niveau.

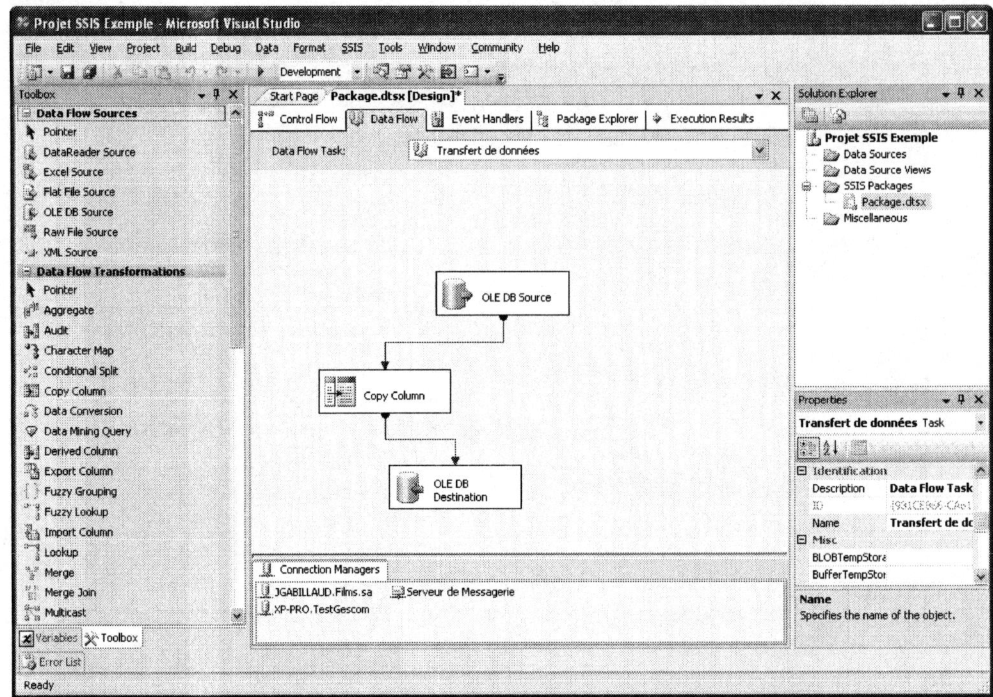

SSIS propose également les assistants suivants :

- **Package Installation Wizard** : pour guider les étapes de déploiement et de configuration des lots.
- **Package Configuration Wizard** : pour créer une configuration permettant de mettre à jour les propriétés du lot et des objets lors de l'exécution du lot.
- **Package Migration Wizard** : cet assistant aide à convertir les lots au format DTS vers des packages au format SSIS.

5. Les autres utilitaires

a. Execute Package Utility

Cet utilitaire permet de configurer et d'exécuter des lots sur l'ordinateur. Il est également possible d'utiliser cet outil afin de générer la ligne de commande pour une utilisation à partir de dtexec.

Pour accéder à cet outil il faut, depuis SQL Server Management Studio, se connecter à un serveur de type Integration Services comme indiqué dans l'exemple suivant.

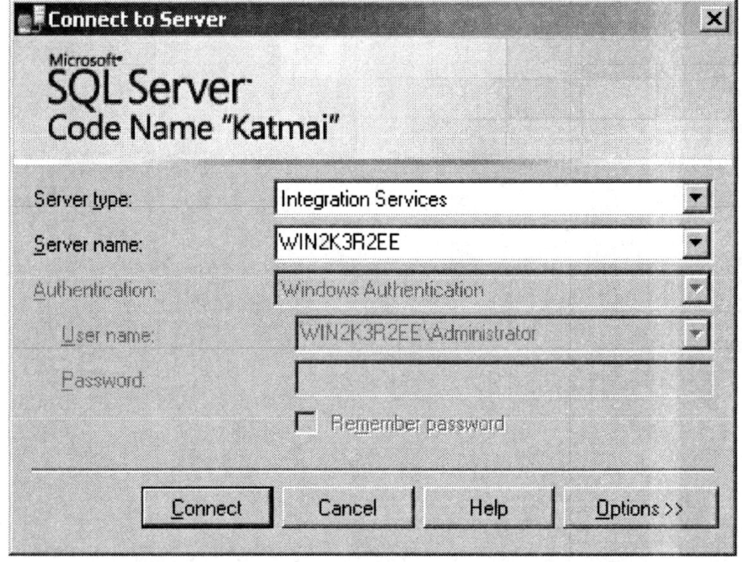

Il est possible d'ouvrir une nouvelle connexion en passant par le menu **File - Connect Object Explorer**.

Ensuite, l'utilitaire est lancé en demandant l'exécution du package à partir du menu contextuel comme l'illustre l'exemple ci-dessous :

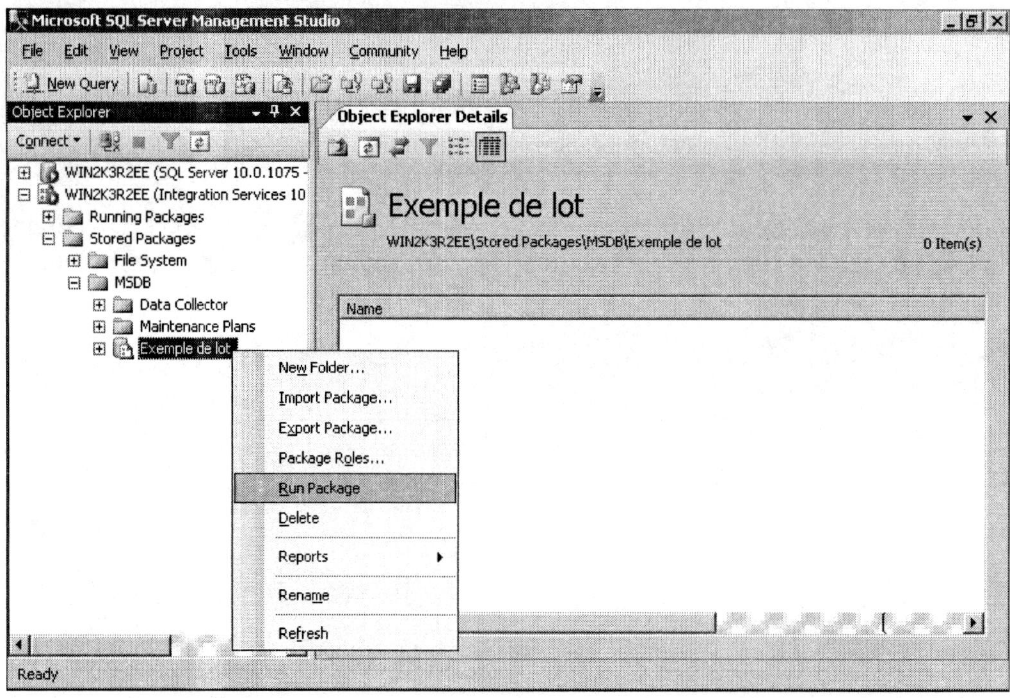

Il est alors possible de définir l'ensemble des options d'exécution du package.

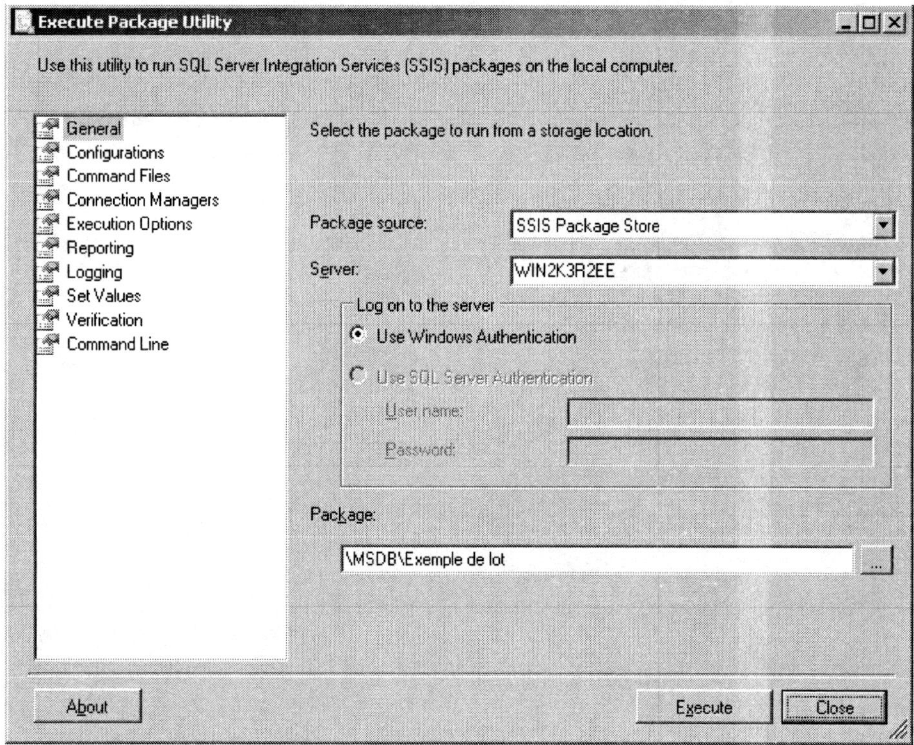

Il est possible d'appeler cet utilitaire depuis l'invite de commande en saisissant **dtexecui**.

b. Les utilitaires en ligne de commande

dtexec

Cet utilitaire, en ligne de commande, permet d'exécuter un lot SSIS. Il est possible de paramétrer l'utilisation du package par l'intermédiaire des différentes options de dtexec.

dtutil

Cet utilitaire en ligne de commande permet de gérer les packages existants qu'ils soient stockés dans la base msdb ou sous forme de fichiers. Il est ainsi possible de copier, supprimer, renommer ou plus simplement vérifier l'existence d'un package.

Bien que relativement implicite pour un outil en ligne de commande, il est préférable de gérer les packages SSIS par l'intermédiaire de SQL Server Management Studio, lorsque cela est possible.

Cet utilitaire ne supporte pas l'utilisation d'un fichier de commande ainsi que la redirection vers un fichier.

B. Modifier une base de données

Il est possible de détacher et d'attacher les fichiers de données et journaux d'une base de données SQL Server. Cette opération permet de déplacer rapidement et simplement une base depuis une instance SQL Server vers une autre instance située sur le même serveur ou bien un autre serveur. Il est également possible de profiter du moment où la base est détachée pour faire une copie des fichiers afin d'attacher immédiatement la base sur le serveur d'origine et d'attacher une copie de la base sur un serveur de secours ou de test. En effet, cette procédure est beaucoup plus rapide que le fait de passer par une étape de sauvegarde/restauration.

Les procédures sp_create_removable, sp_attach_db sont maintenues pour des raisons de compatibilité.

1. Détacher une base

En détachant une base de son serveur, les fichiers données et journaux sont conservés dans leur état. La base pourra être rattachée à un serveur SQL Server, y compris celui à partir duquel la base a été détachée.

Cette opération est possible pour n'importe quelle base de données utilisateur, à condition qu'elle soit dans un état correct (i.e. pas en cours de restauration par exemple), et qu'elle ne soit pas impliquée dans des opérations administratives au niveau de la base, comme un processus de réplication par exemple.

a. Depuis SQL Server Management Studio

C'est la solution la plus simple pour détacher une base de données. Il faut sélectionner l'option **Tasks - Detach** depuis le menu contextuel associé à la base. L'écran suivant apparaît alors.

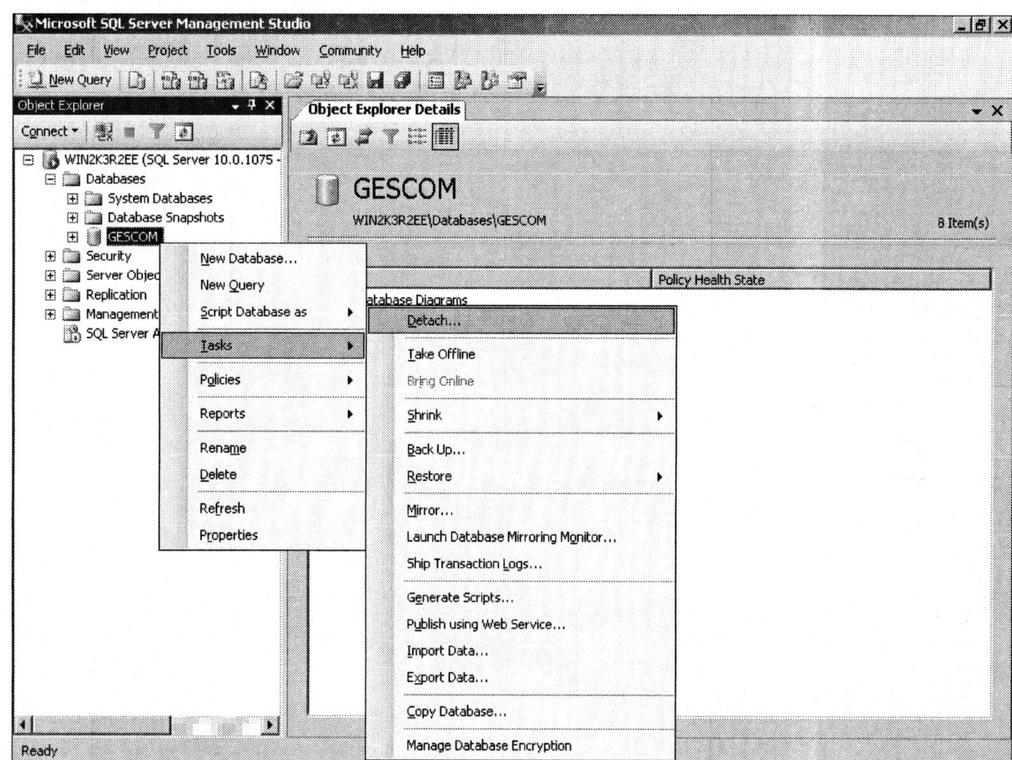

La boîte de dialogue de détachement de la base apparaît alors.

Face à la base de données sélectionnée, trois options sont disponibles sous forme de case à cocher :

- **Drop Connections** (Supprimer les connexions) : si des utilisateurs sont connectés, cette case à cocher permet de mettre fin à leur connexion.
- **Update Statistics** (Mettre à jour les statistiques) : il est recommandé de mettre à jour les statistiques des tables avant de l'utiliser.
- **Keep Full Text Catalogs** (Conserver les catalogues de texte intégral) : cette option, activée par défaut, permet de conserver les catalogues de texte intégral dans la base détachée.

Dans l'exemple suivant, les cases à cocher **Drop Connections** et **Update Statistics** sont cochées afin de fermer les connexions existantes et de mettre à jour les statistiques avant de détacher la base.

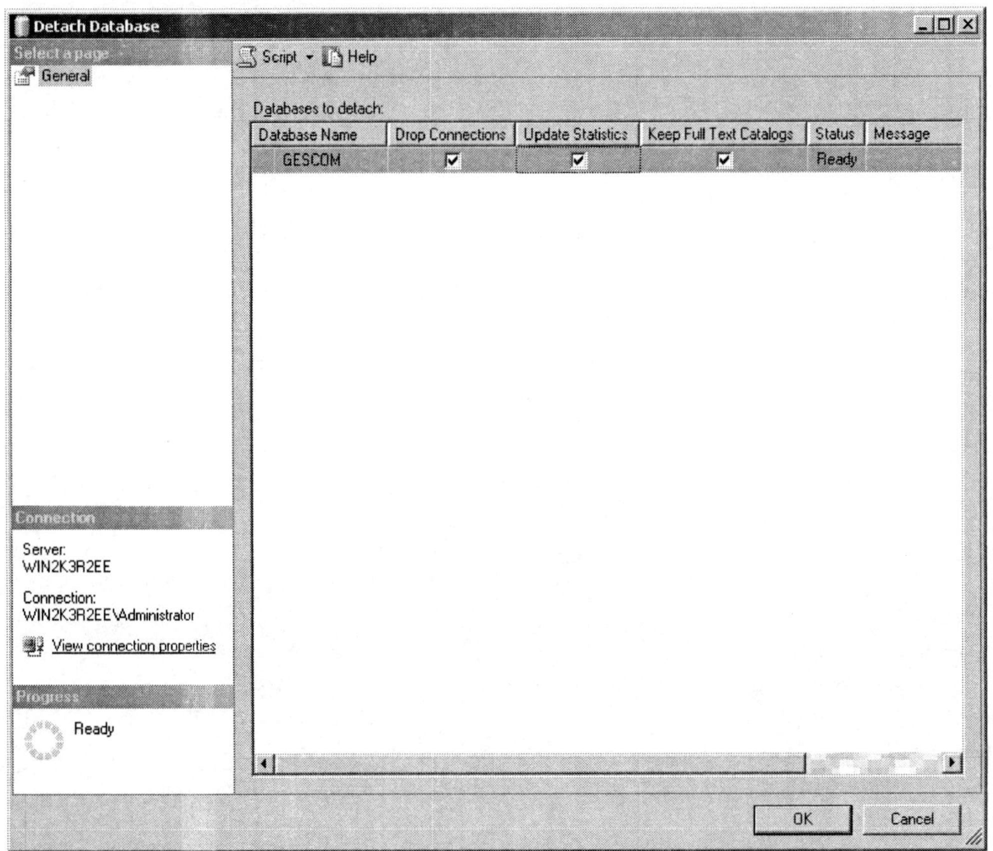

Après traitement, la base est détachée. Il ne reste plus qu'à déplacer, si nécessaire, les fichiers par l'intermédiaire des instructions de manipulation des fichiers.

b. Depuis Transact SQL

En Transact SQL, il faut utiliser la procédure sp_detach_db.

```
sp_detach_db [ @dbname= ] 'base'
    [ , [ @skipchecks= ] {'true'|'false'}]
    [ , [ @keepfulltextindexfile= ] {'true'|'false'} ]
```

`@dbname`

Nom de la base de données à détacher.

`@skipchecks`

Faut-il oui ou non mettre à jour les statistiques ? Par défaut, l'option est positionnée à NULL. En spécifiant false, la commande UPDATE STATICS est exécutée, en sélectionnant true les statistiques ne sont pas mises à jour. Par défaut, les statistiques des tables et des index sont mises à jour. Cette option est particulièrement importante pour les bases.

`@keepfulltextindexfile`

Faut-il oui ou non conserver les index de texte intégral ?

Exemple

La base de données Gescom est détachée :

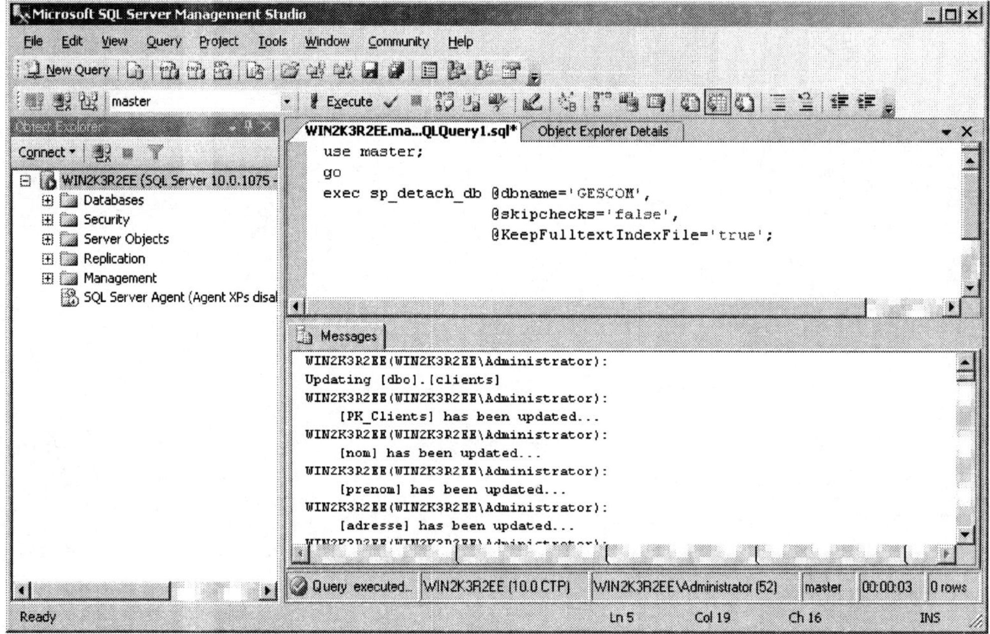

2. Attacher une base

Cette opération est possible par rapport à une base de données qui a été détachée proprement, c'est-à-dire en respectant la procédure fournie dans SQL Server Management Studio, ou en passant par sp_dettach_db.

a. Depuis SQL Server Management Studio

La première opération consiste à sélectionner l'option **Attach** (Joindre) depuis le menu contextuel associé au dossier **Databases** (Bases de données).

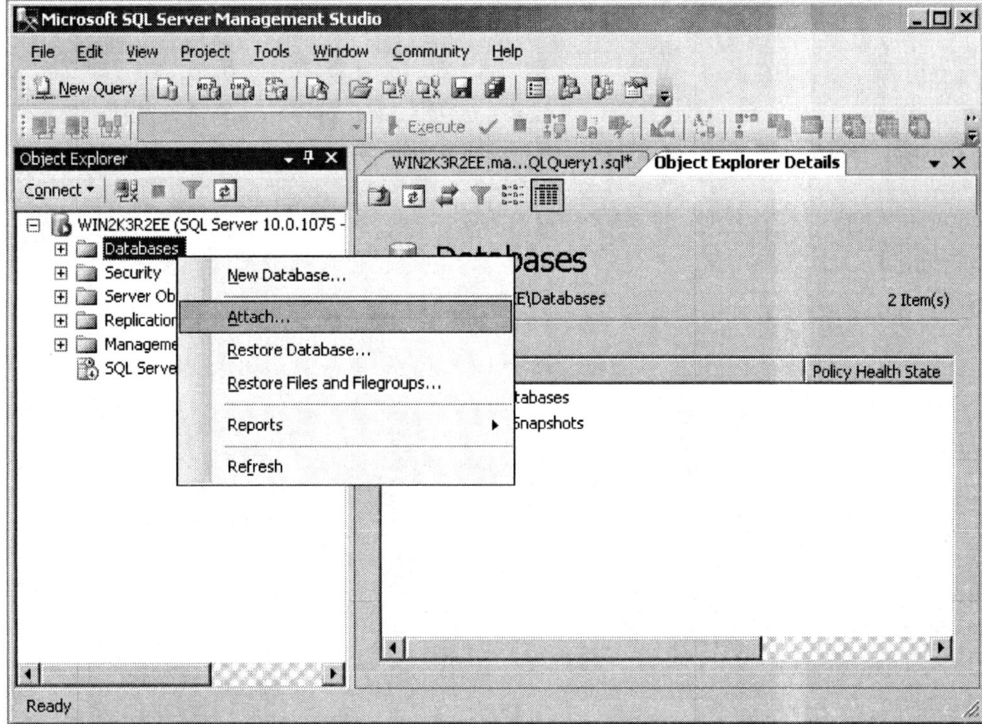

Depuis la fenêtre **Attach Databases** (Attacher des bases de données), il faut localiser les fichiers données et journaux relatifs à la base de données à attacher. À partir du fichier MDF, l'assistant localise le fichier journal et les autres fichiers de données.

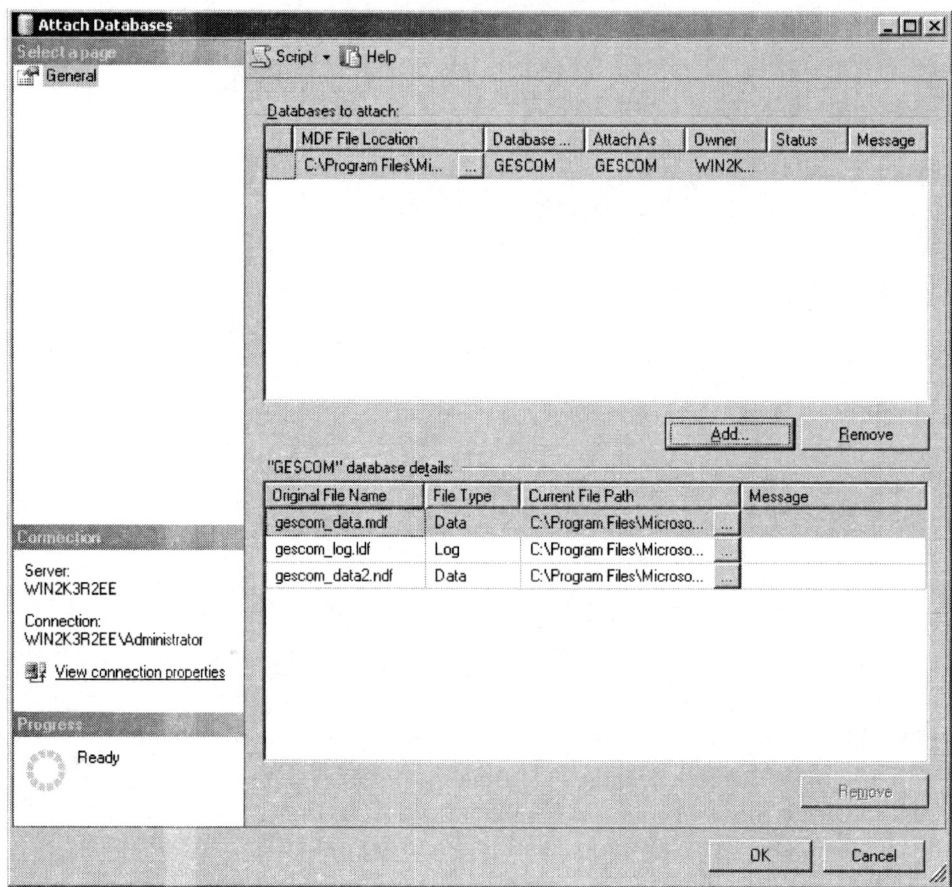

Après exécution de l'opération, la base est de nouveau accessible aux utilisateurs.

b. Depuis Transact SQL

Il faut utiliser l'instruction CREATE DATABASE avec l'option FOR ATTACH.

```
CREATE DATABASE nomBase
    ON <descriptionFichier> [ ,...n ]
    FOR { ATTACH | ATTACH_REBUILD_LOG }
```

`nomBase`

Nom de la base de données à restaurer.

`descriptionFichier`

Description du fichier à attacher en précisant le nom logique et le nom physique par les options NAME et FILENAME.

`FOR ATTACH`

La base est attachée dans l'état.

`FOR ATTACH_REBUILD_LOG`

Dans le cas où un fichier journal est manquant ou bien erroné, la base le reconstruit à vide.

Exemple

La base GESCOM est attachée depuis les fichiers présents :

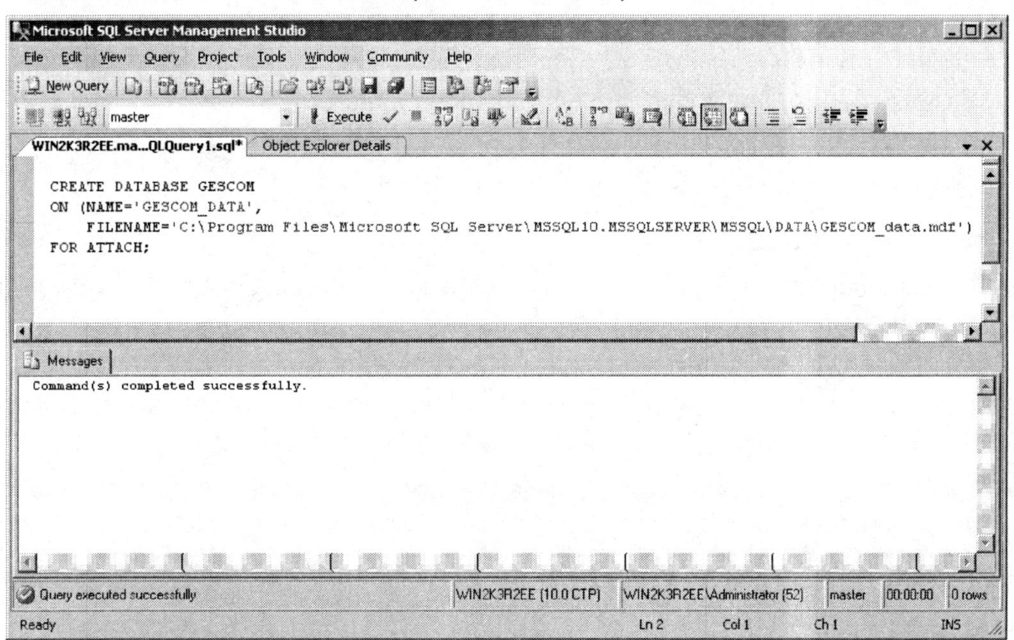

3. Déplacer une base ou des fichiers

Par l'intermédiaire des opérations de détachement puis d'attachement, il est possible de déplacer physiquement les fichiers et donc d'organiser différemment la structure physique de la base.

C. Le programme BCP

BCP (*Bulk Copy Program*) est un utilitaire d'importation de données depuis un fichier du système d'exploitation vers une table existante ou non, et d'exportation des données d'une table ou d'une vue vers un fichier du système d'exploitation.

BCP sera utilisé principalement dans les cas suivants :

- Interface avec des systèmes de gestion de fichiers autres que SQL Server.
- Volumes de transfert importants entre deux serveurs SQL Server.
- Création de fichiers contenant des données pour d'autres applications (gestionnaires de rapports, programmes n'utilisant pas SQL...).

Les caractéristiques des transferts sont les suivantes :

- L'importation des données est dynamique, d'autres utilisateurs peuvent accéder à la base pendant l'exécution de bcp.
- L'exportation est statique. BCP utilisant une image fixe de la base, il vaut mieux pour la cohérence des données que les utilisateurs n'accèdent pas à la base pendant le transfert.
- Un BCP "rapide" s'effectue si la table réceptrice n'a ni d'index ni de contrainte, et si l'option **select into/Bulkcopy** est à **ON**. Un BCP "lent" s'effectue si une de ces conditions n'est pas remplie.
- Les valeurs par défaut et les types de données sont pris en compte.
- Les déclencheurs et contraintes seront ignorés.

Il est intéressant de combiner sqlcmd et bcp dans un batch. SQLCMD peut supprimer puis recréer les index et les contraintes et valider les données, bcp assure le transfert.

Bien que BCP reste un outil très performant, les solutions d'import et d'export en ligne de commande peuvent être réalisées en définissant un lot SSIS sauvegardé dans un fichier et lancé à l'aide de l'utilitaire dtsrun.

Syntaxe

À partir de la ligne de commande.

```
bcp {nomtable | "requête"} {in | out | queryout | format}
fichier_données
[-m nombre_max_erreurs] [-f format] [ -x] [ -e fichier_erreur]
[-F premiere_ligne] [-L dernière_ligne] [-b taille_batch]
[-n] [-c] [-w] [-N] [-V (60 | 65 | 70| 80 | 90)] [-6]
[-q] [-C { ACP | OEM | RAW | page_code }] [-t fin_champ]
[-r fin_ligne]
[-i fichier_entree] [-o fichier_sortie] [-a taille_paquets]
[-S nom_serveur [\nom_instance]] [-U login] [-P mot_passe]
[-T] [-v] [-R] [-k] [-E] [-h "option [,...n]"]
```

`nomtable | "requête"`

Nom de la table, de la vue ou de la requête SQL utilisée.

`in | out | queryout | format`

Travaille-t-on en import, en export, à partir d'une requête de type SELECT ou en utilisant un fichier de format basé ?

`fichier_données`

Nom complet du fichier à utiliser par bcp.

`-m` *`nombre_max_erreurs`*

Nombre maximal d'erreurs possibles avant que la copie de données ne soit annulée.

`-f` *`format`*

Nom complet du fichier contenant les réponses enregistrées lors d'une précédente utilisation de bcp.

`-x`

Utilisé conjointement avec les options format et f, il permet de travailler avec un fichier de données au format XML.

`-e` *`fichier_erreur`*

Nom complet du fichier contenant les erreurs.

`-F` *`premiere_ligne`*

Par défaut, c'est la première ligne du fichier qui est utilisée.

`-L` *`dernière_ligne`*

Numéro de la dernière ligne du fichier à prendre en compte lors de l'import de données depuis un fichier. Par défaut, il s'agit de la valeur 0 qui correspond à la dernière ligne du fichier.

`-b` *`taille_batch`*

Nombre de lignes par lots de données copiés.

`-n`

Copie par bloc en utilisant les types de données par défaut.

`-c`

Copie par bloc en utilisant le type caractère.

`-w`

Copie par bloc en utilisant les caractères unicodes.

`-N`

Copie par bloc en utilisant les types de données par défaut pour les données non caractères et le type Unicode pour les données de type caractère.

`-V (60 | 65 | 70| 80 | 90)`

Copie en bloc en utilisant les types de données des versions précédentes de SQL Server.

`-6`

Paramètre présent uniquement pour des raisons de compatibilité. Il est préférable d'utiliser l'option V.

`-q`

Interprétation des guillemets.

`-C { ACP | OEM | RAW | page_code }`

Ce paramètre permet de préciser le type de codage utilisé pour les caractères.
`ACP` pour utiliser la page ANSI/Windows n°1252.
`OEM` permet d'utiliser la page par défaut du poste client. C'est le choix utilisé par défaut si l'option `-C` n'est pas spécifiée.
`RAW` permet de ne faire aucune conversion entre la page de code du serveur et celle de destination.
`page_code` représente le numéro de la page de code à utiliser.

`-t fin_champ`

Marqueur de fin de champ.

`-r fin_ligne`

Marqueur de fin de ligne.

`-i fichier_entree`

Nom du fichier qui contient les réponses aux questions pour chaque champ lors d'une copie par bloc en mode interactif.

`-o fichier_sortie`

Nom du fichier recevant les sorties bcp.

`-a taille_paquets`

Nombre d'octets par paquets réseau envoyés.

`-S nom_serveur[\nom_instance]`

Nom du serveur et de l'instance.

`-U login`

Nom de l'utilisateur SQL Server utilisé pour se connecter.

`-P mot_passe`

Mot de passe de l'utilisateur SQL Server.

`-T`

Utiliser une connexion approuvée.

`-v`

Connaître le numéro de version de bcp.

`-R`

Utiliser le format régional pour les données de type date et heure et les données monétaires.

`-k`

Ne pas utiliser les valeurs par défaut si la colonne insérée contient NULL.

`-E`

Prise en compte d'une colonne de type identité dans le fichier de données d'import.

`-h "option [,...n]"`

Options à préciser en vue d'une exportation vers une version 6.5 ou antérieure de SQL Server.

Exemple

Exportation vers un fichier ASCII dont le caractère séparateur de champs est la virgule et le caractère séparateur d'enregistrements est un retour chariot :

```
C:\WINDOWS\system32\cmd.exe - bcp gescom..clients out c:\cli.bcp -c -t"," -r \n -T -S XP-...

C:\>bcp gescom..clients out c:\cli.bcp -c -t "," -r \n -T -S XP-PRO

Starting copy...
1000 rows successfully bulk-copied to host-file. Total received: 1000
1000 rows successfully bulk-copied to host-file. Total received: 2000
1000 rows successfully bulk-copied to host-file. Total received: 3000
1000 rows successfully bulk-copied to host-file. Total received: 4000
1000 rows successfully bulk-copied to host-file. Total received: 5000
```

D. Les serveurs distants

Un serveur distant est un serveur qui fait partie d'un réseau et auquel les utilisateurs peuvent accéder par l'intermédiaire de leur serveur local.

L'intérêt est de gérer les connexions en local et que les utilisateurs puissent quand même exécuter des procédures stockées sur le serveur distant.

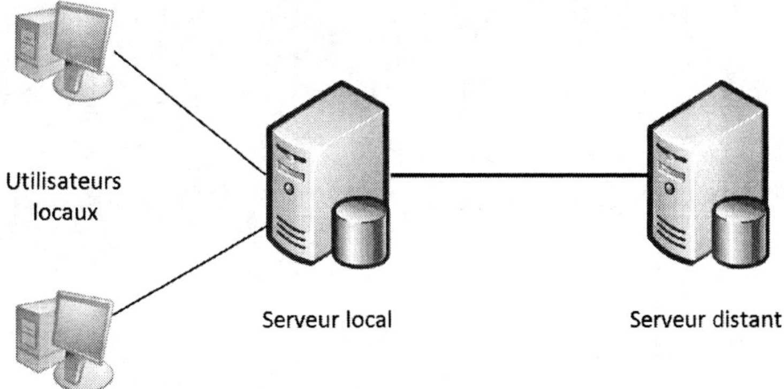

Ces utilisateurs sont appelés utilisateurs distants et doivent posséder un nom d'accès sur le serveur distant.

Avant de pouvoir utiliser cette fonctionnalité, il faudra ajouter les serveurs distants, les configurer et gérer les utilisateurs distants.

Cette configuration pourra se faire par SQL Server Management Studio, en visualisant les propriétés d'un serveur (page **Connections**, zone **Remote server connections**).

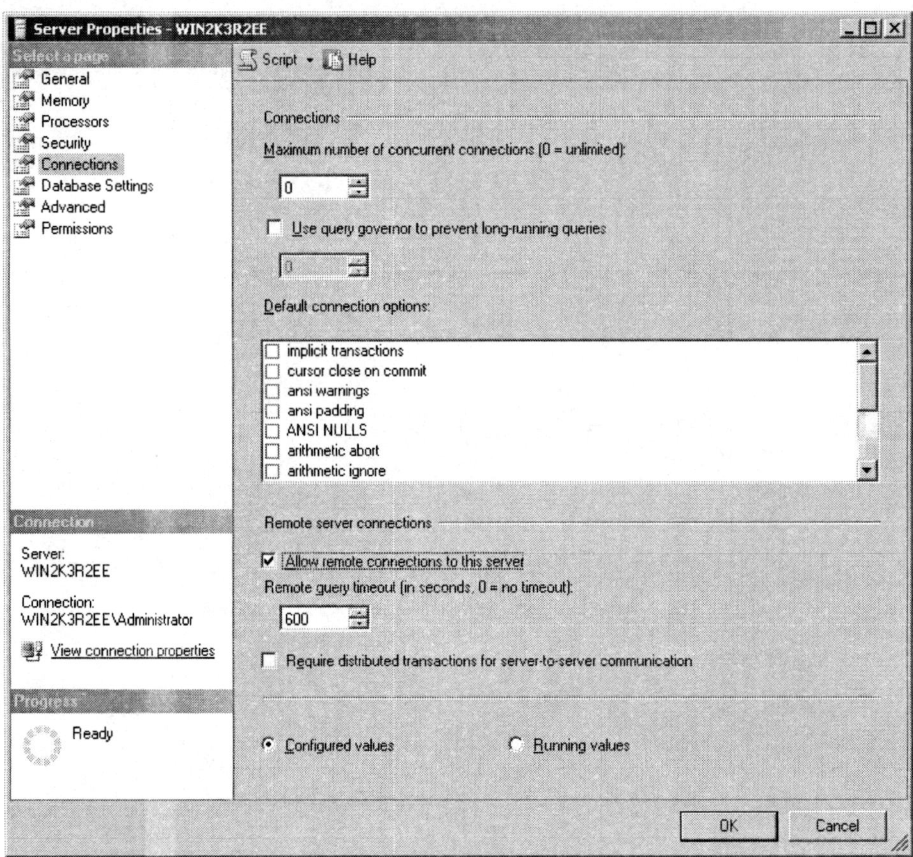

1. Gestion des serveurs distants

Pour travailler avec des serveurs et donc des données distantes, la méthode la plus simple dans SQL Server consiste à établir une liaison avec le serveur distant. Cette liaison permet d'identifier précisément le serveur distant et comment la session utilisateur y est ouverte.

La gestion de ces serveurs liés peut être fait aussi bien depuis Transact SQL que depuis SQL Server Management Studio. Toutes les informations relatives à ces inscriptions sont enregistrées dans la table sys.servers. Il est possible d'interroger la procédure **sp_linkedservers** pour obtenir toutes les informations relatives aux serveurs liés enregistrés.

a. Ajout d'un serveur lié

Ajout d'un serveur lié par SQL Server Management Studio, en sélectionnant l'option **New - Linked Server** depuis le menu contextuel associé au dossier **Server Objects**.

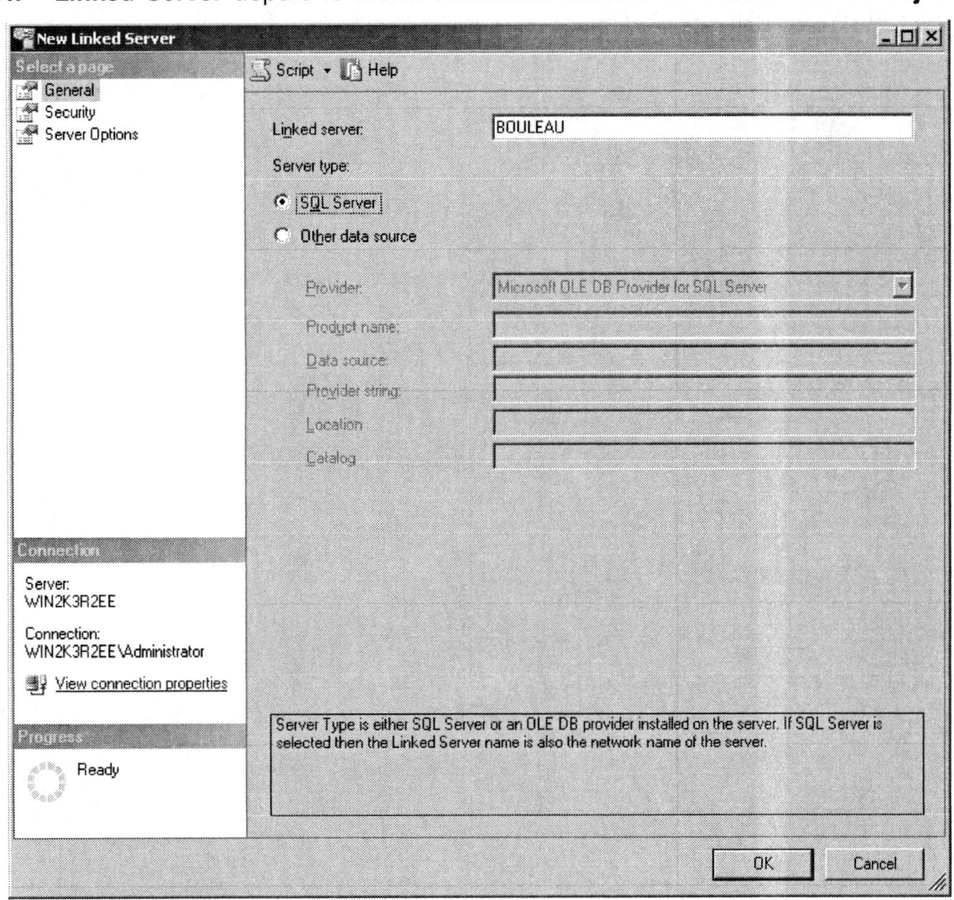

En Transact SQL, il faut utiliser la procédure stockée **sp_addlinkedserver**.

```
sp_addlinkedserver [ @server= ] 'nomDuServeur' ,
[ @srvproduct= ] 'SQL Server' ]
```

@server

Nom du serveur SQL Server avec lequel la liaison est établie.

Les informations données ici concernent uniquement la liaison avec des serveurs SQL Server.

b. Suppression d'un serveur lié

Cette opération peut être réalisée par l'intermédiaire de la procédure stockée **sp_dropserver** ou depuis SQL Server Management Studio en sélectionnant l'option **Delete** depuis le menu contextuel associé au serveur lié.

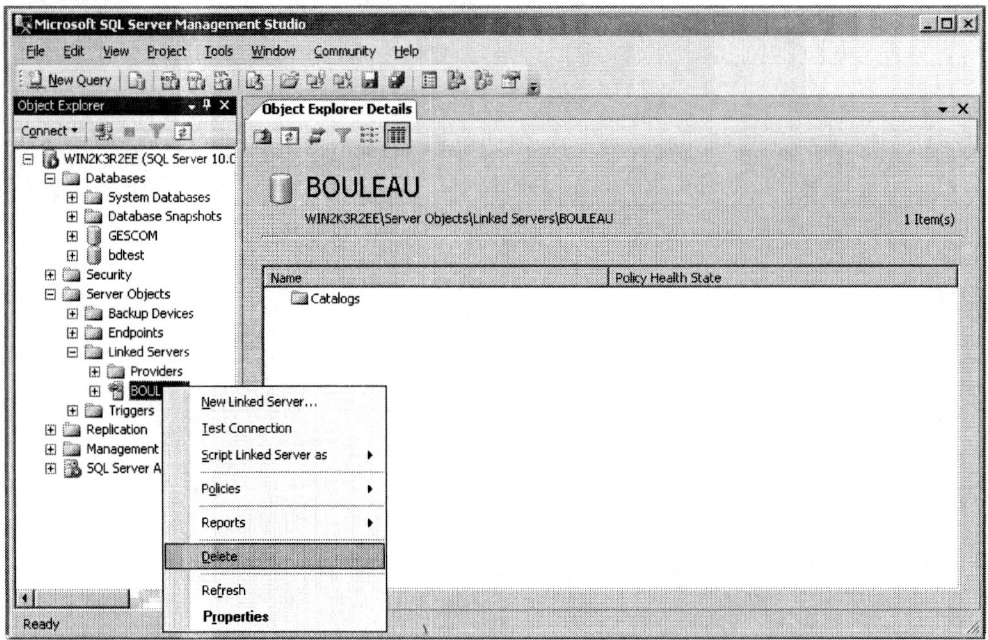

En Transact SQL, il faut utiliser la procédure stockée **sp_dropserver**.

```
sp_dropserver [ @server = ] 'nomDuServeur'
[ , [ @droplogins = ] { 'droplogins' | NULL} ]
```

`@server`

Nom du serveur SQL Server avec lequel la liaison est établie.

`@droplogins`

Permet de spécifier que les connexions associées à la liaison vont également être supprimées.

2. Gestion des utilisateurs distants

Lorsque cela est possible, et dans la mesure où la solution repose uniquement sur des instances SQL Server, il est préférable de s'appuyer sur une authentification Windows. Ainsi, ce sont toujours les droits, accordés directement ou indirectement à l'utilisateur, qui permettent de contrôler son travail.

Toutefois, si cela n'est pas possible, il est nécessaire de définir des comptes de sécurité SQL Server pour le mappage des connexions locales avec un compte de connexion distant.

Pour effectuer ce travail, il est possible, soit de passer par SQL Server Management Studio, soit d'utiliser les procédures Transact SQL **sp_addlinkedsrvlogin** et **sp_drop-linkedsrvlogin**.

Toutes les opérations réalisées sur le serveur distant sont exécutées dans le respect des privilèges accordés à l'utilisateur défini localement sur ce serveur distant sous le nom duquel une session est ouverte.

Il est possible de définir les mappages de sécurité depuis la fenêtre **New Linked Server** de SQL Server Management Studio.

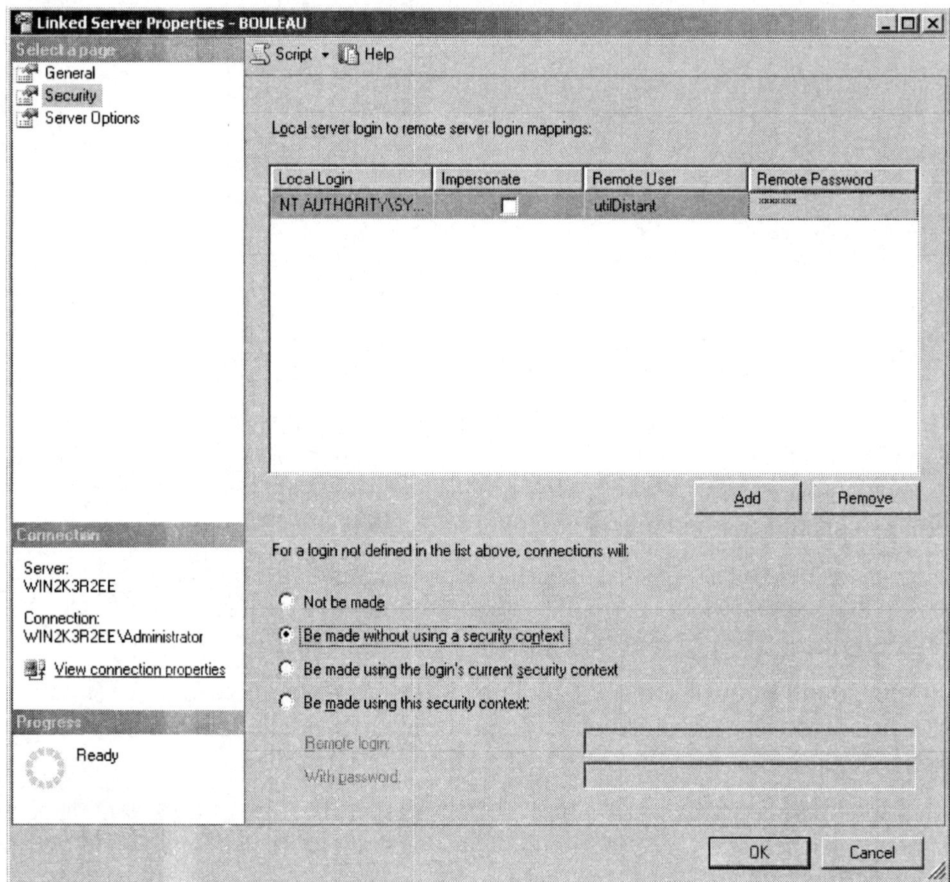

3. Utilisation des ressources distantes

Pour pouvoir travailler avec une table ou un objet distant, il faut utiliser le nom complet de l'objet (nomBase.nomSchema.nomObjet) précédé du nom du serveur distant.

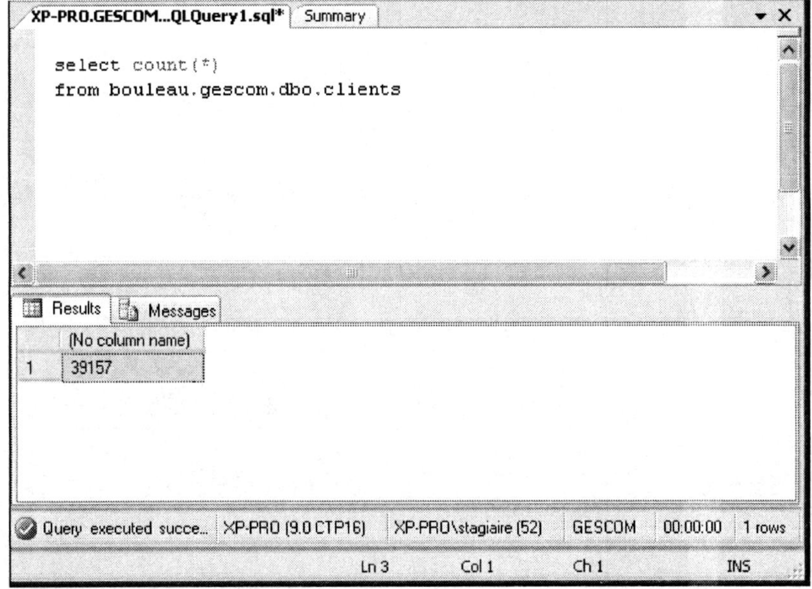

4. Les synonymes

La manipulation des objets distants n'est pas une chose aisée et les noms relativement longs ne peuvent que rendre plus difficile la compréhension des requêtes qui référencent ces objets. Pour simplifier cette syntaxe et travailler plus simplement avec les objets distants, SQL Server propose la notion de synonyme. Comme en français, un synonyme au sens SQL Server consiste à attribuer un second identifiant pour référencer le même objet. Dans le cas de l'exemple précédent, il est ainsi possible de définir le synonyme clientDistant pour référencer la table bouleau.gescom.dbo.clients.

Les synonymes SQL Server ne sont pas limités aux objets distants, ils permettent également de définir des termes alternatifs pour les tables, vues, procédures, fonctions, ... afin d'adapter les objets de la base de données au vocabulaire des utilisateurs. Par exemple, certains parlent d'articles et d'autres de produits, de même quand faut-il parler de salariés, d'employés, de collaborateurs ? En offrant la possibilité d'avoir plusieurs termes pour référencer le même objet, la structure de la base de données est alors totalement adaptable.

Syntaxe

```
CREATE SYNONYM nomSynonyme FOR object;
```

Exemple

Le synonyme pour la table clients hébergée sur le serveur bouleau est défini de la façon suivante :

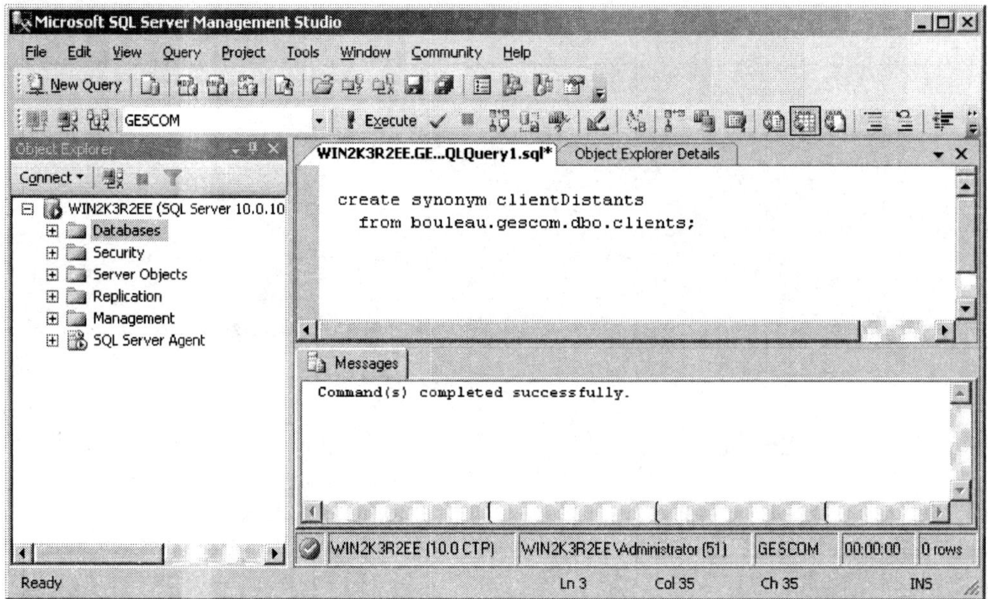

Bien entendu les synonymes sont supprimés par l'instruction DROP SYNONYM nomSynonym.

Lorsque l'on travaille avec un synonyme il est parfois intéressant de connaître le type de base du synonyme, c'est-à-dire identifier l'objet duquel il est le synonyme. Le premier réflexe pour obtenir ce type d'information est sans aucun doute de parcourir les tables systèmes et plus particulièrement la vue **sys.synonyms** pour obtenir cette information. Mais il est également possible de recourir à la fonction OBJECTPROPERTYEX qui permet d'identifier rapidement le type de base pour le synonyme passé en paramètre.

E. La gestion des transactions distribuées

Une transaction distribuée est un ensemble d'instructions d'une application mettant à jour des données sur au moins deux serveurs. Des problèmes d'intégrité et de cohérence de données pouvant apparaître en cas de validation incomplète, des moyens doivent être mis en œuvre pour prévoir et corriger les erreurs qui pourraient être générées. Avec SQL Server, ces moyens sont, d'une part, le service MS DTC (*Distributed Transaction Coordinator*), sur les serveurs ou les clients WINDOWS, et d'autre part le Transact SQL et les procédures stockées distantes.

Il est possible, en outre, de distinguer trois types de participants à la mise en œuvre de cette fonctionnalité, qui sont :

- l'application, qui déclenche la transaction et demande les mises à jour sur les différents serveurs. Ce sont des programmes qui utilisent les API d'accès aux données, OLE-DB, ou des scripts en Transact SQL.
- le gestionnaire de transaction, qui coordonne les différents serveurs. Ce rôle est assuré par MS DTC, suivant le protocole de validation à deux phases (*Two Phase Commit*).
- le ou les gestionnaires de ressources, qui sont les serveurs sur lesquels sont installées les bases de données concernées.

1. MS DTC

Le service *Distributed Transaction Coordinator* peut être démarré par le gestionnaire de services de Windows, par le gestionnaire de services SQL Server sur les serveurs qui doivent pouvoir assumer le rôle de gestionnaire de transaction.

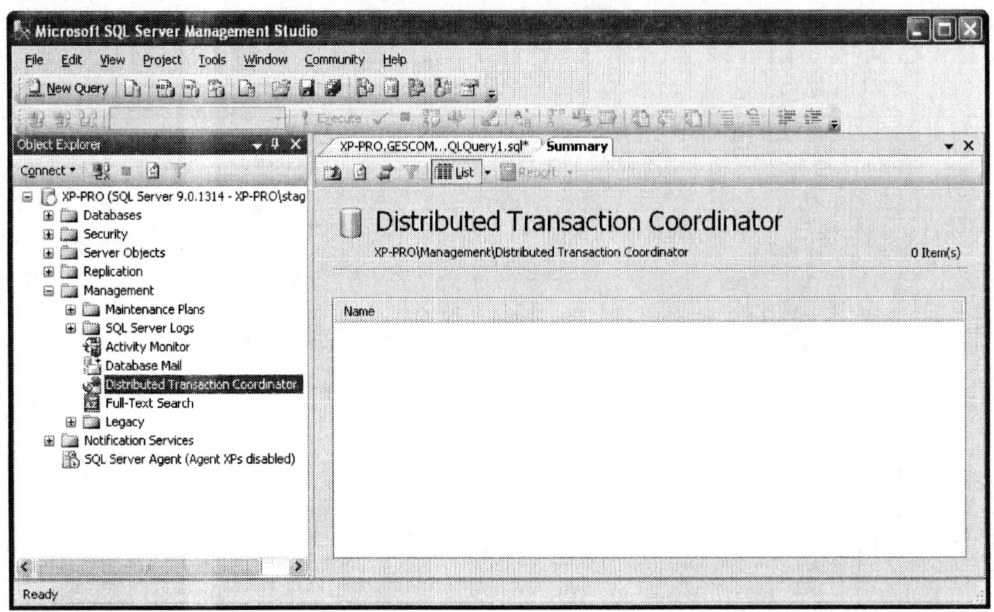

2. Mise en œuvre en Transact SQL

Une transaction distribuée en Transact SQL est déterminée par l'utilisation de BEGIN DISTRIBUTED TRANSACTION, et l'exécution de procédures stockées distantes. Il est à noter que, si une instruction ROLLBACK TRAN intervient avant le COMMIT TRAN, l'ensemble de la transaction, locale et distante, est annulé. L'instruction SAVE TRANSACTION n'est pas autorisée dans ces transactions.

Exemple

Exécution d'une transaction sur le serveur ATHENA, qui met à jour un client dans une base locale, et qui effectue immédiatement la même mise à jour dans une base du serveur HELIOS (la procédure MAJADRCLI reçoit le numéro du client à modifier et sa nouvelle adresse).

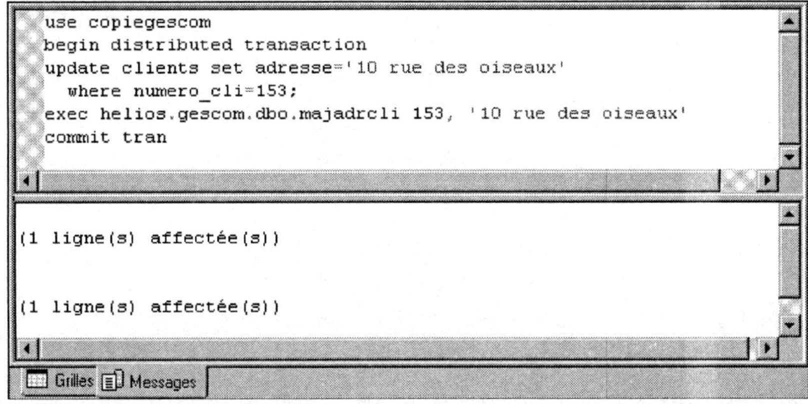

```
use copiegescom
begin distributed transaction
update clients set adresse='10 rue des oiseaux'
  where numero_cli=153;
exec helios.gescom.dbo.majadrcli 153, '10 rue des oiseaux'
commit tran
```

```
(1 ligne(s) affectée(s))


(1 ligne(s) affectée(s))
```


On peut configurer le serveur ou la session pour une exécution systématique des procédures stockées distantes en transaction distribuée, avec sp_configure remote proc trans ou set remote_proc_transactions.

Chapitre 6 : Les types évolués

Les données utilisées dans le contexte des applications ne cessent d'évoluer. Il est donc normal que les serveurs de bases de données évoluent également en proposant des types adaptés à ces nouveaux formats. C'est ce que fait SQL Server en offrant la possibilité de stocker des données au format xml, des données géographiques ainsi qu'une meilleure gestion des documents annexes (image, vidéo, son, document numérisé...) afin de ne pas alourdir le processus de gestion de la base tout en liant les données relationnelles à ces informations stockées directement sur le système de fichiers.

A. Travailler avec le format XML

Les données au format XML sont de plus en plus présentes dans l'environnement de travail. Il est donc normal qu'une base de données s'adapte afin d'être en mesure de stocker et de gérer de façon optimale les données définies dans ce format. C'est ce que fait SQL Server en offrant la possibilité de travailler directement avec des données au format XML et de les stocker dans la structure relationnelle d'une table. Etant donné que XML représente avant tout un format d'échange de données, SQL Server propose également les outils nécessaires pour produire un document XML à partir de données relationnelles ou bien au contraire d'intégrer dans les tables relationnelles des données issues d'un document XML.

Il est possible de stocker les informations, soit au format relationnel, soit au format XML. Chaque format possède ses avantages et ses inconvénients.

SQL Server héberge un moteur relationnel pour le stockage et le travail avec les données conservées à ce format. Mais SQL Server propose également de gérer des données au format XML. Ainsi, quel que soit le mode de stockage retenu, SQL Server peut héberger ces données dans leur format natif.

L'objectif de SQL Server est d'être capable de s'adapter au mode de stockage des données en fonction du format avec lequel travaille l'application cliente.

Microsoft Office 2007 permet aux utilisateurs de Word, Excel Visio et Infopath de générer leurs documents au format XML, par l'intermédiaire du format OpenXML.

Le schéma ci-dessous illustre le fait que les applications travaillent aussi bien avec des données au format relationnel qu'au format XML.

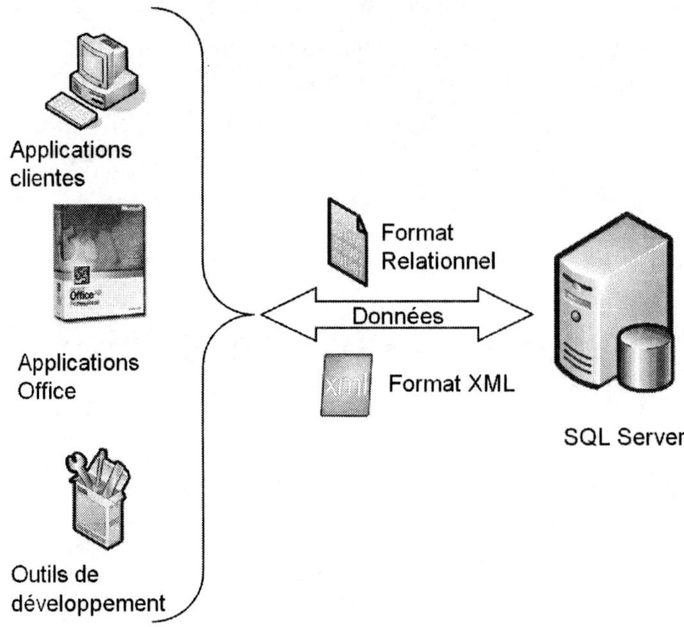

Pour répondre correctement aux différentes demandes, SQL Server a considérablement amélioré sa gestion du format XML.

Choisir un format

Les deux formats ne sont pas en concurrence mais sont complémentaires. Le moteur de base de données doit donc être capable de gérer de façon optimum les données, quel que soit leur format de stockage.

Le XML est particulièrement bien adapté pour l'échange d'informations entre des applications, pour la gestion documentaire, pour l'envoi de message (SOAP)...

Le XML présente l'avantage d'être autodescriptif. Il offre ainsi la possibilité de transférer des structures de données complexes. Cette représentation des données est faite sous forme d'arborescence.

Cependant, le format relationnel permet de garantir une meilleure homogénéité des données car les tables sont fortement structurées. La structuration tabulaire des données donne la possibilité de stocker un grand volume d'informations de façon fiable et les requêtes pour extraire ces données sont rapides et performantes. C'est sans aucun doute le meilleur format pour stocker et travailler avec de gros volumes d'informations.

Le tableau suivant permet de privilégier un format ou un autre en fonction de la structure initiale des données :

Formatage des données	XML	Relationnel
Fichier plat	Bien adapté	Bien adapté
Structure hiérarchique	Bien adapté	Possible
Données semi structurées	Bien adapté	Possible
Langage de description	Bien adapté	Possible
Conserver l'ordre	Bien adapté	Possible
Récursivité	Bien adapté	Possible

1. Le type XML

SQL Server propose un type de données XML pour stocker les données au format natif XML. Ce type n'est pas un champ texte de grande dimension, nvarchar(max) par exemple. En effet, si pour des raisons de stockage pur cela ne change pas grand-chose, le type XML permet de faire des recherches précises d'informations. Il est également possible de définir des index sur des colonnes de type XML afin d'accélérer le traitement des requêtes.

Il est possible de créer des tables relationnelles qui, en plus des colonnes de types habituels, peuvent compter une ou plusieurs colonnes de type XML.

Les colonnes de type XML utilisent un format binaire (blob) pour stocker l'information dans la base relationnelle, ainsi le document XML est conservé dans l'état. De fait, l'espace pour chaque donnée XML est limité à 2 Go. De plus, le document XML ne doit pas être structuré avec une hiérarchie contenant plus de 128 niveaux.

Les données XML sont typées en UTF-16 par SQL Server.

Avec le type de données XML, pour stocker les données directement à ce format, SQL Server évite de concevoir un travail long et fastidieux de mappage entre le format XML et la structure relationnelle des données telles qu'elles sont organisées dans la base. Ce type dispose des méthodes query(), exist(), value(), nodes() et modify() afin de pouvoir travailler sur les données de façon simple. Ces méthodes s'appuient sur XQuery, sous ensemble de XML spécifique aux requêtes.

Afin de satisfaire aux exigences du W3C, il est possible d'associer une collection de schémas à une colonne de type XML. Les données stockées dans la colonne devront alors respecter les contraintes du schéma. Cette colonne sera alors dite XML typé, sinon il s'agit d'une colonne XML non typé.

XML non typé

Le type XML, tel qu'il est défini dans SQL Server, respecte la définition donnée par le standard ISO SQL-2003. À ce titre, il se doit d'accueillir des documents XML 1.0 bien formés ainsi que des fragments XML.

La colonne qui utilise un type XML non typé, c'est-à-dire non relié à un schéma XML, ne contiendra toutefois que des informations conformes à un document XML 1.0 bien formé, ou bien un fragment XML.

Cette méthode de fonctionnement est certainement la plus souple, cependant, lorsque l'on dispose d'un schéma XML, il est préférable de passer par un type XML typé.

Elle doit être utilisée lorsque l'on ne dispose pas de schéma XML, ou lorsqu'il existe plusieurs schémas XML avec des liaisons à des sources de données externes.

Exemple

La table catalogue est créée avec une colonne de type XML non typé :

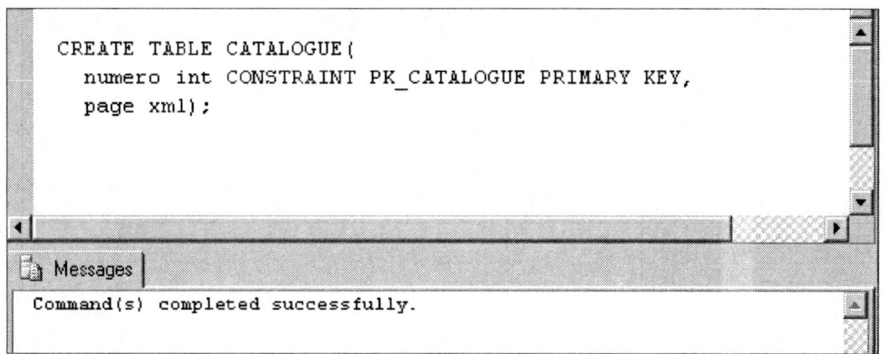

```
CREATE TABLE CATALOGUE(
  numero int CONSTRAINT PK_CATALOGUE PRIMARY KEY,
  page xml);
```


XML typé

Dans le cas où les informations qui vont être contenues dans une colonne de type XML, sont décrites dans une collection de schémas XML, il est possible d'associer cette collection de schémas XML à la colonne. En réalisant cette liaison, au niveau de la définition de la colonne, toutes les informations saisies dans la colonne doivent respecter un schéma XML associé. La colonne est alors dite définie sur un type XML typé.

Les schémas XML agissent comme une sorte de contrainte d'intégrité forte, en garantissant une structure clairement identifiée à toutes les informations présentes dans cette colonne. Les mises à jour des informations XML sont également mieux contrôlées et réalisées plus rapidement dans le processus d'exécutions des requêtes.

Lors de la définition de la colonne, il est possible par l'intermédiaire des mots clés DOCUMENT et CONTENT de spécifier que la colonne ne va contenir que des documents XML bien formés, c'est-à-dire avec un seul élément au niveau supérieur. Dans le deuxième cas, CONTENT, la colonne contient des données au format XML. Si rien n'est précisé lors de la définition de la colonne, c'est le choix CONTENT qui est appliqué par défaut.

La collection de schémas XML doit être créée avant de pouvoir être référencée par une colonne XML. La gestion des collections de schémas passe par les instructions CREATE XML SCHEMA COLLECTION, ALTER XML SCHEMA COLLECTION et DROP XML SCHEMA COLLECTION. Chaque collection va pouvoir contenir un ou plusieurs schémas XML. Cette gestion des collections donne une gestion beaucoup plus souple des colonnes XML typées, car il est toujours possible d'ajouter un schéma XML à la collection pour pouvoir répondre à de nouvelles contraintes, fonctionnalités ou formats de gestion d'informations.

Cependant, lors de la définition du schéma, il n'est pas toujours possible de définir l'ensemble des possibilités. SQL Server supporte les déclarations any, anyAttribute et anytype dans la définition de schémas.

Syntaxe

```
CREATE XML SCHEMA COLLECTION nomSchéma
AS définitionDuSchéma;
```

Exemple

Définition d'un schéma pour définir un client :

```
CREATE XML SCHEMA COLLECTION schemaClient AS
N'<?xml version="1.0" encoding="UTF-16"?>'+
'<xs:schema xmlns:xs="http://www.w3.org/2001/XMLSchema">'+
'<xs:complexType name="Client">'+
'<xs:sequence>'+
'<xs:element name="Nom"/>'+
'<xs:element name="Prenom"/>'+
'<xs:element name="Adresse"/>'+
'<xs:element name="CodePostal"/>'+
'<xs:element name="Ville"/>'+
'</xs:sequence>'+
'</xs:complexType>'+
'</xs:schema>';
```

Messages

```
Command(s) completed successfully.
```

Il est maintenant possible définir une table avec une colonne qui s'appuie sur ce typage XML.

Exemple

Définition de la table Vendeurs :

```
CREATE TABLE VENDEURS(
    id int identity(1,1) CONSTRAINT PK_VENDEURS PRIMARY KEY,
    nom nvarchar(50),
    prenom nvarchar(50),
    telephone nvarchar(14),
    email nvarchar(80),
    prospect xml (schemaClient));
```

```
Messages
Command(s) completed successfully.
```

Cependant, la définition n'est pas toujours aussi simple et les informations obligatoires peuvent être complétées par des informations spécifiques dans des cas bien précis. Par exemple, dans le cas présenté ici, il peut être intéressant de compléter les informations générales d'un client par des informations ponctuelles dont les critères ne sont pas nécessairement définis par avance (un téléphone supplémentaire, des remarques sur la livraison, des goûts particuliers...). Il est possible par l'intermédiaire de la balise **any** d'adapter ainsi le schéma XML ce qui donne dans le cas présent :

```
CREATE XML SCHEMA COLLECTION schemaClientEtendu AS
N'<?xml version="1.0" encoding="UTF-16"?>'+
'<xs:schema xmlns:xs="http://www.w3.org/2001/XMLSchema">'+
'<xs:complexType name="Client">'+
'<xs:sequence>'+
'<xs:element name="Nom"/>'+
'<xs:element name="Prenom"/>'+
'<xs:element name="Adresse"/>'+
'<xs:element name="CodePostal"/>'+
'<xs:element name="Ville"/>'+
'<xs:any namespace="##other" processContents="skip" minOccurs="0" maxOccurs="unbounded"/>'+
'</xs:sequence>'+
'</xs:complexType>'+
'</xs:schema>';
```

```
Messages
Command(s) completed successfully.
```

Les attributs de la balise **any** sont :

`minOccurs :`

Le nombre minimal d'éléments de ce type.

`maxOccurs :`

Le nombre maximal d'informations optionnelles.

`namespace :`

L'espace de nom utilisé pour la validation des éléments optionnels.

`processContents :`

Ce paramètre permet d'indiquer à SQL Server comment valider les éléments optionnels par rapport à un schéma.

Les valeurs possibles pour l'attribut **`processContents`** sont :

- `skip` : les éléments ne sont pas validés par rapport à un schéma.
- `strict` : les éléments sont nécessairement validés par rapport à un schéma.
- `lax` : les éléments sont validés par rapport à un schéma uniquement si celui-ci existe dans la base.

Union et liste de type

Les schémas XML permettent de définir les types pour les données XML. Ils permettent également de définir les valeurs possibles pour certains éléments. Parfois les valeurs possibles pour un même critère (par exemple la distance) peuvent être exprimées de plusieurs façons (système métrique ou système anglo/saxon). Le schéma XML qui prendra en compte la définition des distances devra inclure l'union des deux types pour permettre la saisie de toutes les valeurs possibles. Pour faire cette union la balise **union** sera utilisée.

L'exemple suivant illustre ce propos :

```
CREATE XML SCHEMA COLLECTION schemaDistance AS
N'<?xml version="1.0" encoding="UTF-16"?>'+
'<xs:schema xmlns:xs="http://www.w3.org/2001/XMLSchema">'+
'<xs:simpleType name="Unite">'+'<xs:union>'+
'<xs:simpleType>'+
'<xs:list>'+'<xs:simpleType>'+
'<xs:restriction base="xs:string">'+
'<xs:enumeration value="cm" />'+'<xs:enumeration value="m" />'+'<xs:enumeration value="km" />'+
'</xs:restriction>'+
'</xs:simpleType>'+'</xs:list>'+
'</xs:simpleType>'+
'<xs:simpleType>'+
'<xs:list>'+'<xs:simpleType>'+
'<xs:restriction base="xs:string">'+
'<xs:enumeration value="inch" />'+'<xs:enumeration value="foot" />'+'<xs:enumeration value="yard" />'+
'</xs:restriction>'+
'</xs:simpleType>'+'</xs:list>'+
'</xs:simpleType>'+
'</xs:union>'+'</xs:simpleType>'+
'</xs:schema>';
```

Messages

```
Command(s) completed successfully.
```

2. Travailler avec une colonne de type XML

a. Les opérations du DML

Que la colonne soit typée ou non, il est possible de manipuler les informations par l'intermédiaire des instructions du DML soit INSERT, UPDATE, DELETE et SELECT. Cependant, ces instructions se comportent avec les données de type XML comme avec les colonnes basées sur un type relationnel classique, c'est-à-dire qu'elles manipulent la totalité de l'information présente dans la colonne.

Il est possible de travailler avec des données de type date et heure (datetime, date et time) dans des documents XML sans difficulté. Pour cela, les données de type date et heures sont écrites en utilisant le format YYYY-MM-DDThh:mm:ss:nnnZ pour exprimer une heure GMT ou bien YYYY-MM-DDThh:mm:ss:nnn±hh:mm pour exprimer le décalage horaire par rapport à l'heure GMT.

Les éléments du format sont :

- YYYY : Année sur 4 chiffres.
- MM : Mois sur 2 chiffres.
- DD : Numéro du jour dans le mois sur 2 chiffres.

- hh : heure au format 24h.
- mm : minutes.
- ss : secondes.
- nnn : fractions de seconde.

Ce format de date et heure respecte la norme ISO 8601. L'utilisation de cette norme permet de transférer facilement des données de type date et heure d'un environnement à un autre.

Exemple

Ajout d'une ligne dans une colonne XML non typée :

```
INSERT INTO CATALOGUE(numero,page)
  VALUES(1,'<page datecreation="12102005">
              <article>
                <reference>SONYMP3</reference>
                <designation>Lecteur MP3</designation>
                <prixttc>66.90</prixttc>
              </article>
              <article>
                <reference>MUOVO</reference>
                <designation>Lecteur MP3, blanc</designation>
                <prixttc>45.50</prixttc>
              </article>
              <numero>1</numero>
            </page>');
```

```
Messages
(1 row(s) affected)
```

Ajout d'une ligne dans une colonne XML non typée, avec importation des informations depuis un fichier.

```
INSERT INTO CALAOGUE(numero,page)
SELECT 2, informations
  FROM (SELECT *
        FROM OPENROWSET(BULK 'c:\formatxml.xml', SINGLE_BLOB) AS informations)
  AS fichierXML(informations);
```

```
Messages
(1 row(s) affected)
```

b. Les méthodes spécifiques

Lors de la recherche d'informations, l'utilisateur peut souhaiter ne récupérer que les informations pertinentes à partir de la source XML. Pour faire une analogie, le problème est similaire à celui des données de type texte lorsque l'utilisateur souhaite ne connaître qu'un sous-ensemble de la chaîne de caractères stockée dans la base. Pour mener à bien ce traitement, SQL Server propose de nombreuses fonctions de manipulation des chaînes de caractères. Pour extraire des parties d'un document XML, SQL Server propose les méthodes query(), value(), exist() et nodes(). SQL Server dispose également de la méthode modify() pour modifier des données XML.

> Les résultats sont affichés par défaut sous forme textuelle, mais à l'aide d'un clic sur la colonne de résultats dans la fenêtre de SQL Server Management Studio, il est possible d'appeler l'éditeur XML pour obtenir une meilleure visualisation du résultat.

query()

Cette méthode accepte en paramètre une requête au format XQuery qui fait référence à la liste des nœuds du document. Elle retourne un élément XML non typé, qui est issu de la colonne de type XML.

Exemple

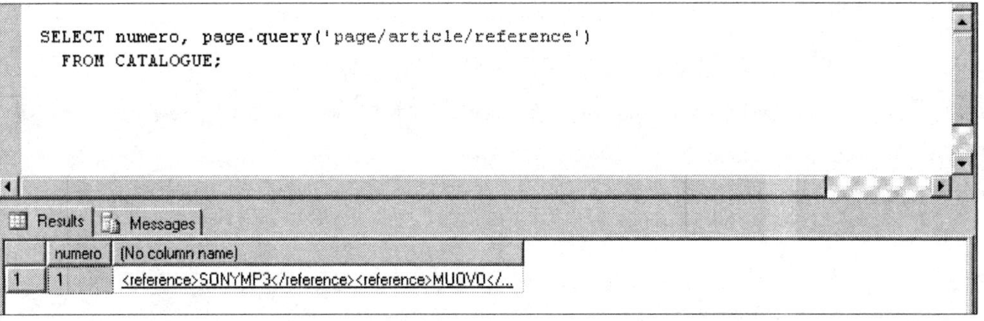

value()

Cette méthode retourne une valeur scalaire issue du document XML. Elle accepte en paramètre une requête XQuery et le nom du type de données de la valeur retournée.

Exemple

L'exemple suivant permet de connaître la référence et le prix du 1er article présent dans le document XML qui porte le numéro 1.

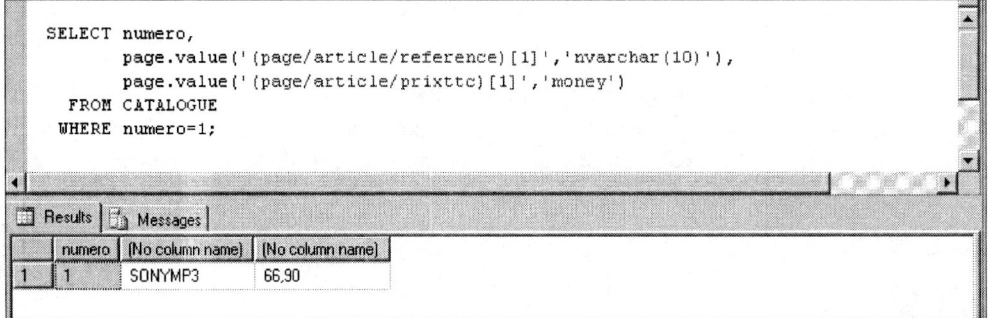

exits()

Cette méthode qui accepte en paramètre une requête de type XQuery, retourne une valeur scalaire de type bit :

- 1 si la requête XQuery permet de localiser de l'information.
- 0 si la requête XQuery ne retourne pas d'information.
- NULL si la colonne XML sur laquelle porte la fonction contient la valeur NULL.

Il est utile de travailler avec cette méthode conjointement à la méthode value afin de ne pas remonter d'erreur lorsque la requête XQuery n'aboutit pas à un résultat.

Exemple

```
SELECT numero,
       page.value('(page/article/reference)[1]','nvarchar(10)'),
       page.value('(page/article/prixttc)[1]','money')
  FROM CATALOGUE
 WHERE page.exist('(page/article/reference)[1]')=1;
```

Results | Messages

	numero	(No column name)	(No column name)
1	1	SONYMP3	66,90

nodes()

Cette méthode est utile dans le cas où l'objectif recherché est un mappage entre le type XML et un stockage des informations au format relationnel. En effet, cette méthode permet, à partir d'une requête XQuery passée en paramètre, d'obtenir autant de lignes que de nœuds définis à ce niveau. Chaque ligne du jeu de résultats est au format XML, mais il est ainsi facile de morceler proprement un document XML.

Exemple

À partir d'une donnée de type XML stockée dans une variable, les informations sont découpées par rapport à la requête XQuery passée en paramètre à la méthode nodes. Le jeu de résultats est ensuite affiché, mais il est également possible de le stocker dans une colonne de type XML d'une table de la base de données.

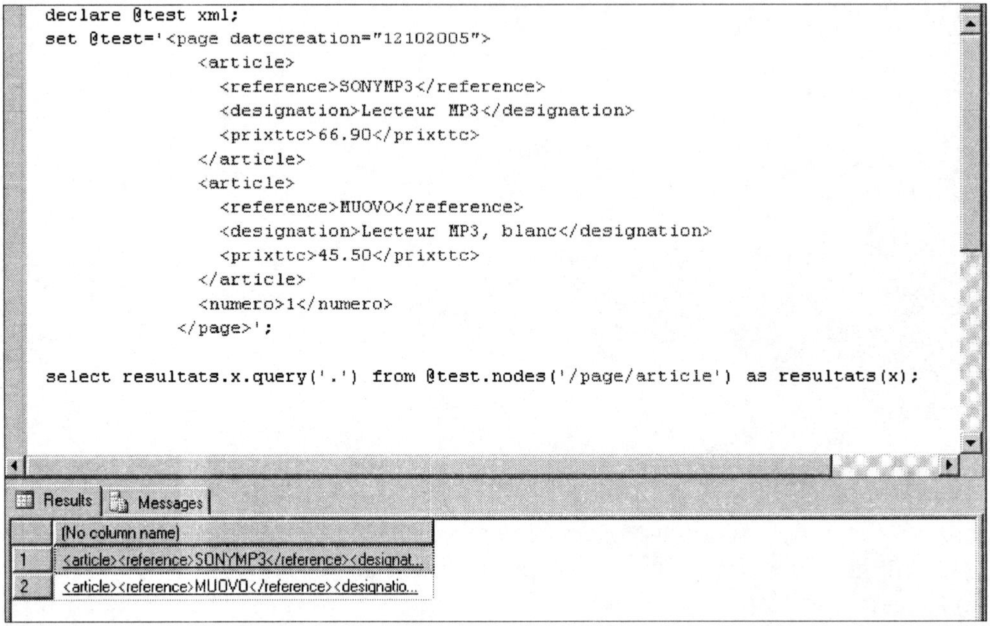

```
declare @test xml;
set @test='<page datecreation="12102005">
             <article>
               <reference>SONYMP3</reference>
               <designation>Lecteur MP3</designation>
               <prixttc>66.90</prixttc>
             </article>
             <article>
               <reference>MUOVO</reference>
               <designation>Lecteur MP3, blanc</designation>
               <prixttc>45.50</prixttc>
             </article>
             <numero>1</numero>
           </page>';

select resultats.x.query('.') from @test.nodes('/page/article') as resultats(x);
```

Results | Messages

	(No column name)
1	<article><reference>SONYMP3</reference><designat...
2	<article><reference>MUOVO</reference><designatio...

modify()

La méthode **modify** permet de modifier une partie des données stockées dans un document xml. Contrairement à l'instruction update qui permet de mettre à jour le contenu global d'une colonne, la méthode **modify** permet de modifier des valeurs directement dans la colonne de type xml. La méthode **modify** permet l'ajout de valeurs, la modification de valeurs existantes ou bien la suppression de valeurs. Pour réaliser ces trois opérations, la méthode **modify** utilise les expressions XML DML : insert, replace value of et delete.

Exemple

Dans l'exemple suivant, le document xml initial est modifié en y ajoutant une ligne d'information :

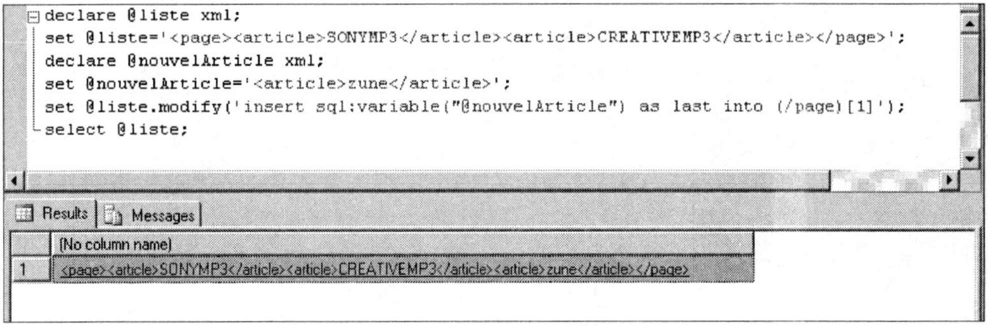

```
declare @liste xml;
set @liste='<page><article>SONYMP3</article><article>CREATIVEMP3</article></page>';
declare @nouvelArticle xml;
set @nouvelArticle='<article>zune</article>';
set @liste.modify('insert sql:variable("@nouvelArticle") as last into (/page)[1]');
select @liste;
```

Results | Messages

	(No column name)
1	<page><article>SONYMP3</article><article>CREATIVEMP3</article><article>zune</article></page>

3. Indexer une colonne de type XML

SQL Server offre la possibilité de définir des index sur les colonnes de type XML. Lors d'une requête, les informations XML sont traitées au niveau de chaque ligne, ce qui peut entraîner des traitements longs et coûteux surtout lorsque le nombre de lignes concernées par la requête est important et/ou quand les informations au format XML sont volumineuses.

Le mécanisme habituellement utilisé pour définir un index sur des données relationnelles repose sur la structure d'un arbre balancé, c'est-à-dire que lors de la construction d'index, le nombre de questions pour arriver au niveau feuille de l'index est toujours le même quelle que soit la valeur recherchée. Ce type de structuration est également adopté pour définir l'index dit principal sur la colonne de type XML. Cet index est, entre autres, composé des balises et des valeurs contenues dans la colonne de type XML. À partir de cet index principal, il est possible de définir des index, dits cette fois-ci secondaires, afin d'accélérer le traitement des requêtes. Ces index secondaires sont définis par rapport à des classes de requêtes fréquentes :

- l'index PATH pour des requêtes portant sur le chemin d'accès ;
- l'index PROPERTY pour des requêtes portant sur les propriétés ;
- l'index VALUE pour des requêtes portant sur des valeurs.

Il est également possible de définir un index de texte intégral sur les colonnes de type XML, pour indexer uniquement le contenu en ignorant les balises XML.

a. Index principal

L'index principal sur une colonne de type XML nécessite que la table possède un index organisé sur la clé primaire.

Syntaxe

```
CREATE PRIMARY XML INDEX nomIndex ON table(colonneXML)
```

Exemple

Un index principal est défini sur la colonne page de la table catalogue.

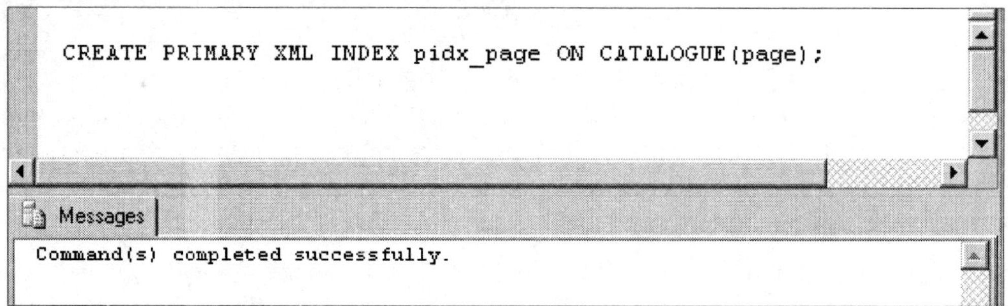

b. Index secondaire

Il n'est possible de créer un index secondaire que si un index principal est défini pour la colonne.

Le document XML ne peut contenir que 128 niveaux au maximum. Les documents qui possèdent une hiérarchie plus complexe sont rejetés lors de l'insertion ou de la modification des colonnes.

De même, l'indexation porte sur les 128 premiers octets du nœud, les valeurs plus longues ne sont pas prises en compte dans l'index.

Syntaxe

```
CREATE XML INDEX nomIndex ON table(colonneXML)
USING XML INDEX nomIndexPrincipal FOR {PATH|PROPERTY|VALUE}
```

`PATH`

Permet de construire un index sur les colonnes path et value (chemin et valeur) de l'index XML primaire. Un tel index pourra améliorer sensiblement les réponses lors de l'utilisation de la méthode **exist()**, dans une clause where par exemple.

`PROPERTY`

Permet de construire un index sur les colonnes PK, path et value de l'index XML principal. Le symbole PK correspondant à la clé primaire de la table. Ce type d'index est donc utile lors de l'utilisation de la méthode **value()** dans les requêtes SQL de manipulation des données.

`VALUE`

Permet de construire un index sur les colonnes value et path de l'index XML principal. Cet index profite principalement aux requêtes pour lesquelles la valeur du nœud est connue indépendamment du chemin d'accès, ce qui peut être le cas lors de l'utilisation de la méthode **exist()** par exemple.

Exemple

Dans l'exemple ci-après, les trois types d'index sont créés par rapport à l'index XML principal défini sur la colonne page de type XML de la table Catalogue.

```
CREATE XML INDEX idx_page_path ON CATALOGUE(page)
 USING XML INDEX pidx_page FOR PATH;

CREATE XML INDEX idx_page_property ON CATALOGUE(page)
 USING XML INDEX pidx_page FOR PROPERTY;

CREATE XML INDEX idx_page_value ON CATALOGUE(page)
 USING XML INDEX pidx_page FOR VALUE;
```

Messages

```
Command(s) completed successfully.
```

4. XQuery et XPath

Les documents au format XML sont de plus en plus nombreux. Il est donc de plus en plus fréquent d'être conduit à rechercher de l'information dans ces sources de données. Le langage XQuery a pour objectif de répondre à cette problématique en fournissant un moyen simple et performant pour interroger les données au format XML. L'objectif de XQuery est de fournir un langage aussi simple et performant pour mener des interrogations sur des données au format XML que le langage SQL par rapport aux données stockées au format relationnel.

Il est possible de consulter la documentation exacte des règles qui régissent le langage d'interrogation XQuery en visitant le site web suivant :
http://www.w3.org/TR/xquery.

Le Transact SQL de SQL Server implémente seulement un sous-ensemble de XQuery tel qu'il est défini par le W3C. Ce sous-ensemble permet de réaliser sans aucun soucis la plupart des requêtes. L'implémentation XQuery dans SQL Server donne, entre autres, la possibilité de construire des boucles for, de faire des restrictions (where), de retourner une valeur (return) et de trier le jeu de résultats (order by).

SQL Server propose également la fonction let qui permet de valoriser des variables dans le contexte d'une requête XQuery.

Le langage de navigation XPath 2.0 est intégré dans XQuery. Il correspond à des requêtes XQuery qui sont définies uniquement et entièrement avec un chemin.

L'expression de ce chemin permet de localiser un ou plusieurs nœuds dans le document XML d'origine. Il est possible de limiter le nombre de nœuds sélectionnés en définissant des filtres. Ces filtres peuvent utiliser les valeurs contenues dans les attributs des nœuds pour évaluer une condition booléenne.

Les expressions XQuery sont toujours structurées de la même façon : un en-tête (prologue) et une expression (body).

L'en-tête est souvent omis pour les requêtes définies sur SQL Server.

L'expression XQuery représente la requête proprement dite. Le langage XQuery est fortement typé et sensible à la casse, ce qui est cohérent avec XML mais inhabituel par rapport au SQL. Les mots clés sont toujours en minuscule.

La requête XQuery la plus simple correspond simplement à un chemin relatif au document XML. Ce type de requêtes peut, par exemple, être utilisé en paramètre de la méthode **query()**.

Le chemin est exprimé par rapport à la racine de la structure XML. Le résultat de la requête correspond à tous les éléments qui possèdent le niveau de hiérarchie exprimé dans la requête.

Exemple

Soit la variable de type XML suivante :

```
declare @doc xml;
set @doc='<bibliotheque>
          <auteur nom="Verne" prenom="Jules">
            <livre>Voyage au centre de la terre</livre>
            <livre>De la terre à la lune</livre>
          </auteur>
          <auteur nom="Hofstadter" prenom="Douglas">
            <livre>Gödel, Escher, Bach</livre>
          </auteur>
        </bibliotheque>';
```

Messages

```
Command(s) completed successfully.
```

La requête XQuery bibliotheque/auteur fournira comme résultat l'ensemble des auteurs et de leurs livres.

La requête XQuery bibliotheque/auteur/ fournira quant à elle uniquement les livres car le chemin des éléments sélectionnés doit être bibliotheque/auteur/quelquechose.*

Enfin, la requête bibliotheque/auteur/livre/ ne fournira aucun résultat car le nœud livre est composé d'aucun sous-nœud.*

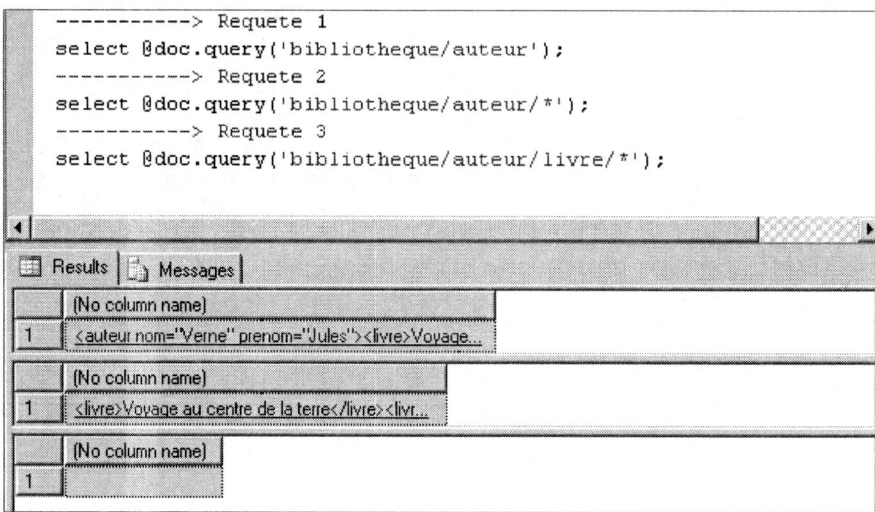

La requête XQuery peut également permettre de localiser une valeur en particulier. Dans ce cas, l'expression du chemin de l'élément va être accompagnée de filtres afin de définir des conditions supplémentaires sur la sélection des lignes. Ce filtre va correspondre au numéro de l'instance du nœud qui doit être sélectionné. Ce numéro est exprimé entre crochet [ ].

Exemple

La requête XQuery bibliotheque/auteur[1]/ fournira la liste des livres dont l'auteur est le premier à être référencé dans le document XML, soit Jules Verne dans l'exemple présenté ici.*

La requête XQuery bibliotheque/auteur[2]/ fournira la liste des livres dont l'auteur est le second à être référencé dans le document XML, soit Douglas Hofstadter.*

```
------------> Requete 1
select @doc.query('bibliotheque/auteur[1]/*');
------------> Requete 2
select @doc.query('bibliotheque/auteur[2]/*');
```

Results | Messages

	(No column name)
1	<livre>Voyage au centre de la terre</livre><livr...

	(No column name)
1	<livre>Gödel, Escher, Bach</livre>

Il est possible de travailler avec les attributs des nœuds XML dans la requête XQuery. Pour référencer un attribut, il faut faire précéder son nom du symbole @.

Exemple

Pour afficher le prénom des auteurs, il faudra utiliser la requête XQuery suivante : bibliotheque/auteur/@prenom. Afin d'être certain que la requête va ramener une valeur unique, il faut préciser le numéro de chaque nœud présent dans la requête.

L'exemple permet de connaître le prénom du premier auteur et le nom du second.

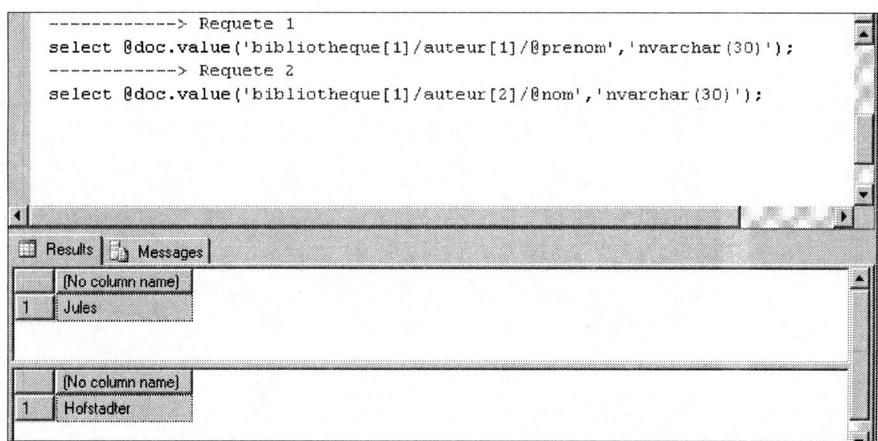

Il est possible de travailler avec les paramètres pour poser des conditions de sélection des nœuds. Le filtre exprimé entre les crochets permet de définir une condition qui va retourner une valeur booléenne afin de savoir si le nœud est sélectionné ou non.

Exemple

La requête XQuery bibliotheque/auteur[@prenom='Jules']/ va permettre de connaître la liste des livres écrits par un auteur dont le prénom est Jules.*

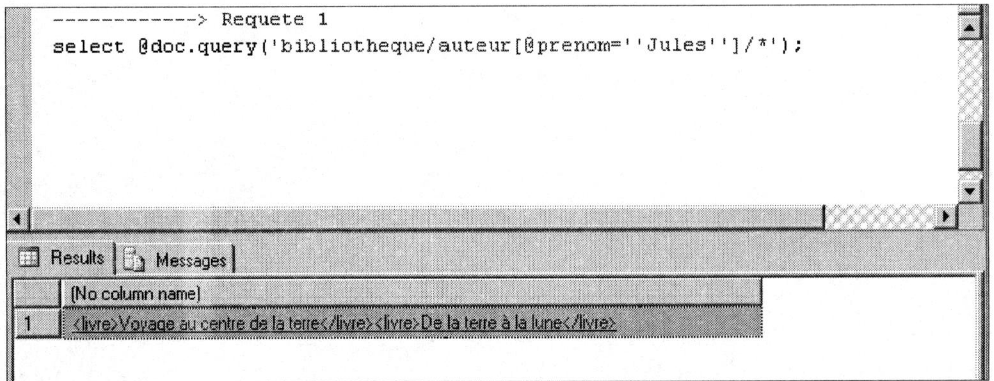

Pour écrire des requêtes d'extraction de données encore plus souples, XQuery propose les instructions for, where et return. La construction de la requête peut alors devenir complexe et permettre d'extraire les informations de façon propre. La requête XQuery contient tous les éléments pour extraire l'information du document au format XML.

Exemple

Dans l'exemple suivant, le document XML est parcouru au niveau des auteurs qui possèdent le prénom Jules. Ce parcours est assuré par la boucle for. Chaque sous-ensemble du document qui correspond à un pas du parcours est conservé dans la variable $element.

Pour chaque élément de la boucle for, une condition supplémentaire est posée par l'opérateur where. Dans l'exemple présenté ici, seuls les livres identifiés comme classique sont conservés.

Enfin, les informations relatives aux livres sont retournées comme un élément du nœud classique, par l'intermédiaire de l'instruction return :

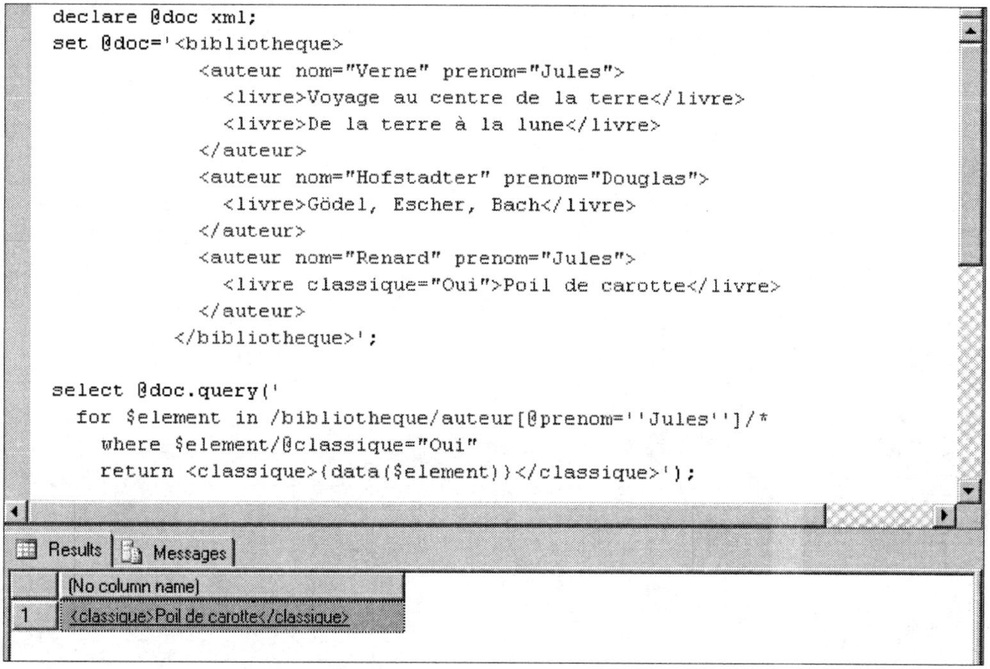

```
declare @doc xml;
set @doc='<bibliotheque>
            <auteur nom="Verne" prenom="Jules">
              <livre>Voyage au centre de la terre</livre>
              <livre>De la terre à la lune</livre>
            </auteur>
            <auteur nom="Hofstadter" prenom="Douglas">
              <livre>Gödel, Escher, Bach</livre>
            </auteur>
            <auteur nom="Renard" prenom="Jules">
              <livre classique="Oui">Poil de carotte</livre>
            </auteur>
          </bibliotheque>';

select @doc.query('
  for $element in /bibliotheque/auteur[@prenom=''Jules'']/*
    where $element/@classique="Oui"
    return <classique>{data($element)}</classique>');
```

Results | Messages

	(No column name)
1	<classique>Poil de carotte</classique>

Lors du parcours du document xml, il est parfois nécessaire d'affecter des valeurs à des variables. Cette opération est possible par l'intermédiaire de l'instruction let qui permet la valorisation d'une variable dans une expression XQuery. La requête XQuery est alors en mesure de réaliser des opérations plus complexes comme le dénombrement.

Exemple

Dans l'exemple suivant, le document xml est parcouru au niveau des auteurs. Le parcours est assuré par la boucle for.

Pour chaque élément du parcours, donc pour chaque auteur, le nombre de livres est dénombré par l'intermédiaire de l'instruction count et cette valeur est affectée à la variable $nombre.

L'instruction return permet de retourner une expression xml bien formée :

```
declare @doc xml;
set @doc='<bibliotheque>
            <auteur nom="Verne" prenom="Jules">
                <livre>Cinq semaines en ballon</livre>
                <livre>Voyage au centre de la terre</livre>
            </auteur>
            <auteur nom="Hofstadter" prenom="Douglas">
                <livre>Gödel, Escher, Bach</livre>
            </auteur>
            <auteur nom="Renard" prenom="Jules">
                <livre classique="Oui">Poil de carotte</livre>
            </auteur>
        </bibliotheque>';
select @doc.query(
    '<analyse>{
        for $element in /bibliotheque/auteur
        let $nombre:=count($element/livre)

        return
        <auteur>
        {$element/@nom}
        <nombreLivres>{$nombre}</nombreLivres>
        </auteur>
    }</analyse>');
```

```
Results | Messages
   (No column name)
1  <analyse><auteur nom="Verne"><nombreLivres>2</nombreLivres></auteur>...
```

5. FOR XML

L'utilisation de FOR XML représente un bon moyen de gérer l'échange au format XML vers une application cliente. Cette clause permet de convertir le résultat d'une requête SELECT au format XML.

Exemple

Cette requête établit la liste des commandes par clients au format XML :

```
SELECT TOP(100) CLIENTS.NOM, CLIENTS.PRENOM, COMMANDES.NUMERO,
                SUM(LIGNES_CDE.QUANTITE) AS NBRE_ARTICLES
  FROM CLIENTS INNER JOIN COMMANDES
    ON CLIENTS.NUMERO=COMMANDES.CLIENT
    INNER JOIN LIGNES_CDE
    ON COMMANDES.NUMERO=LIGNES_CDE.COMMANDE
 GROUP BY CLIENTS.NOM, CLIENTS.PRENOM, COMMANDES.NUMERO
 FOR XML AUTO;
```

Results | Messages

	XML_F52E2B61-18A1-11d1-B105-00805F49916B
1	<CLIENTS NOM="Jérôme" PRENOM="Brunault"><COMMANDES NUMERO="1351" NBRE_ARTICLES="10"/></C...

Le résultat au format XML de cette requête est alors :

```
<CLIENTS NOM="Romain" PRENOM="Despins">
  <COMMANDES NUMERO="1528" NBRE_ARTICLES="20" />
</CLIENTS>
<CLIENTS NOM="Pierrette" PRENOM="Henrichon">
  <COMMANDES NUMERO="1553" NBRE_ARTICLES="25" />
</CLIENTS>
<CLIENTS NOM="Emmanuelle" PRENOM="Paulet">
  <COMMANDES NUMERO="1782" NBRE_ARTICLES="39" />
</CLIENTS>
<CLIENTS NOM="Telford" PRENOM="Raymond">
  <COMMANDES NUMERO="1508" NBRE_ARTICLES="20" />
</CLIENTS>
<CLIENTS NOM="Blanchefle" PRENOM="Caya">
  <COMMANDES NUMERO="1566" NBRE_ARTICLES="23" />
</CLIENTS>
<CLIENTS NOM="Claudette" PRENOM="Audibert">
  <COMMANDES NUMERO="1670" NBRE_ARTICLES="32" />
</CLIENTS>
<CLIENTS NOM="Hélène" PRENOM="Labossière">
  <COMMANDES NUMERO="1476" NBRE_ARTICLES="9" />
</CLIENTS>
```

Avec l'apparition du type XML et la demande de plus en plus présente de fournir des données au format XML, la clause FOR XML a été remaniée avec SQL Server 2005. L'objectif recherché est de pouvoir extraire l'information depuis la base relationnelle vers un format XML sans recourir à des outils tiers de manipulation et de transformation des données.

Tout d'abord, et par souci de compatibilité ascendante, les résultats de la clause FOR XML sont toujours fournis au format texte par défaut. Cependant, l'option TYPE permet d'obtenir le même résultat mais exprimé au format XML cette fois-ci. Cette option est particulièrement intéressante lorsque le résultat de la requête doit être stocké dans une colonne de type XML par exemple.

Exemple

La requête précédente est modifiée pour obtenir un résultat au format XML :

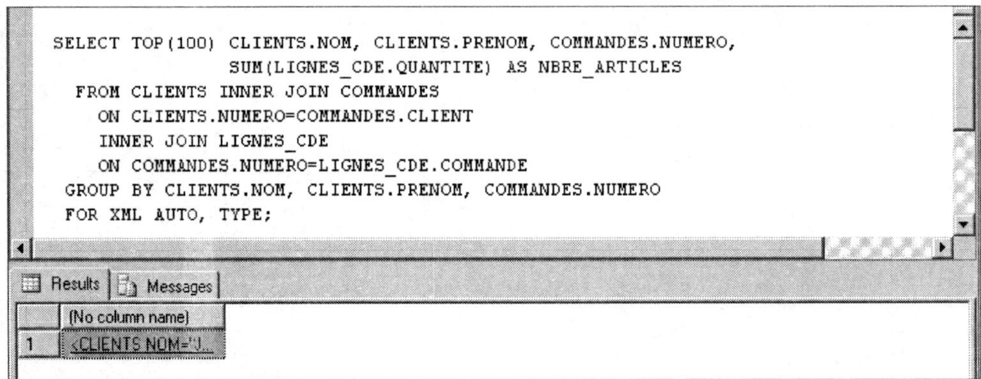

```
SELECT TOP(100) CLIENTS.NOM, CLIENTS.PRENOM, COMMANDES.NUMERO,
                SUM(LIGNES_CDE.QUANTITE) AS NBRE_ARTICLES
  FROM CLIENTS INNER JOIN COMMANDES
    ON CLIENTS.NUMERO=COMMANDES.CLIENT
    INNER JOIN LIGNES_CDE
    ON COMMANDES.NUMERO=LIGNES_CDE.COMMANDE
 GROUP BY CLIENTS.NOM, CLIENTS.PRENOM, COMMANDES.NUMERO
 FOR XML AUTO, TYPE;
```


Cette directive TYPE permet également de simplifier l'écriture des requêtes SQL qui ont en charge de générer un document XML plus ou moins complexe. Car il est possible d'utiliser toutes les fonctionnalités du SQL pour générer rapidement et simplement un document au format XML.

Exemple

Imbrication de requêtes qui retournent une valeur au format XML :

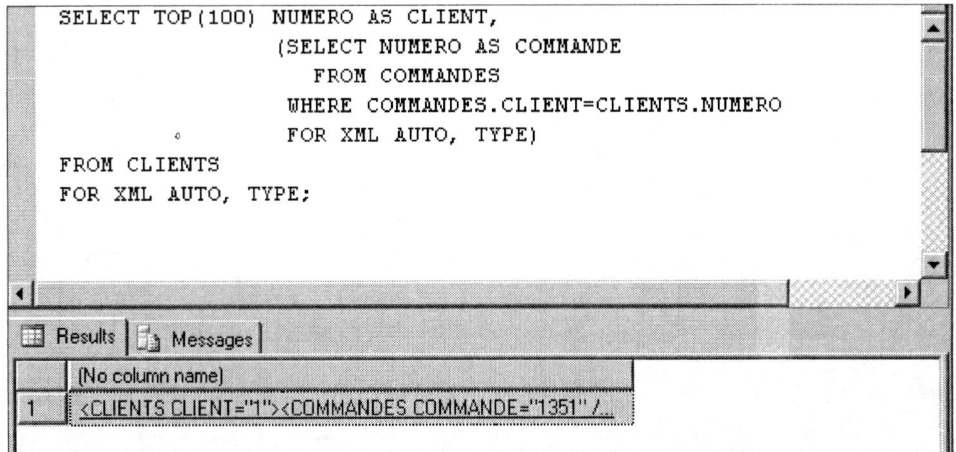

```
SELECT TOP(100) NUMERO AS CLIENT,
               (SELECT NUMERO AS COMMANDE
                  FROM COMMANDES
                WHERE COMMANDES.CLIENT=CLIENTS.NUMERO
                FOR XML AUTO, TYPE)
FROM CLIENTS
FOR XML AUTO, TYPE;
```


Le résultat visible au travers de l'éditeur XML est :

```
<CLIENTS CLIENT="50" />
<CLIENTS CLIENT="51" />
<CLIENTS CLIENT="52">
  <COMMANDES COMMANDE="1683" />
</CLIENTS>
<CLIENTS CLIENT="54" />
<CLIENTS CLIENT="55" />
<CLIENTS CLIENT="56" />
<CLIENTS CLIENT="57" />
<CLIENTS CLIENT="58" />
<CLIENTS CLIENT="59" />
<CLIENTS CLIENT="60" />
<CLIENTS CLIENT="61" />
<CLIENTS CLIENT="62" />
<CLIENTS CLIENT="63" />
<CLIENTS CLIENT="64" />
```

Il existe également la possibilité de définir un chemin (PATH) au niveau de la clause FOR XML, ou bien directement au niveau de l'alias de colonne dans la requête Select.

Exemple

Le cas précédent a été remanié en précisant les chemins afin d'obtenir exactement le document XML souhaité :

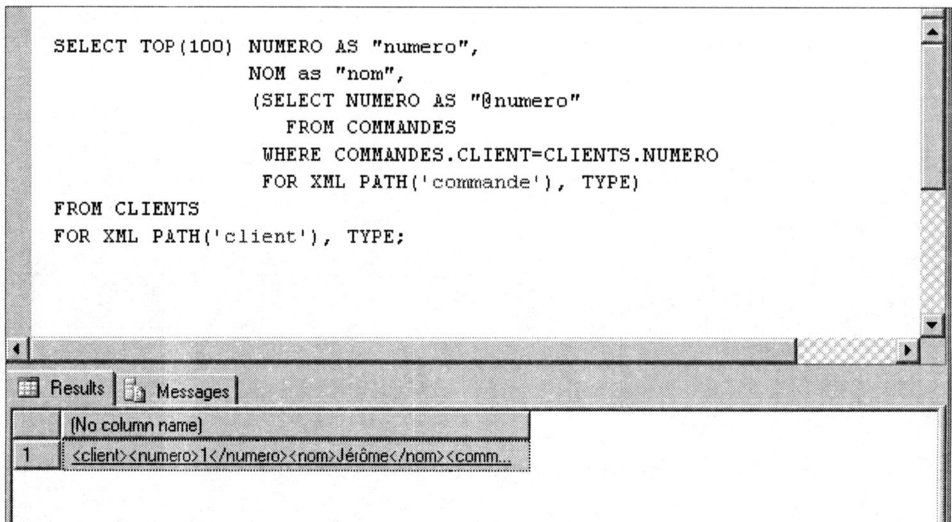

Le résultat au format XML est alors :

```
    <numero>51</numero>
    <nom>Aurélie</nom>
  </client>
  <client>
    <numero>52</numero>
    <nom>Durand</nom>
    <commande numero="1683" />
  </client>
  <client>
    <numero>54</numero>
    <nom>Javier</nom>
  </client>
  <client>
    <numero>55</numero>
```

6. OpenXML

Cette méthode permet de traiter un document XML sous la forme d'un jeu de résultats. Avec OPEN XML, il est possible d'intégrer le traitement d'un document XML dans une requête SQL de type SELECT, INSERT, UPDATE et DELETE.

Avec l'apparition du type XML, cette méthode tend à être de moins en moins utilisée.

Syntaxe

```
OPENXML(idoc int ,requeteXPath nvarchar,[drapeau byte])
[WITH (structureDonnées)]
```

`idoc`

Identifiant du document XML. Cet identifiant est fourni par la procédure sp_xml_preparedocument.

`requeteXPath`

Requête au format XPath pour localiser les informations dans le document XML.

`drapeau`

Indicateurs de paramétrages OPENXML.

`structureDonnées`

Nom et types des colonnes à présenter dans le jeu de résultats.

La méthode sp_xml_preparedocument permet de préparer un document au format texte vers le format XML. L'identifiant du résultat de cette transformation est retourné par la procédure stockée. L'identifiant servira à OPENXML pour localiser les données au format XML.

En fin d'utilisation, il faut veiller à exécuter sp_xml_removedocument pour libérer l'espace mémoire occupé par le document au format XML.

Exemple

Mise en place de la méthode OPENXML.

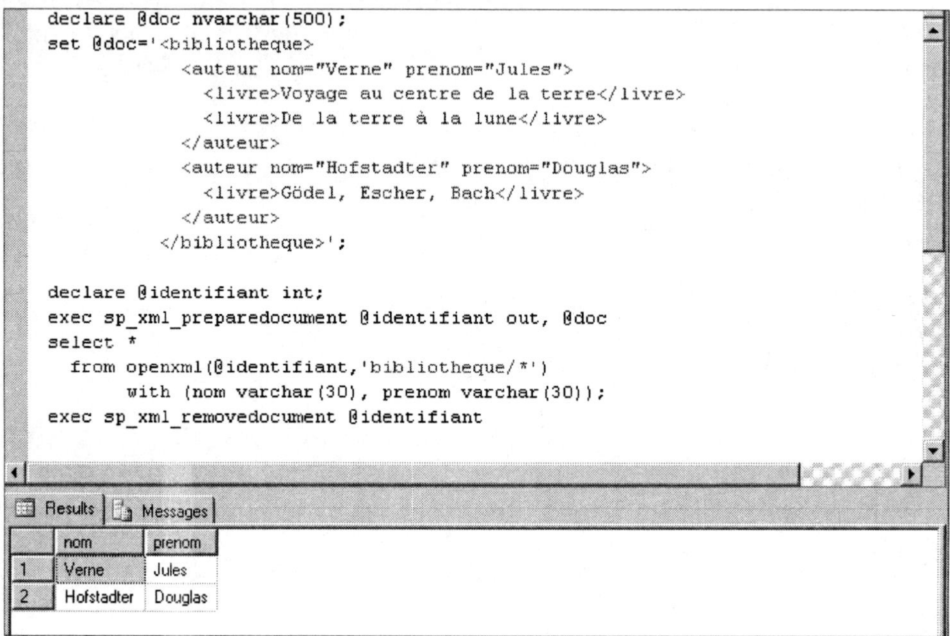

```
declare @doc nvarchar(500);
set @doc='<bibliotheque>
            <auteur nom="Verne" prenom="Jules">
              <livre>Voyage au centre de la terre</livre>
              <livre>De la terre à la lune</livre>
            </auteur>
            <auteur nom="Hofstadter" prenom="Douglas">
              <livre>Gödel, Escher, Bach</livre>
            </auteur>
          </bibliotheque>';

declare @identifiant int;
exec sp_xml_preparedocument @identifiant out, @doc
select *
  from openxml(@identifiant,'bibliotheque/*')
       with (nom varchar(30), prenom varchar(30));
exec sp_xml_removedocument @identifiant
```

Results | Messages

	nom	prenom
1	Verne	Jules
2	Hofstadter	Douglas

7. OPENROWSET

Cette méthode permet d'accéder facilement à des ressources externes au serveur pour travailler avec ces données distantes comme si elles étaient présentes sous forme de table dans la base de travail courante. La source de données peut être le système de fichier Windows, ou une source OLEDB.

L'utilisation de cette méthode peut parfois remplacer avantageusement l'utilisation du programme d'importation bcp.

La méthode OPENROWSET présente une alternative à OPENXML pour intégrer facilement des données XML externes au serveur.

Syntaxe

```
OPENROWSET(nomFournisseur,chaineConnexion,requete)
```

`nomFournisseur`

Nom du fournisseur OLEDB à utiliser.

`chaineConnexion`

Chaîne de connexions pour pouvoir se connecter à la source de données. Les paramètres de cette chaîne sont fonction du fournisseur OLEDB sélectionné.

`requete`

Requête SQL à exécuter pour extraire l'information.

Exemple

Chargement de données stockées dans un fichier plat dans le système de fichiers Windows :

```
INSERT INTO CALAOGUE(numero,page)
SELECT 2, informations
  FROM (SELECT *
        FROM OPENROWSET(BULK 'c:\formatxml.xml', SINGLE_BLOB) AS informations)
  AS fichierXML(informations);
```

Messages

```
(1 row(s) affected)
```


B. Les services Web XML

SQL Server propose des services Web XML pour travailler avec le serveur depuis une application distante. L'application peut librement, sous réserve d'une identification adéquate auprès du serveur, demander l'exécution de procédures stockées et lots d'instructions Transact SQL. Ces demandes devront être formulées au serveur par l'intermédiaire d'un message au format SOAP.

Cette fonctionnalité nécessite que le service IIS soit installé et configuré sur le serveur sur lequel le moteur SQL Server fonctionne. C'est pour cela que la vérification de la disponibilité du serveur IIS est faite lors de l'installation de SQL Server.

Au sein de SQL Server c'est le middleware orienté messagerie, Service Broker, qui est le principal utilisateur des points de terminaisons ainsi définis. Ce service s'appuie sur les points de terminaison lors de la mise en place à travers plusieurs instances SQL Server.

1. Principes de fonctionnement

Les services Web XML natifs proposés par SQL Server ont pour objectif de faciliter l'accès à l'information pour des applications qui ont un besoin ponctuel.
Cette solution n'est certainement pas adaptée dans les cas suivants :

- Les temps de réponses de la part du serveur de base de données doivent être optimum.
- La charge de travail de l'application va être rapidement très importante.
- En remplacement d'un serveur d'application.

En proposant cette solution via SOAP, cela permet aux applications non Windows d'accéder facilement aux données stockées dans une base SQL Server. Les clients Windows peuvent utiliser soit MDAC (*Microsoft Data Access Component*), soit SQLXML 3.0 pour travailler avec SQL Server.

Pour pouvoir utiliser les services Web XML, les applications doivent disposer d'un point de terminaison sur le serveur SQL Server. Ce point de terminaison est disponible par l'intermédiaire du protocole HTTP. Pour chaque point de terminaison défini, des procédures stockées et des fonctions propres à l'application y sont associées, c'est-à-dire que seuls ces éléments sont disponibles à l'utilisateur qui accède via le point de terminaison HTTP.

Les fonctions et les procédures sont typées en tant que méthodes Web (web methods). Une collection de méthodes web qui fonctionnent les unes avec les autres constitue un service Web.

Le service Web est décrit par un fichier WSDL. Ce fichier peut être généré automatiquement par SQL Server et est rendu disponible sur le point d'entrée HTTP.

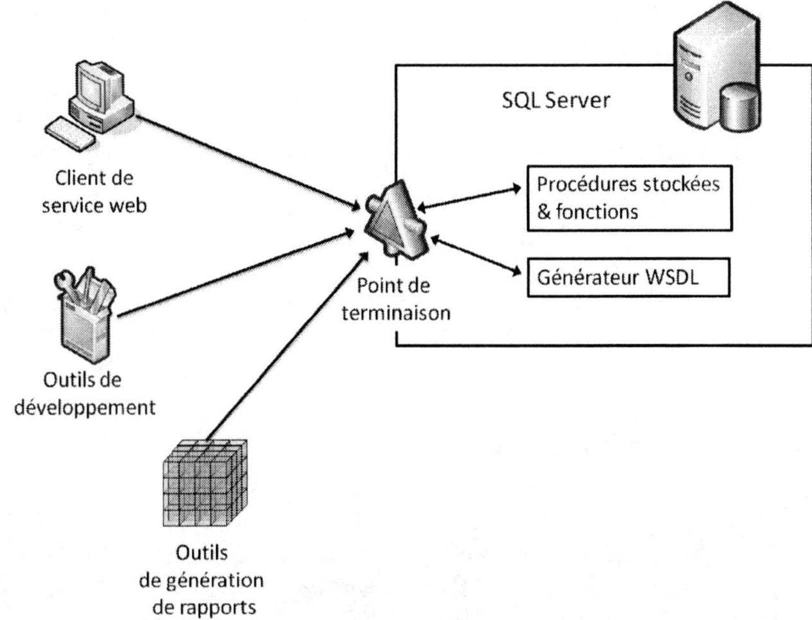

Cette solution présente de nombreux avantages, dont quelques-uns sont détaillés par la suite :

- Toutes les applications capables de travailler avec un service Web peuvent accéder à l'instance SQL Server. En effet, comme les technologies qui régissent les services Web sont normalisées et stables, de nombreux langages de programmation donnent la possibilité de travailler avec des services Web. Par exemple, une application écrite en java peut ainsi facilement accéder à des informations contenues dans une base SQL Server, sans qu'il soit nécessaire d'installer un pilote JDBC.
- Une excellente intégration avec les outils de développement d'applications Web. En effet, les résultats sont au format XML, et les outils de développement d'applications Web sont capables de traiter facilement et efficacement de telles informations en appliquant par exemple une feuille de style XSL.
- Une intégration plus facile avec les clients faiblement couplés, c'est-à-dire les postes nomades qui se connectent au serveur de façon irrégulière. De plus, le format XML normalisé permet de s'adapter à tous types d'applications, par exemple celles développées pour un terminal mobile.

Avant de pouvoir utiliser ces services Web, il faut configurer le serveur. Les différentes étapes de la configuration sont :

- la gestion des points de terminaison ;
- définir les autorisations d'accès sur le point de terminaison ;
- définir des fonctions et des procédures stockées ;
- configurer l'environnement d'exécution coté serveur.

Il restera alors à générer le fichier WSDL relatif au service Web, puis à intégrer l'utilisation de ces services Web directement dans une application cliente.

2. Le point de terminaison HTTP

Pour que SQL Server puisse répondre aux demandes faites par l'intermédiaire d'un message SOAP sur le protocole HTTP, il faut que le serveur puisse écouter ce protocole. Il faut donc créer un répertoire virtuel ou point de terminaison HTTP (http endpoint) qui corresponde à une URL valide et accessible depuis l'extérieur.

Pour gérer les points d'entrées HTTP, SQL Server dispose des instructions CREATE, ALTER et DROP ENDPOINT.

a. CREATE ENDPOINT

Cette méthode permet de créer le point de terminaison HTTP. Il est possible de définir simultanément les fonctions qui y seront disponibles.

L'instruction se décompose en deux grandes parties. Tout d'abord, le protocole réseau qui permet d'accéder au point d'entrée, puis les méthodes proposées dans le service Web sont exposées.

Compte tenu des nombreuses options dont dispose la commande, seuls les éléments les plus significatifs sont détaillés.

Syntaxe

```
CREATE ENDPOINT  nomPointTerminaison
[ AUTHORIZATION connexion ]
STATE    =    { STARTED | STOPPED | DISABLED }
AS { HTTP | TCP }    ( paramètresSpécifiqueAuProtocole  )
FOR { SOAP | TSQL | SERVICE_BROKER | DATABASE_MIRRORING}
 ( argumentsSpécifiqueAuTypeDeContenu )
```

`nomPointTerminaison`

Il s'agit du nom logique du point de terminaison (httpEndPoint). Ce nom permettra d'identifier le point de terminaison concerné par les instructions ALTER ENDPOINT et DROP ENDPOINT.

`AUTHORIZATION connexion`

Si cette option est précisée, elle permet de créer un point de terminaison et d'en donner la propriété à une connexion valide définie dans SQL Server. Par défaut, le créateur du httpEndPoint est également le propriétaire.

`STATE`

Permet de préciser l'état du point de terminaison, qui est arrêté par défaut, c'est-à-dire non accessible.

`AS {HTTP|TCP}`

Permet de spécifier le protocole utilisé pour accéder au service Web. En fonction du protocole défini, les options de paramétrage vont différer comme LISTERNER_PORT et LISTERNER_IP dans le cas où le protocole est TCP et PATH, AUTHENTICATION, PORTS, SITE... dans le cas du protocole HTTP.

`FOR { SOAP | TSQL | SERVICE_BROKER | DATABASE_MIRRORING}`

Permet de définir la "charge utile" du point de terminaison, c'est-à-dire les fonctions et procédures stockées qui vont participer à la définition du service Web. Les arguments qui suivent sont propres au type de contenu pour le point d'entrée. Par exemple, dans le cas où le contenu est de type SOAP, les arguments vont permettre de définir le mappage entre le nom des procédures et des fonctions et le nom par lequel elles seront identifiées dans le service Web. La méthode de construction du fichier WSDL est également précisée.

Exemple

L'exemple suivant permet de créer un point de terminaison sur le serveur SQL Server et d'y exposer la fonction CompteClients qui retourne le nombre total de clients.

Le point de terminaison est défini pour HTTP et la méthode est accessible par l'intermédiaire de SOAP :

```
CREATE FUNCTION CompteClients () returns int as
begin
  declare @valeur int=0;
  select @valeur=count(*) from clients;
  return @valeur
end;
go
CREATE ENDPOINT livre
  STATE=STARTED
  AS HTTP(PATH='/livre',
          AUTHENTICATION=(INTEGRATED),
          PORTS=(CLEAR),SITE='TEST')
FOR SOAP(
  WEBMETHOD 'CompteClients'(
    name='gescom.dbo.CompteClients',
    schema=standard),
  WSDL=DEFAULT,
  SCHEMA=STANDARD,
  DATABASE='gescom',
  NAMESPACE='http://tempUri.org'
);
GO
```

Messages

```
Command(s) completed successfully.
```

b. ALTER ENDPOINT

La commande ALTER ENDPOINT permet, principalement, de modifier l'état d'un point de terminaison. Elle permet également d'ajouter d'autres méthodes et procédures disponibles dans le service Web, ainsi que de modifier les méthodes existantes, ou bien les supprimer du service Web.

Syntaxe

```
ALTER ENDPOINT  nomPointTerminaison
[ AFFINITY   =    { NONE | <64bit_integer> | ADMIN } ]
[ STATE   =   { STARTED | STOPPED | DISABLED } ]
AS { HTTP | TCP }    ( paramètresSpécifiqueAuProtocole  )
FOR { SOAP | TSQL | SERVICE_BROKER | DATABASE_MIRRORING}
 ( argumentsSpécifiqueAuTypeDeContenu )
```

Exemple

Dans l'exemple suivant, le point de terminaison est arrêté :

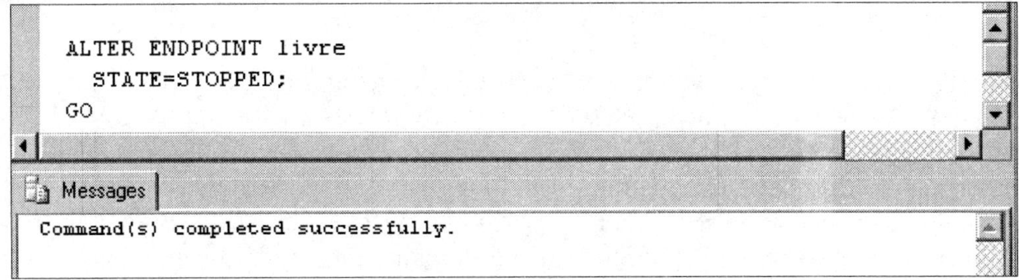

```
ALTER ENDPOINT livre
  STATE=STOPPED;
GO
```

Messages

Command(s) completed successfully.

c. DROP ENDPOINT

Cette instruction permet de supprimer un point de terminaison HTTP.

Syntaxe

```
DROP ENDPOINT  nomPointTerminaison
```

Exemple

Le point de terminaison livre est supprimé.

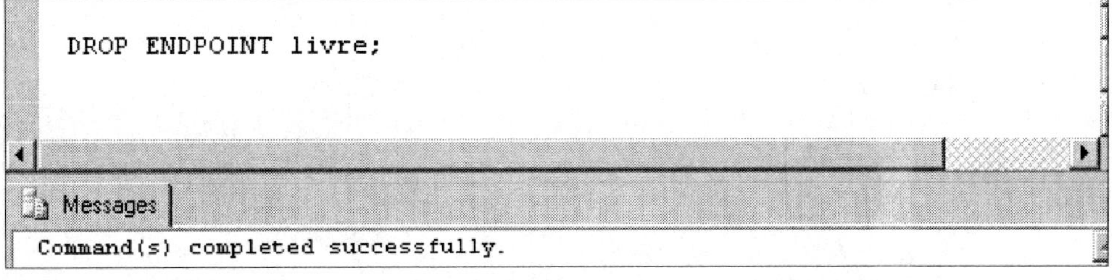

```
DROP ENDPOINT livre;
```

Messages

Command(s) completed successfully.

C. Table value Parameter

Il s'agit d'un nouveau type de paramètre introduit avec SQL Server 2008. Avec ce type de paramètre il est possible d'envoyer un ensemble de données directement à une procédure ou bien à une fonction Transact SQL. Pour mieux comprendre l'intérêt des "table value parameter", il est possible de rapprocher ce type de paramètre à la notion de tableau. Chaque ligne de ce tableau est définie par rapport à un type de données utilisateur. Ces types sont créés par l'intermédiaire de l'instruction CREATE TYPE qui permet maintenant de définir des types TABLE. Chaque champ est fortement typé grâce à l'usage, entre autres, des contraintes d'intégrité lors de la définition du type.

Avec les table value parameter il est possible de gérer un ensemble structuré de données sans qu'il soit nécessaire de créer une table, même temporaire. En ce sens, l'utilisation de ces types permet de gagner en souplesse d'utilisation et parfois même en performance. Cependant, les table value parameter sont toujours des paramètres en lecture seule. Donc, la procédure ou la fonction qui possède un paramètre de ce type ne peut modifier les informations présentes dans ce paramètre.

L'utilisation d'un table value parameter peut se décomposer en trois étapes :

- définir le type de chaque ligne à l'aide de l'instruction CREATE TYPE ;
- compléter le table value parameter avec des données en utilisant les instructions du DML : INSERT, UPDATE et DELETE ;
- appeler la fonction ou la procédure en lui passant en paramètre le table value parameter.

Dans la procédure ou la fonction qui possède un paramètre de ce type, les données sont extraites par l'intermédiaire de requêtes SELECT ou bien par l'utilisation d'un curseur.

Exemple

Dans l'exemple suivant le type tclient est défini de façon à recevoir un numéro de client et son nom.

La procédure affiche permet d'afficher les données contenues dans un paramètre de type tclient.

Enfin, un script Transact SQL permet de stocker les numéros et les noms des clients qui habitent Paris dans une variable de type tclient.

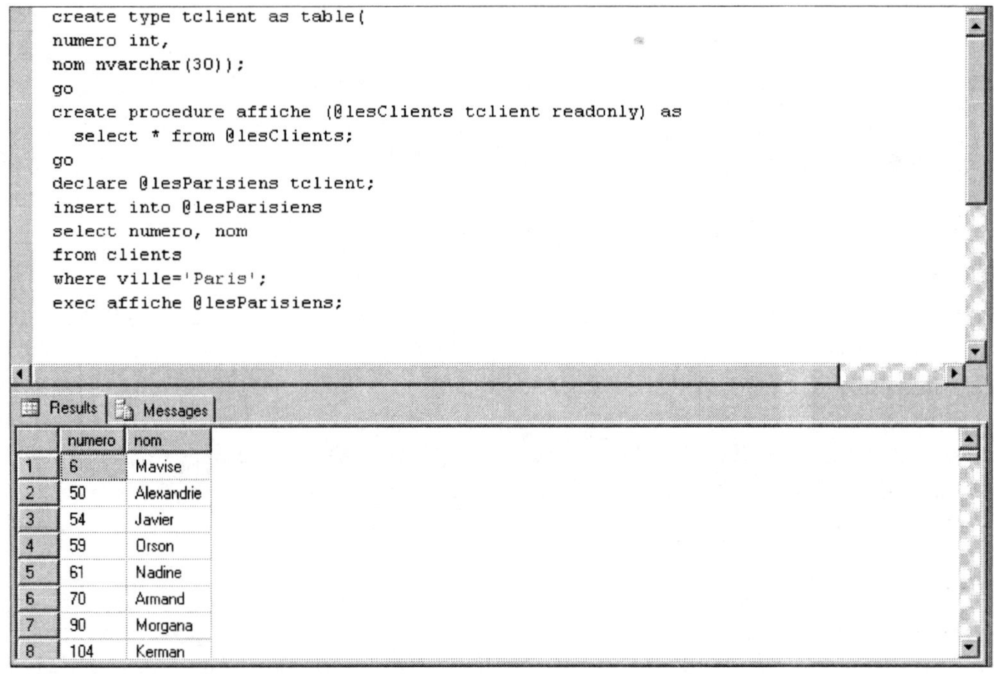

```
create type tclient as table(
numero int,
nom nvarchar(30));
go
create procedure affiche (@lesClients tclient readonly) as
  select * from @lesClients;
go
declare @lesParisiens tclient;
insert into @lesParisiens
select numero, nom
from clients
where ville='Paris';
exec affiche @lesParisiens;
```

Results | Messages

	numero	nom
1	6	Mavise
2	50	Alexandrie
3	54	Javier
4	59	Orson
5	61	Nadine
6	70	Armand
7	90	Morgana
8	104	Kerman

D. Les structures hiérarchiques

La notion d'organisation hiérarchique se rencontre dans de nombreux domaines dans la vie de tous les jours et la modélisation n'en est pas toujours aisée. C'est par exemple le cas pour un organigramme d'entreprise. SQL Server 2008 propose un type de données (hierarchyId) et des méthodes afin de stocker de façon structurée cette hiérarchie. Il est également possible d'optimiser le parcours de cette hiérarchie par l'intermédiaire d'index qui permettent de parcourir rapidement l'arborescence. De plus, SQL Server offre au travers du Transact SQL des méthodes spécifiques à ce parcours d'arborescence afin de faciliter les extractions de données.

1. HierarchyId

Il s'agit d'un type de données spécifique à SQL Server qui peut être utilisé pour modéliser une structure hiérarchique dans une table relationnelle. Les données pourront être extraites de cette table en utilisant les requêtes hiérarchiques.

Cette notion de hiérarchie n'est en aucun cas assimilable à une contrainte d'intégrité ; il est possible de trouver des éléments orphelins c'est-à-dire qui ne sont pas rattachés à l'arborescence définie. Les éléments orphelins peuvent apparaître suite à la saisie d'une mauvaise valeur ou suite à la suppression de l'élément qui était le supérieur hiérarchique.

Le type hierarchyId offre tout le support nécessaire pour modéliser proprement une hiérarchie dans les tables. Toutefois, le simple fait de définir une colonne de ce type dans une table ne garantit en aucun cas que les données soient classées de façon hiérarchique. C'est au développeur ou bien à l'utilisateur final de valoriser cette colonne. De même, si la notion d'unicité des valeurs doit être gérée, il est nécessaire de définir une contrainte d'unicité.

2. Les index

Afin d'accélérer le parcours des arbres hiérarchiques, il est possible de définir des index. Par contre les index ne seront utiles que s'ils respectent cette arborescence. Comme il existe deux façons de parcourir un arbre, il existe deux façons de définir ces index. La première méthode est d'essayer d'aboutir le plus rapidement au niveau feuille, puis par la suite explorer l'ensemble des feuilles d'une même branche avant de passer à la branche suivante.

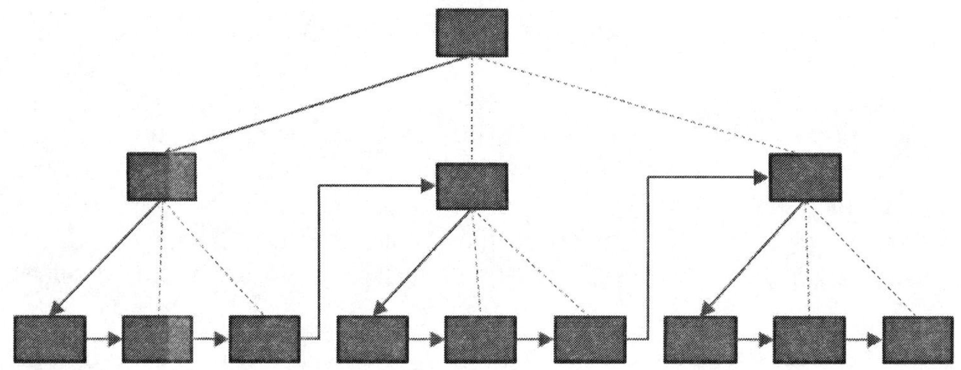

La seconde méthode consiste à explorer un niveau de façon complète avant de passer au parcours des éléments du niveau inférieur. Bien entendu, il est possible de définir les deux index sur la même table.

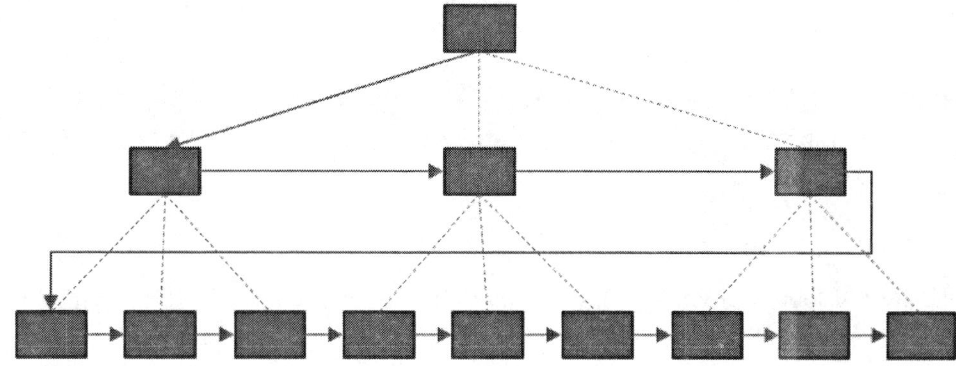

3. Les méthodes

`GetAncestor(niveau)`

Cette méthode permet d'identifier le supérieur hiérarchique d'un nœud. La valeur entière passée en paramètre permet de préciser le nombre de niveaux à remonter. Cette valeur est donc strictement positive et inférieure à la valeur retournée par GetLevel.

`GetDescendant([nœudFrère1[, noeudFrère2]])`

Cette méthode permet de connaître le nœud qui est le descendant direct du nœud identifié comme étant le père et par rapport auquel la méthode est exécutée. Dans le cas où il y a plusieurs nœud fils il est possible de préciser 1 ou 2 frères du descendant afin de localiser précisément l'emplacement du nœud descendant. Ce type de positionnement est particulièrement utile lors de l'insertion de données dans un arbre trié.

`GetLevel()`

Cette méthode est nécessaire lors de la définition d'un index BreadthFirst. Elle permet de connaître la profondeur d'un nœud dans l'arborescence.

`GetRoot()`

Cette méthode permet d'identifier de façon immédiate le nœud racine de l'arborescence.

`IsDescendant(noeudATester)`

Cette méthode permet de déterminer rapidement si le nœud passé en paramètre appartient à la descendance du nœud par rapport auquel cette méthode est exécutée.

`Parse(chaineCaractères)`

Cette méthode permet de convertir la chaîne de caractères passée en paramètre en une valeur de type hierarchyId.

`Read(lecteurBinaire)`

Cette méthode n'est utilisable que dans le cadre du CLR et permet de faire une lecture en binaire du nœud par rapport auquel cette méthode est exécutée.

`Reparent(ancienneRacine, nouvelleRacine)`

Cette méthode permet de modifier le nœud racine et de définir le nouveau chemin d'accès par rapport à la nouvelle racine passée en paramètre.

`ToString()`

Cette méthode est la méthode inverse de Parse et permet d'obtenir une représentation textuelle de la valeur hierarchyId du nœud.

`Write(fluxBinaire)`

Cette méthode réservée au code CLR permet de définir à partir d'un flux binaire la valeur de type hierarchyId du nœud. La méthode Write permet de réaliser l'opération inverse du travail réalisé avec la méthode Read.

Exemple

La première étape consiste à créer une table avec une colonne de type hierarchyId. Dans l'exemple présenté ci-dessous, une table représentant les employés d'une entreprise avec leur poste et leur position hiérarchique respective est définie :

```
create table employes(
  id int identity (1,1),
  position hierarchyId,
  nom nvarchar(80),
  prenom nvarchar(80),
  poste nvarchar(80));
```

```
Messages
Command(s) completed successfully.
```

Les index sont ensuite définis sur cette table. Le premier index est créé par l'intermédiaire de l'ajout d'une contrainte de clé primaire. Le second index concerne la colonne de type hierarchyID. Enfin pour permettre de parcourir rapidement tous les employés se trouvant à un même niveau dans la hiérarchie, une nouvelle colonne est ajoutée à la définition de la table. Cette colonne contient une donnée calculée à partir de la position de l'employé dans la hiérarchie :

```
alter table employes
 add constraint pk_employes primary key (id);
create index employes_position
  on employes(position);
-- modifier la table pour ajouter une colonne relative au niveau
alter table employes
  add niveau as position.GetLevel();
create index employes_niveau
  on employes(niveau, position);
```

```
Messages
Command(s) completed successfully.
```

Maintenant que la structure est définie, il est possible d'ajouter des informations dans cette table :

```
-- Ajouter le sommet de la hiérarchie
insert into employes (position, nom,prenom, poste)
  values (hierarchyId::GetRoot(), 'DUPONT','Emile','Directeur');

declare @patron hierarchyid;
select @patron=hierarchyid::GetRoot() from employes;
-- Ajouter le second niveau
declare @drh hierarchyid;
declare @compta hierarchyid
set @drh=@patron.GetDescendant(null, null);
insert into employes (position, nom, prenom, poste)
  values  (@drh,'BARTIN','Jeanne','DRH');
set @compta=@patron.GetDescendant(@drh, null);
insert into employes (position, nom, prenom, poste)  values
  ( @compta,'MICHALON','Paul','Comptable');
-- ajouter un troisième niveau
insert into employes (position, nom, prenom, poste) values
  (@drh.GetDescendant(null, null),'BERNAUD','Beatrice','Assistante');
insert into employes ( position, nom, prenom, poste) values
  (@compta.GetDescendant(null, null),'MARBOT','Marcel','Assistant');
```

Il est maintenant possible d'extraire les informations comme on le souhaite. Dans ce premier exemple, tous les employés qui ont pour supérieur hiérarchique direct le patron sont extraits :

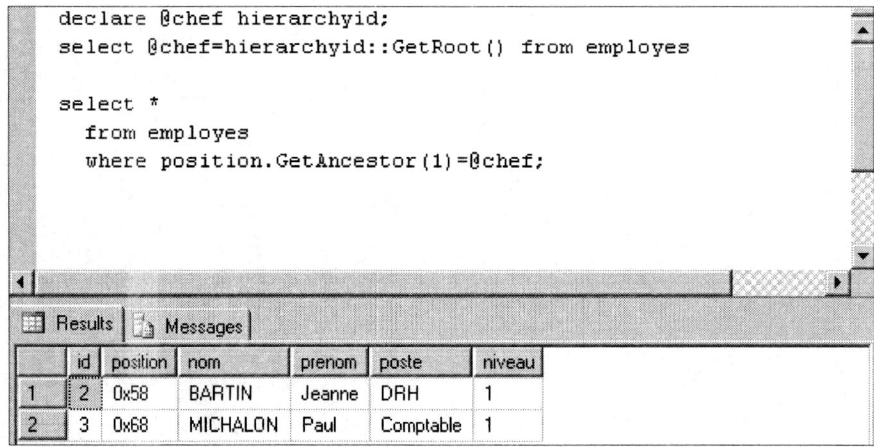

```
declare @chef hierarchyid;
select @chef=hierarchyid::GetRoot() from employes

select *
  from employes
  where position.GetAncestor(1)=@chef;
```

Results | Messages

	id	position	nom	prenom	poste	niveau
1	2	0x58	BARTIN	Jeanne	DRH	1
2	3	0x68	MICHALON	Paul	Comptable	1

E. Les données non structurées

Aujourd'hui, les bases de données doivent être en mesure de stocker des données non structurées et c'est ce que propose SQL Server avec son type filestream. En effet, les documents numériques sont de plus en plus présents dans notre quotidien et aujourd'hui il est courant de travailler avec des photos, des fichiers word, excel, des documents scannés... Or tous ces documents ne peuvent que difficilement trouver leur place dans une base de données relationnelle structurée avec des types de données simples. De plus, ces documents représentent très souvent un volume important. C'est pourquoi, bien souvent l'une des options suivantes est retenue :

- les données structurées sont stockées dans la base de données tandis que les données non structurées (fichiers) sont stockées directement sur le système de fichiers,
- les données structurées sont stockées dans une base de données et les données non structurées sont stockées dans une autre base,
- toutes les données, structurées ou non, sont stockées dans la base de données.

Les deux premières solutions posent le problème de la liaison entre les différentes données. Comment, par exemple, associer correctement l'image d'un produit à sa référence, sa désignation... et plus particulièrement comment garantir que lors de la suppression d'une image, l'article associé n'existe plus.

La troisième solution évite ces problèmes mais pose le problème délicat de la gestion de l'espace disque dans la base de données. De plus, les fichiers de données très volumineux ont tendance à dégrader les performances du moteur de base de données.

Pour essayer de tirer parti des différentes options, SQL Server propose deux solutions différentes.

La première consiste à utiliser une seconde base pour stocker les données de type blob (*Binary Large OBject*) mais tout en conservant une liaison entre les données locales et les données distantes. Ce serveur de fichiers BLOB peut bien sûr être d'origine Microsoft mais tous les grands acteurs du marché sont compatibles avec cette solution. En effet, ce type de solution peut être intéressant lorsque les données de type BLOB doivent être stockées sur un serveur distinct du serveur SQL, ou bien lorsqu'il existe déjà des applications qui alimentent ce magasin de BLOB.

La seconde possibilité est de définir une colonne de type varbinary en utilisant l'attribut FILESTREAM qui permet de stocker le fichier sur le système de fichiers tout en le liant avec les données relationnelles. Ce mode de stockage permet d'utiliser les avantages de chaque solution sans en avoir les inconvénients. Les données stockées dans une colonne FILESTREAM sont perçues par SQL Server comme des données de type BLOB et peuvent être manipulées au sein des requêtes comme n'importe quelle donnée relationnelle stockée dans la base. De plus, cette colonne reçoit un traitement identique aux autres colonnes BLOB lors des opérations de maintenance, de sauvegarde, de restauration.

Ce type de colonne impose tout même quelques limitations, comme le stockage des informations sur un disque local, le cryptage automatique des données n'est pas supporté de même que la mise en miroir. Il n'est pas possible également de définir une colonne de type FILESTREAM dans un paramètre table-value.

Quel que soit le mode de stockage retenu, la recherche dans ces données reste toujours difficile. Pour réaliser ce travail, SQL Server utilise le service de texte intégral qui est intégré à SQL Server. Cette intégration permet de réduire la complexité de gestion et donc le coût lors du déploiement de solutions SQL Server utilisant cette fonctionnalité. De plus, cette intégration permet d'obtenir de meilleures performances.

La mise en place nécessite l'activation de la gestion du type FILESTREAM au niveau du serveur. Cette activation est faite par l'intermédiaire de la procédure stockée sp_filestream_configure. Cette procédure va permettre de partager un dossier sur le serveur et de rendre ainsi accessible aux clients une partie du disque dur du serveur.

Syntaxe

```
sp_filestream_configure  @enable_level= niveau ,@share_name= nomPartage
```

`niveau`

Le niveau correspond à une valeur comprise entre 0 et 3. La valeur 0 correspondant à aucun partage actif et la valeur 3 siginifie que le dossier est accessible localement mais également à distance.

`nomPartage`

Permet de préciser le nom du partage affecté au type Filestream.

Exemple

Dans l'exemple suivant le partage porte le nom GescomImages et est accessible localement ou bien à travers le réseau :

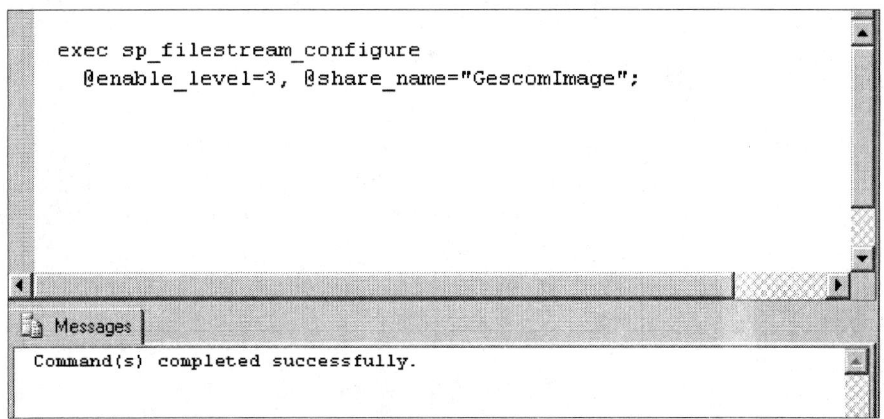

Il est possible de vérifier le résultat de cette commande en exécutant l'instruction net share depuis l'interpréteur de commande Windows :

```
C:\WINDOWS\system32\cmd.exe

C:\>net share

Share name   Resource                                 Remark

-------------------------------------------------------------------------------
IPC$                                                  Remote IPC
ADMIN$       C:\WINDOWS                               Remote Admin
C$           C:\                                      Default share
GescomImage  \\?\GLOBALROOT\Device\RsFx0100\<localmachine>\GescomImage
                                                      SQL Server FILESTREAM share
The command completed successfully.


C:\>_
```

Pour gérer les fichiers physiques SQL Server utilise les groupes de fichiers. La gestion des données FILESTREAM n'échappe pas à la règle, il est donc nécessaire de définir une groupe de fichiers. La particularité de ce groupe de fichiers vient du fait qu'il n'est pas composé de fichiers mais qu'il correspond à un dossier créé préalablement sur le système de fichiers.

Exemple

Dans l'exemple suivant le groupe de fichiers FilestreamGroup est défini et le dossier C:\gescom\images est associé au groupe de fichiers. Le dossier c:\gescom doit être créé sur le système de fichiers, l'instruction Transact SQL se charge de définir le sous-dossier images de la même façon qu'elle se charge de définir le fichier de données sur un groupe de fichiers classique.

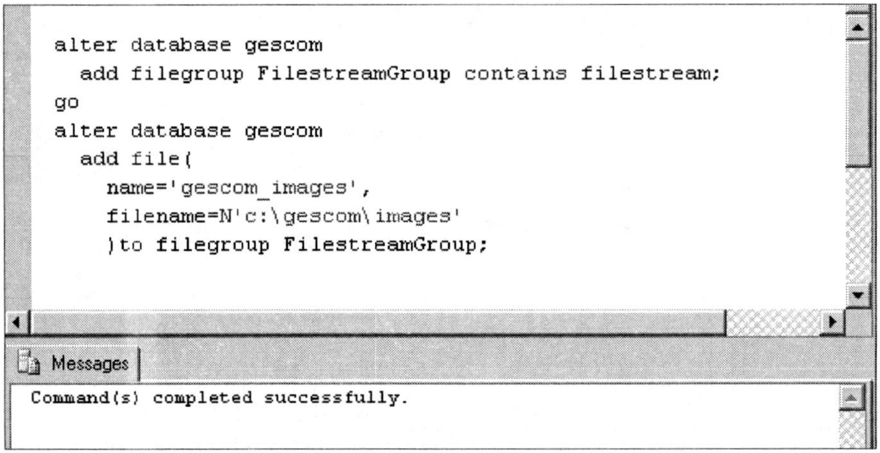

```
alter database gescom
  add filegroup FilestreamGroup contains filestream;
go
alter database gescom
  add file(
    name='gescom_images',
    filename=N'c:\gescom\images'
    )to filegroup FilestreamGroup;
```

Messages

```
Command(s) completed successfully.
```

Une colonne de type FILESTREAM peut alors être définie, il est toutefois possible de définir une colonne de ce type uniquement dans les tables possédant une colonne de type uniqueidentifier rowguidcol, n'acceptant pas les valeurs null et avec une contrainte d'unicité ou bien de clé primaire.

Exemple

La table catalogue est donc définie à cet effet :

```
create table catalogue(
id uniqueidentifier rowguidcol not null,
article nvarchar(16),
image_art varbinary(max) filestream,
constraint pk_catalogue primary key(id)
);
```

```
Messages
Command(s) completed successfully.
```

Il est maintenant possible d'ajouter de nouvelles lignes d'informations dans la table. Comme le Transact SQL n'est pas le langage le mieux adapté pour importer des images (il faut lui préférer .Net), c'est une chaîne de caractères qui sera considérée comme une donnée binaire.

```
insert into catalogue(id, article, image_art) values
  (newid(),'000397',cast('image article 000397' as varbinary(max))),
  (newid(),'000432',cast('image article 000432' as varbinary(max)));
```

```
Messages
(2 row(s) affected)
```

Il est possible de consulter le contenu du dossier cible et de constater qu'il contient maintenant des informations.

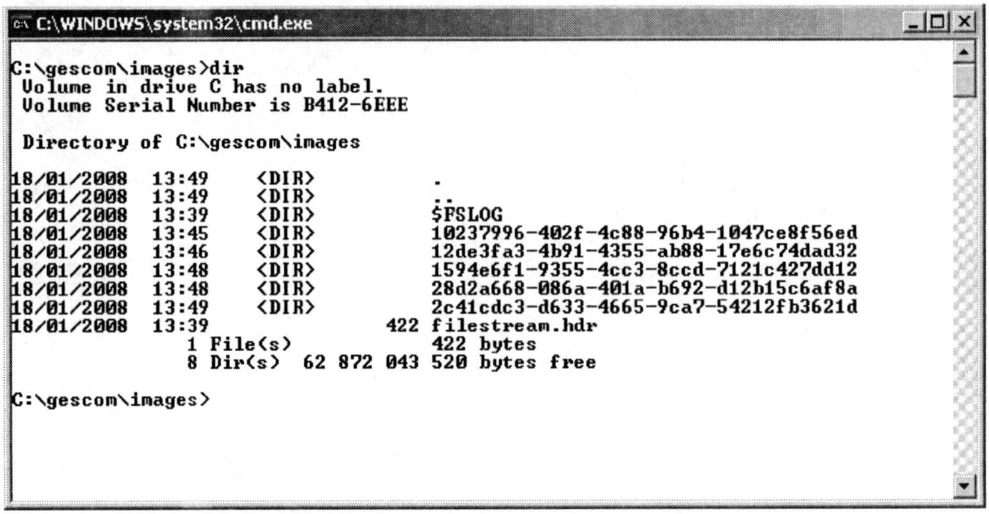

```
C:\WINDOWS\system32\cmd.exe

C:\gescom\images>dir
 Volume in drive C has no label.
 Volume Serial Number is B412-6EEE

 Directory of C:\gescom\images

18/01/2008  13:49    <DIR>          .
18/01/2008  13:49    <DIR>          ..
18/01/2008  13:39    <DIR>          $FSLOG
18/01/2008  13:45    <DIR>          10237996-402f-4c88-96b4-1047ce8f56ed
18/01/2008  13:46    <DIR>          12de3fa3-4b91-4355-ab88-17e6c74dad32
18/01/2008  13:48    <DIR>          1594e6f1-9355-4cc3-8ccd-7121c427dd12
18/01/2008  13:48    <DIR>          28d2a668-086a-401a-b692-d12b15c6af8a
18/01/2008  13:49    <DIR>          2c41cdc3-d633-4665-9ca7-54212fb3621d
18/01/2008  13:39               422 filestream.hdr
               1 File(s)            422 bytes
               8 Dir(s)  62 872 043 520 bytes free

C:\gescom\images>
```

Le fichier filestram.hbr ne doit surtout pas être supprimé.

F. Les données spatiales

Les applications qui travaillent avec des données géographiques sont maintenant nombreuses et elles permettent un repérage plus rapide de l'information, souvent avec comme objectif de dresser un itinéraire. Mais les applications peuvent également utiliser les données géographiques pour obtenir une représentation visuelle des données ou bien pour faire une analyse géographique des données (où sont répartis nos principaux clients ? ...).

Toutefois, il n'est pas possible de gérer de la même façon les données relatives à un schéma d'une ville ou d'un quartier et celles relatives à un pays. En effet, le chemin pour se rendre de la place de la Concorde à la place de l'Étoile à Paris est infiniment plus court que le trajet à effectuer pour se rendre de Paris à Mayotte. Dans le premier cas il est possible de considérer que la terre est plate alors qu'il n'est plus possible de faire cette approximation dans le second cas.

Pour répondre à ces contraintes, SQL Server propose les types geometry et geography. Le type geometry travaille sur un plan à deux dimensions et permet la représentation des données à une échelle locale. Le type geography utilise la latitude et la longitude pour stocker les différentes informations.

Pour être en mesure de travailler avec les principaux outils de représentation cartographique du marché, SQL Server respecte les spécifications émises par l'Open Geospatial Consortium (OGC). Il propose les méthodes et les propriétés du type geometry conformément aux recommandations de l'OGC.

Ces types de données (geometry et geography) sont définis comme étant des types CLR.

Il est possible de définir un index sur les colonnes qui hébergent des données géographiques par l'intermédiaire d'une grille à multiples niveaux.

Exemple

La table clients est modifiée pour y ajouter une colonne de type geography :

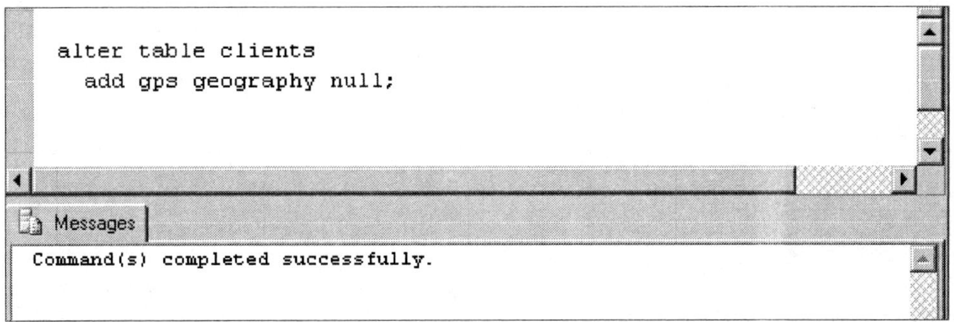

Les données de type geography sont manipulées avec les méthodes associées à ce type. Les méthodes sont appelées de la façon suivante geography::nomMéthode. Les informations de type geography peuvent être un point, une ligne ou bien un polygone.

Exemple

Dans l'exemple ci-dessous le positionnement de chaque client va être mis à jour à l'aide d'une instruction UPDATE. Les informations latitudes et longitudes représentent un point et sont exprimées sous forme de chaînes de caractères. La méthode STGeomFromText permet de transformer cette chaîne de caractères en information de type geography.

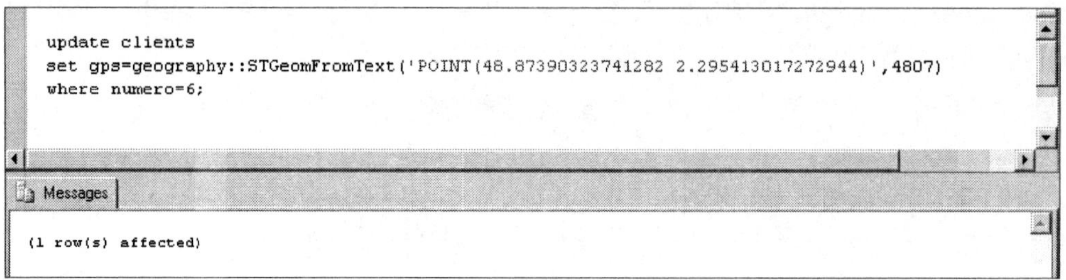

Le principe est exactement le même avec les données de type geometry.

Chapitre 7 : CLR

A. SQL Server et le CLR

SQL Server est en mesure de gérer des données de plus en plus complexes mais il se doit également d'offrir la possibilité de définir sur le serveur des traitements de plus en plus précis et parfois complexe. Ceci afin de fournir toujours plus de fonctionnalités. Dans certains cas, le langage Transact SQL ne permet pas de définir le traitement voulu. Grâce à l'intégration du CLR (*Common Language Runtime*) .Net directement dans le moteur de base de données, il est possible de programmer des traitements à l'aide de C# ou bien VB.Net.

La programmation de ces traitements pourra alors se faire directement depuis Visual Studio. Pour que les méthodes et procédures ainsi définies soient utilisables depuis les instructions SQL un mappage Transact SQL avec le code MSIL est réalisé.

Le fait de passer par le CLR intégré à SQL Server est beaucoup plus sûr (et plus simple) que de faire appel à des procédures stockées étendues. En effet le CLR présent dans SQL Server n'est que partiel et ne couvre pas toutes les fonctionnalités offertes par le Framework .Net. Par exemple tous les objets relatifs à la gestion de l'interface graphique n'y sont pas. En limitant le nombre de fonctionnalités offertes par le CLR il est possible ainsi de se prémunir de certains codes malveillants.

1. Transact SQL ou CLR ?

En introduisant le code CLR dans SQL Server, un nouveau problème se pose alors au développeur. Quand choisir de travailler avec un langage du .Net Framework et quand lui préférer le Transact SQL ?

Contrairement à ce qui pourrait être perçu par un premier regard trop rapide sur SQL Server, le Transact SQL n'est en aucun cas menacé par le code CLR. Au contraire, chacun possède ses avantages et ses inconvénients. En fonction du travail à réaliser, le choix se portera tout naturellement sur l'un ou l'autre.

Quelques-uns des principaux avantages de chaque langage sont énumérés ci-dessous :

Le Transact SQL sera privilégié pour :

- Un accès intensif aux données. Il est inconcevable de définir des procédures CLR pour masquer des requêtes SELECT.

- Manipuler des colonnes définies sur des types lourds, c'est-à-dire dont le "poids" dépasse les 8 Ko.
- Plus simplement, lorsque le développement est réalisé sur SQL Server mais que certains déploiements seront réalisés sur une version antérieure de SQL Server.

Le code CLR sera choisi de façon préférentielle pour :

- valider les données et réduire le trafic réseau ;
- définir des fonctions ayant une portée générale ;
- passer les données en paramètres :
- il n'y a pas ou peu d'accès à l'information présente dans la base de données ;
- réaliser des calculs complexes sur les données présentes dans une ligne d'information ;
- réaliser des calculs d'agrégat, ou bien travailler avec des types scalaires ;
- tirer profit de la puissance des langages du .Net en terme de fonctionnalités déjà disponibles ;
- remplacer les procédures stockées étendues (xp_...), ou plus exactement pour en écrire de nouvelles car les CLR offrent une souplesse en terme d'écriture grâce au code contrôlé.

Il est possible de compléter ces énumérations en précisant que bien que le Transact SQL ne possède pas une gestion optimisée pour les chaînes de caractères, il dispose de nombreuses fonctions de manipulation de données.

Le CLR permet de produire un code plus optimisé et donc plus performant. Il permet également de s'appuyer sur la richesse des langages tels que C# ou VB.Net.

Le code CLR est particulièrement bien adapté pour définir des traitements complexes. Il permet également la gestion des flux XML complexes. Enfin, le CLR permet de créer ses propres types de données structurées : les UDT (ou *User Defined Types*).

Le code CLR peut également s'imposer naturellement, par exemple lors de l'écriture d'une procédure relativement complexe. La richesse d'un langage orienté objet et du Framework .Net peut alors se faire sentir. Par exemple, pour détecter un format dans une chaîne de caractères, il est nettement plus simple de passer par le CLR et d'utiliser les expressions régulières au lieu d'écrire un code compliqué et non optimisé en Transact SQL.

a. Les fonctions scalaires

La mise en place de traitements en Transact SQL permet déjà un gain de temps important lors de l'exécution en comparaison avec le même traitement s'exécutant au sein d'un applicatif client. Il est encore possible d'améliorer ces performances pour les fonctions complexes en ayant recours au code CLR.

Cette amélioration en terme de performance est particulièrement significative lorsque le passage au code CLR a pour résultat l'écriture d'une fonction de calcul d'agrégat. En effet, une telle fonction est exécutée pour chaque ligne de données répondant aux critères de restriction de la requête.

Lors de l'écriture de la fonction à l'aide d'un langage .Net, il est nécessaire de préciser si cette fonction sera déterministe ou non. Le bon positionnement de cette option est important en terme de performance. En effet, le moteur va utiliser cette option pour maintenir ou non un cache de réponses en fonction des paramètres d'appels de la fonction.

Dans le cas du traitement de chaînes de caractères par une fonction du CLR, il est à noter que les langages tels que C# ou VB.Net travaillent sur des données caractères au format unicode. Il est donc nécessaire d'utiliser les type nchar et nvarchar en Transact SQL.

b. Les fonctions qui retournent une table

Le code CLR n'est pas forcément le meilleur langage pour définir de telles fonctions.
Le CLR propose des fonctionnalités intéressantes pour manipuler et retourner un ensemble d'informations, en particulier par l'intermédiaire des interfaces IEnumerator ou IEnumerable qui permettent de réaliser simplement le parcours complet de la table de résultats.

2. Travailler avec le code CLR

Le code CLR peut être chargé dans la base de deux façons : soit directement depuis Visual Studio, soit depuis l'assembly MSIL à l'aide de l'instruction Transact SQL CREATE ASSEMBLY.
Si les fonctions SQL CLR sont écrites depuis Visual studio, le déploiement est automatique sur SQL Server.

Toutefois, à partir de la deuxième compilation d'une fonction, il faudra veiller à supprimer l'assembly sur le serveur SQL car il n'y aura pas de suppression automatique des fonctions déjà présentes sur le serveur SQL. En procédant de cette façon, il y a peu de chance d'écraser une fonction qui existe déjà.

Pour être en mesure de travailler avec des fonctions présentes dans l'assembly, c'est-à-dire définies sur la plate-forme .Net depuis le Transact SQL, un mappage doit être réalisé afin d'assurer la compatibilité des différents modes d'appel.

Les fonctions doivent toujours être préfixées par le nom du schéma sur lequel elles sont définies (dbo en général) lors de leur utilisation.

a. Accéder à des ressources externes

Pour accéder à des ressources externes au serveur de base de données, tel que le journal des évènements, le registre Windows ou bien l'évocation d'un Service Web, il est nécessaire d'avoir recours au code CLR. Il ne faut surtout pas s'appuyer sur des procédures non documentées sp_xxxx ou xp_xxxx, car elles ne seront pas nécessairement présentes dans les futures versions de SQL Server.

b. Les instructions SQL

En utilisant le Transact SQL, la plupart du temps les instructions SQL sont codées en dur, c'est-à-dire de façon statique. Le compilateur peut donc détecter les erreurs de syntaxe dès la création de la procédure ou de la fonction.

Lors de l'intégration d'instructions SQL dans du code CLR, les instructions SQL ne sont compilées que lors de l'exécution du code qui transmet alors les instructions SQL au moteur de base de données. Le comportement est alors similaire à celui rencontré lors de l'utilisation de la procédure stockée **sp_executesql** qui permet de construire dynamiquement des instructions SQL en Transact SQL.

c. Les types de données

Dans le CLR, il n'existe pas l'équivalent du mot clé null présent au niveau du Transact SQL pour signaler l'absence de valeur. L'affectation de cette valeur à une variable de type entier, par exemple, provoque une exception d'affectation.

Pour ne pas rencontrer ce type de problème, il est nécessaire d'utiliser les indicateurs RETURNS NULL ou NULL INPUT lors de la définition de la fonction.

Le code CLR n'est pas non plus parfaitement adapté au traitement des chaînes de caractères de type char ou varchar. En effet, dans le code CLR les chaînes de caractères sont toujours au format unicode. C'est, entre autres, pourquoi il est préférable de travailler avec les types de données nchar et nvarchar qui travaillent eux directement au format unicode.

De même, le CLR considère comme un flux binaire les données de type TIMESTAMP.

d. L'accès aux données

Le CLR de SQL Server permet l'accès aux données par l'intermédiaire d'ADO. Cette couche peut, maintenant, être considérée comme un standard d'accès aux données depuis .Net et permet de retrouver rapidement les automatismes acquis lors de la conception de programmes clients.

De plus, SQL Server propose pour le code qui s'exécute sur le serveur, des classes spécifiques dans l'espace de nom Microsoft.SqlServer.Server.

e. Localisation du code

L'intégration de code CLR dans SQL Server permet d'écrire des traitement complexes en VB.Net ou C#, par exemple, et de spécifier que l'exécution de ce code aura lieu dans le serveur de base de données. L'objectif de cette nouvelle fonctionnalité est de donner plus de souplesse aux développeurs et de permettre de réaliser le plus simplement possible, des traitements complexes grâce, entre autres, à la richesse des fonctionnalités offertes par le CLR. SQL Server n'a cependant pas vocation à se transformer en serveur d'applications. Les exécutions faites sur le serveur de base de données consomment des ressources qui ne sont alors plus disponibles pour le traitement des requêtes.

Dès que cela est possible, il faut privilégier l'exécution du code sur l'applicatif client (du point de vue du serveur de base de données) de façon à alléger la charge de travail du serveur.

La classe SQLContext propose la méthode IsAvailable qui retourne une valeur booléenne true (vraie) si le code s'exécute sur le serveur et false (faux) sinon.

B. Définir du code CLR géré dans SQL Server

1. Activer la prise en charge du code CLR

Avant de commencer à écrire du code CLR pour SQL Server il est nécessaire d'activer la prise en charge de ce type de code par SQL Server. Il ne s'agit pas d'une option ou d'un composant à installer mais d'une option de configuration à activer. En effet, pour des raisons de sécurité cette option est désactivée par défaut. Elle peut être activée depuis la surface d'exposition ou bien directement depuis le Transact SQL à l'aide de la procédure stockée **sp_configure**. Il s'agit alors de modifier la valeur de l'option de configuration CLR_ENABLED. Cette configuration via le Transact SQL peut être réalisée depuis SQL Server Management Studio ou bien depuis SQLCMD comme illustré ci-dessous.

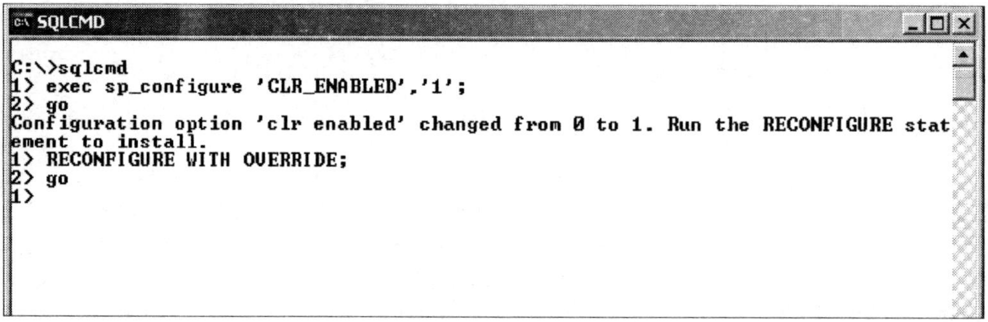

```
SQLCMD
C:\>sqlcmd
1> exec sp_configure 'CLR_ENABLED','1';
2> go
Configuration option 'clr enabled' changed from 0 to 1. Run the RECONFIGURE stat
ement to install.
1> RECONFIGURE WITH OVERRIDE;
2> go
1>
```

2. Travailler avec Visual Studio

Bien qu'il soit théoriquement possible d'écrire le code source depuis n'importe quel éditeur, même le bloc note, il est très fortement recommandé d'utiliser le Visual Studio pour définir des éléments en code CLR gérés pas SQL Server. En effet, depuis Visual Studio, le déploiement sur l'instance SQL Server et le mappage CLR-Transact SQL sont fait de façon automatique.

Afin de garantir au maximum la sécurité de l'application, SQL Server ne supprimera jamais de façon implicite une procédure ou une fonction. Il faudra donc la supprimer ainsi que l'assembly avant de lancer une nouvelle génération depuis Visual Studio.

Après avoir lancé Visual Studio, il s'agit donc de créer un projet de type SQL Server.

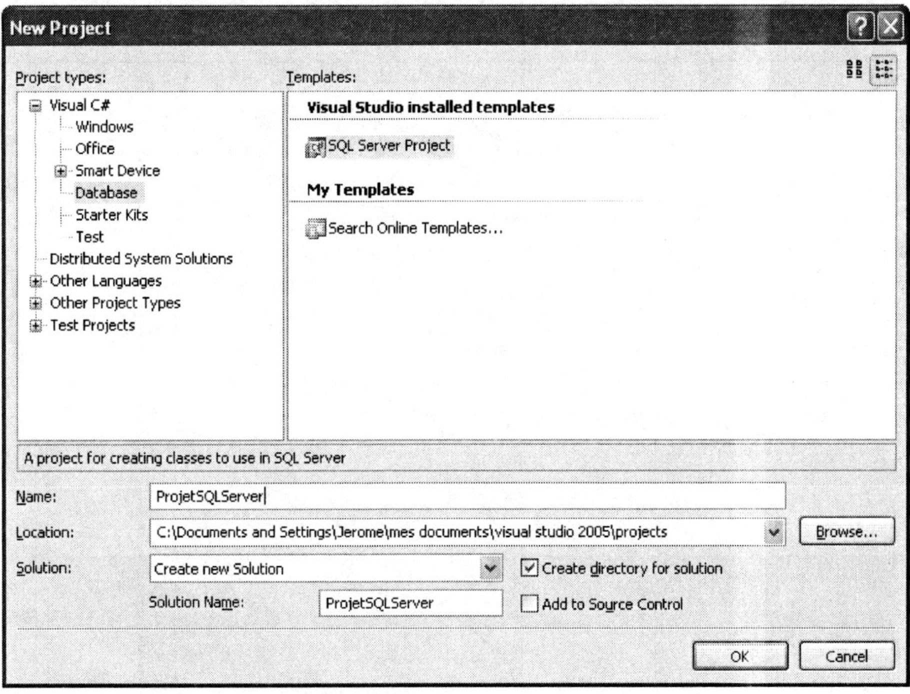

Ensuite, Visual Studio demande à ajouter une référence vers le serveur qui sert de base au projet.

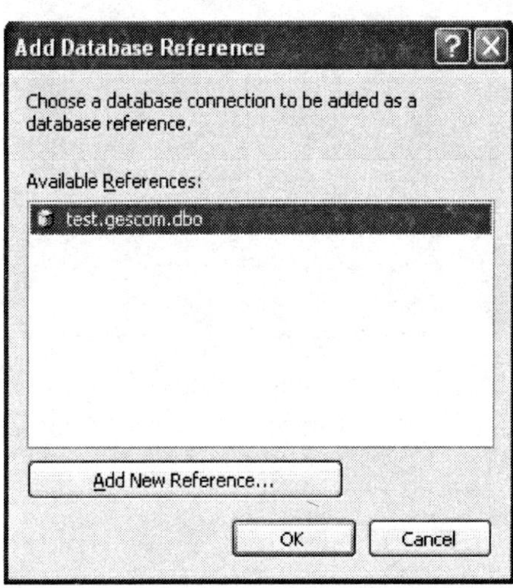

Dans le cas illustré ici, il faut sélectionner comme fournisseur de données à utiliser .Net Framework Data Provider for SQL Server. Il faut ensuite identifier complètement le serveur à utiliser en spécifiant son emplacement (local) car le serveur SQL Server et les outils de développement Visual Studio sont présents sur le poste.

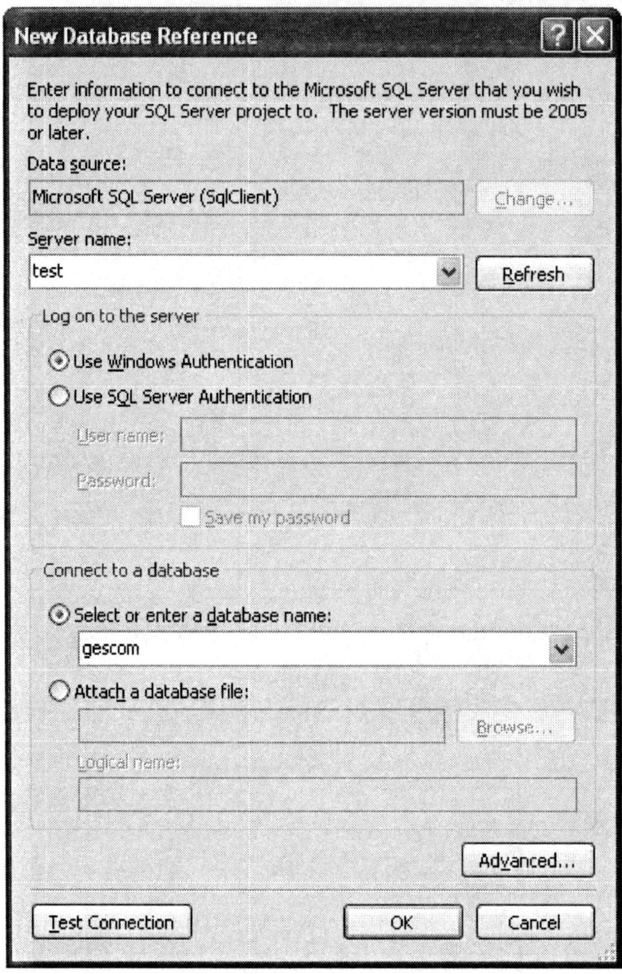

Les différents types de développement proposés par le CLR sont exposés et illustrés par un exemple. Les exemples sont indiqués en C#, mais il est tout à fait possible de réaliser le même travail en Visual Basic.

3. Type de donnée personnalisé

Les types de données personnalisés ou UDT (*User Defined Type*) donnent la possibilité au développeur de compléter les types proposés par SQL Server afin de stocker l'information exactement au format qu'il souhaite. Cependant, les types UDT peuvent s'avérer être un piège s'ils sont utilisés à contre sens comme par exemple pour transformer SQL Server en base Orientée Objet. En effet, lorsqu'une colonne est définie en utilisant un type UDT, alors c'est la totalité des champs constitutifs de ce type qui sont mis à jour, même si une simple valeur a été modifiée. De même, la manipulation de ce type de donnée sera moins aisée et moins performante qu'en utilisant une structure relationnelle classique.

Les types UDT sont par contre parfaitement bien adaptés lorsqu'il s'agit de stocker des valeurs dont la structure est complexe et les différents champs sont liés entre eux. Par exemple, un numéro de sécurité sociale : la structure est complexe, mais parfaitement définie et les données sont liées entre elles afin de composer un numéro unique. En définissant un type UDT il est alors possible de définir des fonctions et des procédures qui manipulent ce type. Comme la structure est complexe, la vérification des données sera plus facile en C# ou VB.Net qu'en Transact SQL.

Pour définir son propre type de donnée, il faut, depuis la fenêtre **Solution Explorer**, sélectionner **Add - User-Defined Type** depuis le menu contextuel associé au projet.

La boîte de dialogue permettant d'ajouter un nouveau composant au projet apparaît alors. Dans l'exemple ci-dessous, le type **TClient** est créé.

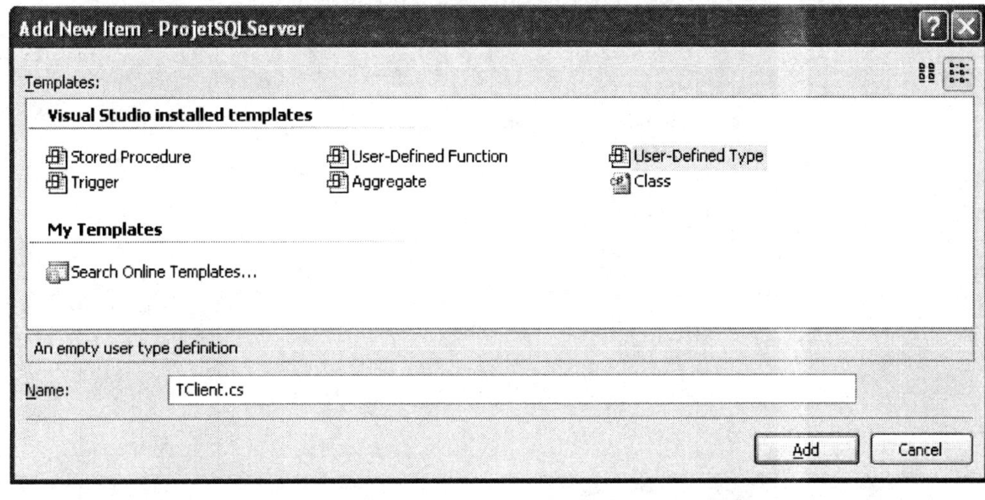

Il ne reste plus alors qu'à définir la classe de façon complète dans le Visual Studio.

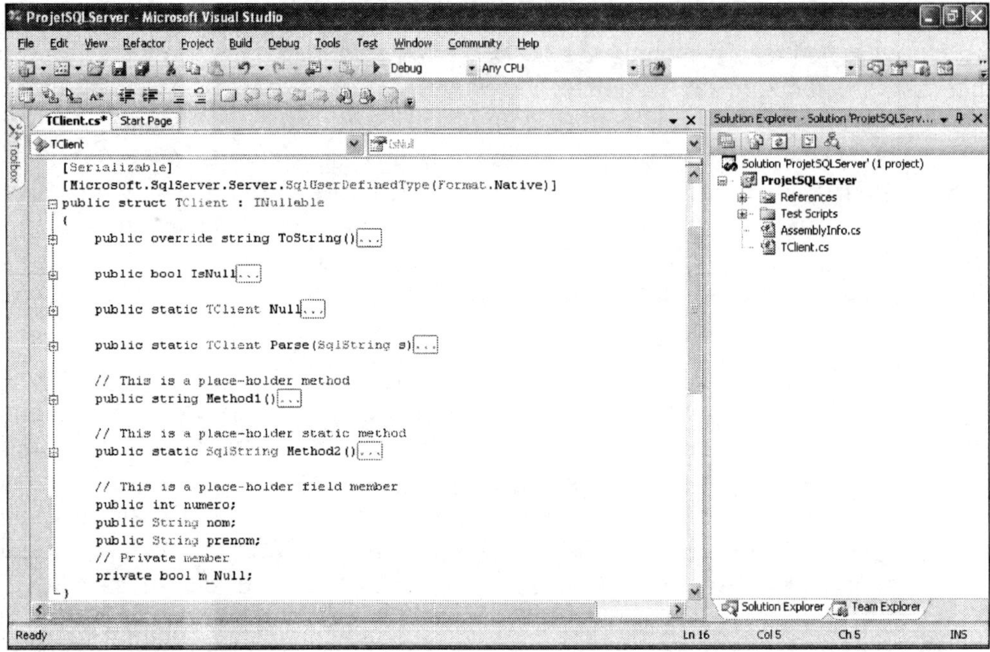

Le déploiement est assuré de façon automatique lors de l'exécution du projet.

Il est alors possible de définir une table qui possède une colonne de type TClient.

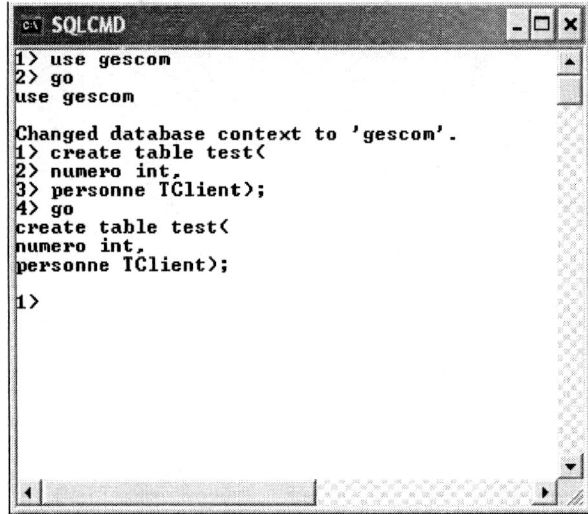

Lors de la prochaine exécution du projet, une erreur sera levée, car le type n'est pas supprimé de façon automatique. Il est donc nécessaire de supprimer le type TClient depuis SQL Server avant de tenter une nouvelle exécution du projet.

4. Procédure stockée

La procédure stockée est ajoutée au projet en passant par le menu contextuel associé au projet depuis la fenêtre **Solution Explorer** ou par le menu **Project de Visual Studio**.

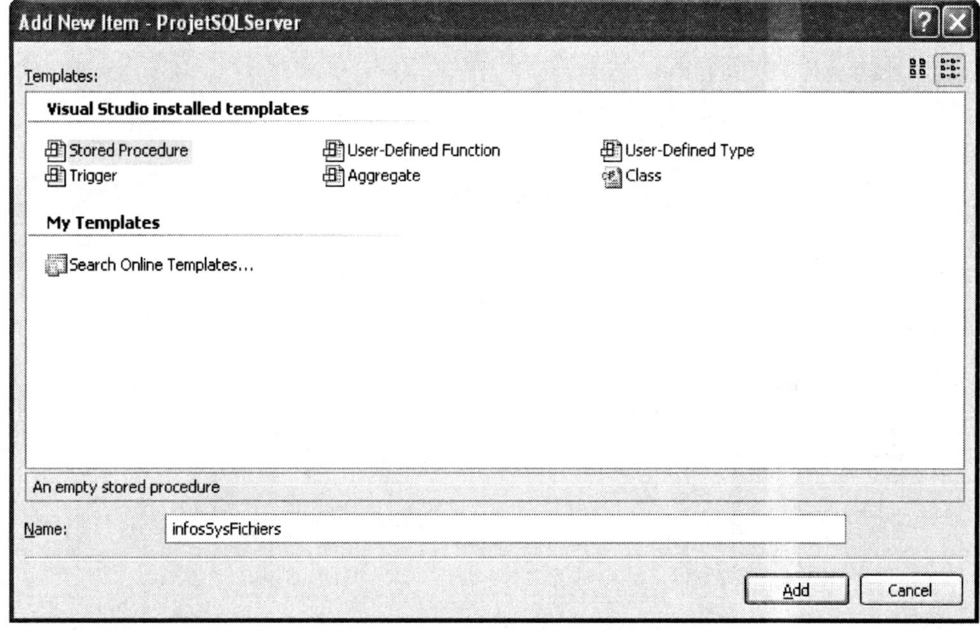

La procédure infosSysFichiers est créée. Le but de cette procédure est d'obtenir des informations sur le système de fichiers du serveur. Ces informations pourront s'avérer utiles lors de l'ajout d'un nouveau fichier sur une base de données, par exemple. Sans l'intégration du CLR à SQL Server, il n'est possible de réaliser cette tâche de travail qu'en programmant une procédure stockée étendue avec tous les risques que cela comprend.

```
using System;
using System.Data;
using System.Data.Sql;
using System.Data.SqlTypes;
using System.IO;
using Microsoft.SqlServer.Server;

public partial class StoredProcedures
{
    [Microsoft.SqlServer.Server.SqlProcedure]
    public static void infosSysFichiers()
    {
        try
        {
            //Obtenir une référence sur SQL Pipe pour communiquer
            // avec l'instance SQL Server
            SqlPipe sqlpipe;
            sqlpipe = SqlContext.Pipe;
            // Créer un tableau de MetaData relatifs aux colonnes
d'information
            SqlMetaData[] metadata = new SqlMetaData[2];
            metadata[0] = new SqlMetaData("unite", SqlDbType.Char, 1);
            metadata[1] = new SqlMetaData("Mo libres", SqlDbType.BigInt);
            SqlDataRecord enregistrement = new SqlDataRecord(metadata);
            sqlpipe.SendResultsStart(enregistrement);
            //Retrouver les informations relatives aux unités
            DriveInfo[] lesInfos=DriveInfo.GetDrives();
            for (int i = 0; i < lesInfos.Length; i++)
            {
                if ((lesInfos[i].DriveType == DriveType.Fixed) &&
(lesInfos[i].IsReady) )
                {
                    //Récupérer le nom et l'espace libre
                    enregistrement.SetString(0,lesInfos[i].Name.
Substring(0,1));
                    enregistrement.SetInt64(1,lesInfos[i].
TotalFreeSpace/1048576);
                    //Envoyer les informations à SQL Server
                    sqlpipe.SendResultsRow(enregistrement);
                }
            } .
            sqlpipe.SendResultsEnd();
        }
        catch (Exception e)
        {
            throw new Exception("Erreur lors de l'exécution",e);
        }
    }
};
```

Avant de compiler, il faut veiller à ce que le niveau de permission soit Unsafe au niveau des propriétés du projet, onglet **Database**.

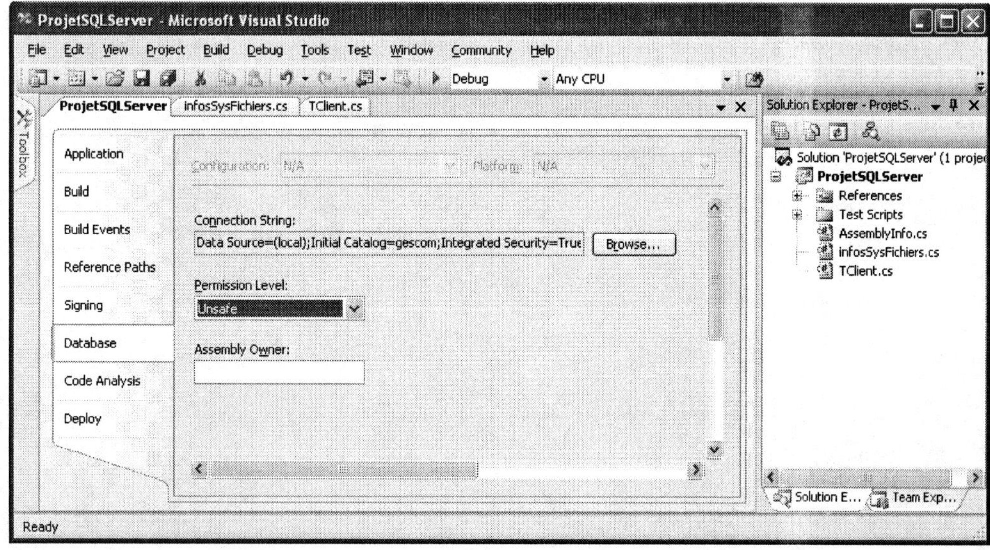

L'exécution de la procédure stockée donne le résultat suivant :

```
SQLCMD
1> use gescom
2> go
use gescom

Changed database context to 'gescom'.
1> exec infosSysFichiers
2> go
exec infosSysFichiers

unite Mo libres
----- ---------------------
C                     3631

(1 rows affected)
1>
```

5. Déclencheur de base de données

Le code CLR peut également être mis à profit pour définir des triggers de base de données plus complexes que ceux qui pourraient être définis facilement en Transact SQL.

Comme pour les éléments précédents, il faut demander l'ajout d'un trigger de base de données par le menu **Project - AddTrigger**.

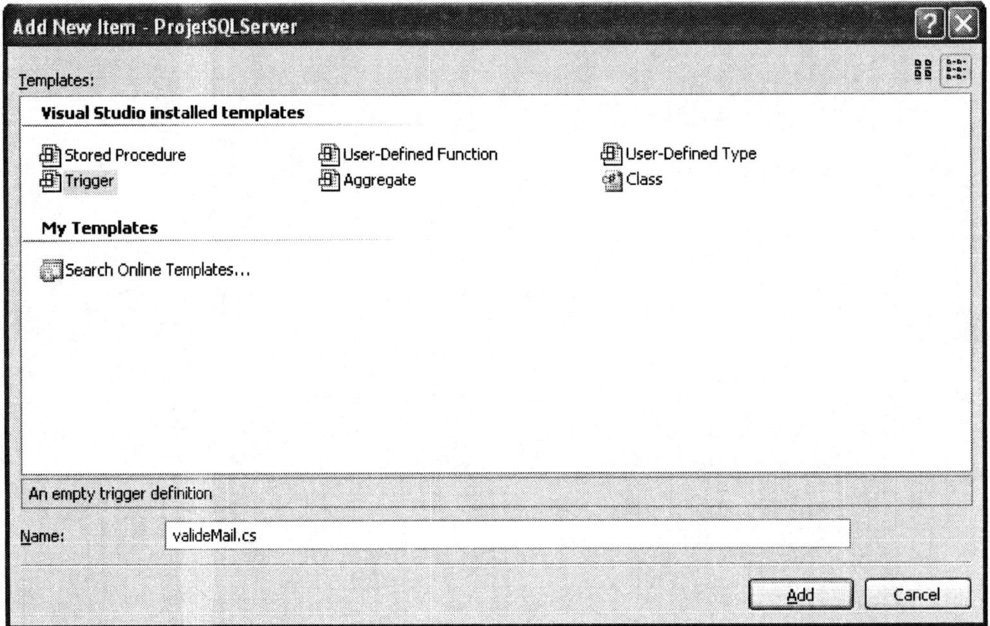

L'exemple suivant ne sera possible que si la table Clients possède une colonne mail de type nvarchar(80).

```
using System;
using System.Data;
using System.Data.Sql;
using System.Data.SqlTypes;
using System.Data.SqlClient;
using System.Text.RegularExpressions;
using Microsoft.SqlServer.Server;


public partial class Triggers
{
    // Enter existing table or view for the target and uncomment
the attribute line
    [Microsoft.SqlServer.Server.SqlTrigger (Name="valideMail",
Target="Clients", Event="FOR INSERT, UPDATE")]
    public static void valideMail()
    {
        SqlConnection cnx= new SqlConnection("Context Connection=True");
        cnx.Open();
        SqlCommand cmd = new SqlCommand();
        cmd.Connection = cnx;

        cmd.CommandText = "Select mail from inserted";
        SqlDataReader resultat;
        resultat = cmd.ExecuteReader();
        if (resultat.HasRows) resultat.Read();
        if (Regex.IsMatch(resultat.GetSqlString(0).ToString(),"^([\\w-]
+\\.)*?[\\w-]+@+\\.([\\w-]+\\.)*?[\\w]+$")){
            return;
        }else{
            //il faut lever une erreur ...
        }
        return;
    }
}
```

6. Fonction de calcul d'agrégat

Enfin, il est possible de définir ses propres fonctions de calcul d'agrégat ou UDA (*User Defined Aggregate*), afin de pouvoir répondre à une demande particulière.

La première étape consiste à définir une telle fonction dans le projet par le menu **Project Add - User Defined Aggregate**.

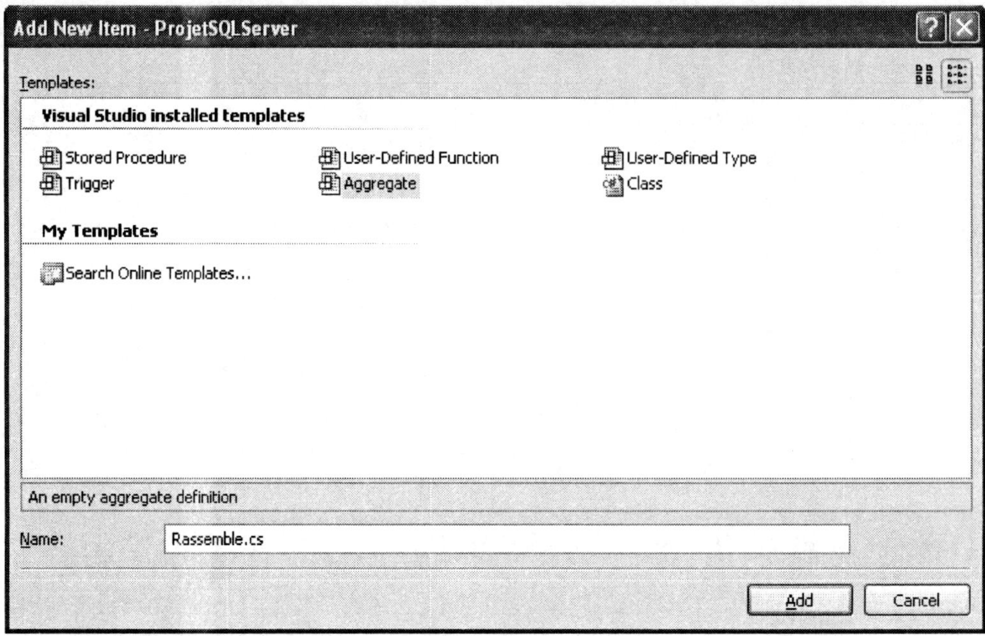

L'exemple suivant montre une fonction d'agrégat écrite en C# :

```
using System;
using System.Data;
using System.Data.Sql;
using System.Data.SqlTypes;
using System.Text;
using System.IO;
using Microsoft.SqlServer.Server;
[Serializable]
[Microsoft.SqlServer.Server.SqlUserDefinedAggregate(Format.Native)]
public struct Rassemble
{
    public void Init()
    {
        i=1;
```

```
    }

    public void Accumulate(SqlString Value)
    {
        if (Value.IsNull) return;
        i = i + Value.ToSqlInt32().Value;

    }

    public void Merge(Rassemble Group)
    {
        i = i + Group.i;
    }

    public SqlInt32 Terminate()
    {
        return i; ;
    }

    // This is a place-holder member field

    private int i;

}
```

Annexes

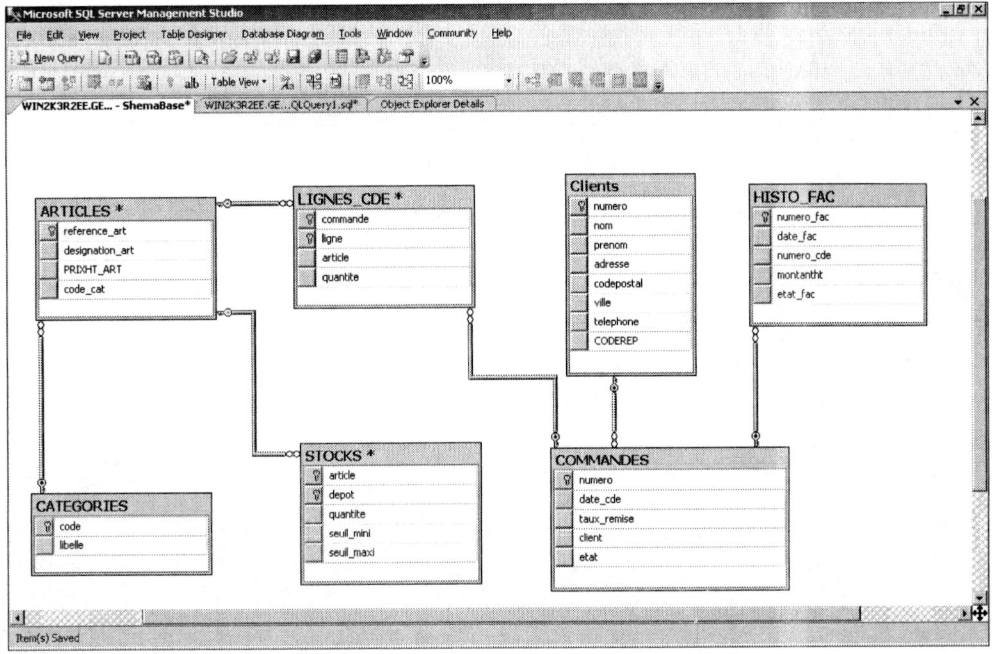
Microsoft SQL Server Management Studio
File Edit View Project Table Designer Database Diagram Tools Window Community Help
New Query
Table View
100%
WIN2K3R2EE.GE... - ShemaBase*
WIN2K3R2EE.GE...QLQuery1.sql*
Object Explorer Details
ARTICLES *
reference_art
designation_art
PRIXHT_ART
code_cat
LIGNES_CDE *
commande
ligne
article
quantite
Clients
numero
nom
prenom
adresse
codepostal
ville
telephone
CODEREP
HISTO_FAC
numero_fac
date_fac
numero_cde
montantht
etat_fac
STOCKS *
article
depot
quantite
seuil_mini
seuil_maxi
COMMANDES
numero
date_cde
taux_remise
client
etat
CATEGORIES
code
libelle
Item(s) Saved

APSQL : http://www.apsql.com

MSDN : http://msdn2.microsoft.com/en-us/sqlserver/default.aspx

Technet : http://technet.microsoft.com/fr-fr/sqlserver/default.aspx

Page de SQL Server : http://www.microsoft.com/sql

Page française de SQL Server : http://www.microsoft.com/france/sql

Groupe des utilisateurs de SQL Server : http://www.guss.fr

SQL Server Magazine : http://sqlserver.itpro.fr

```
USE GESCOM
GO
CREATE TABLE stocks(
    article nvarchar(16) NOT NULL,
    depot nchar(2) NOT NULL,
    quantite int NULL,
    seuil_mini int NULL,
    seuil_maxi int NULL,
 CONSTRAINT pk_stocks PRIMARY KEY(article,depot)
 );
GO
CREATE TABLE clients(
    numero int NOT NULL,
    nom nvarchar(30) NOT NULL,
    prenom nvarchar(30) NOT NULL,
    adresse nvarchar(80) NULL,
    codepostal int NULL,
    ville nvarchar(30) NULL,
    telephone char(14) NULL,
    CODEREP char(2) NULL,
 CONSTRAINT pk_clients PRIMARY KEY (numero)
);
GO
CREATE TABLE categories(
    code int IDENTITY(1,1) NOT NULL,
    libelle varchar(30) NULL,
 CONSTRAINT pk_categories PRIMARY KEY (code)
);
GO
CREATE TABLE articles(
    reference_art nvarchar(16) NOT NULL,
    designation_art nvarchar(200) NULL,
    prixht_art decimal(10, 2) NULL,
    code_cat int NULL,
```

```
 CONSTRAINT pk_articles PRIMARY KEY (reference_art)
);

GO

CREATE TABLE commandes(
   numero int IDENTITY(1350,1) NOT NULL,
   date_cde datetime2(7) NULL,
   taux_remise numeric(2, 0) NULL,
   client int NULL,
   etat char(2) NULL,
 CONSTRAINT pk_commandes PRIMARY KEY (numero)
);

GO

CREATE TABLE lignes_cde(

   commande] int NOT NULL,

   ligne int NOT NULL,

   article nvarchar(16) NULL,

   quantite smallint NULL,

 CONSTRAINT pk_lignes_cde PRIMARY KEY (commande,ligne)

);

GO

CREATE TABLE histo_fac(
   numero_fac int IDENTITY(1000,1) NOT NULL,
   date_fac datetime NULL,
   numero_cde int NULL,
   montantht smallmoney NULL,
   etat_fac char(2) NULL,
 CONSTRAINT pk_histo_fac PRIMARY KEY(numero_fac)
);

GO
```

```
ALTER TABLE clients ADD  CONSTRAINT df_nom  DEFAULT
('anonyme') FOR nom;

GO

ALTER TABLE articles ADD  CONSTRAINT ck_articles_priht CHECK
 (prixht_art>=0);

GO

ALTER TABLE clients  ADD  CONSTRAINT ck_cpo CHECK
 (codepostal between 1000 AND 95999);

GO

ALTER TABLE articles ADD  CONSTRAINT fk_articles_categories
FOREIGN KEY(code_cat)

REFERENCES categories (code);

GO

ALTER TABLE commandes  ADD  CONSTRAINT fk_commandes_clients
FOREIGN KEY(client)

REFERENCES clients (numero);

GO

ALTER TABLE histo_fac  ADD  CONSTRAINT
fk_histo_fac_commandes FOREIGN KEY(numero_cde)

REFERENCES commandes (numero);

GO

ALTER TABLE lignes_cde ADD  CONSTRAINT
fk_lignes_cde_commandes FOREIGN KEY(commande)

REFERENCES commandes (numero);

GO

ALTER TABLE lignes_cde ADD  CONSTRAINT
fk_lignes_cde_articles FOREIGN KEY(article)

REFERENCES articles (reference_art);

GO
```

```
ALTER TABLE articles ADD  CONSTRAINT fk_articles_categories
FOREIGN KEY(code_cat)

REFERENCES articles (code);

GO

ALTER TABLE stocks ADD  CONSTRAINT fk_stocks_articles
FOREIGN KEY(article)

REFERENCES articles (reference_art);
```

ADO	ActiveX Data Objectpal
API	Application Programming Interface
CLR	Common Language Runtime
DMV	Dynamic Management View
ETL	Extraction Transformation and Load
GC	Garbage Collector
GAC	Global Assembly Cache
ODS	Open Data Services
OLTP	On Line Transaction Processing
OLAP	OnLine Analytical Processing
RID	Row Identifier
SOAP	Simple Object Access Protocol
SQL	Structure Query Language
SSIS	SQL Server Integration Services
TSQL	Transact SQL
TVF	Table Valued Functions
UDF	User Defined aggregate Function

!

B

C

D

F

G

I

L

M

N

O

P

Q

R

T

U

Liste des titres disponibles de la collection Ressources Informatiques

Consultez notre site Internet pour avoir la liste des derniers titres parus.
http://www.editions-eni.com

Active Directory - Les services d'annuaires Windows 2003
Active Directory - Les services d'annuaires Windows 2000
AJAX – Développez pour le Web 2.0 - Entrez dans le code : JavaScrpit, XML, DOM, XMLHttpRequest…
Algèbre relationnelle - guide pratique de conception d'une base de données relationnelle normalisée
Algorithmique - Techniques fondamentales de programmation
Apache Tomcat 6 - guide d'administration du serveur Java EE sous Windows ou Linux
Apache Tomcat 5 - Serveur d'applications Java
Apache V.2 - Installation, configuration et administration
Applications Serveur sous .Net
Asp.Net : Développement Web avec Visual Studio et Web Matrix
Asp.Net 2.0 Avec C#2 - Conception et développement d'applications Web avec Visual Studio 2005
Asp.Net 2.0 Avec VB.NET 2005 - Conception et développement d'applications Web avec Visual Studio 2005
ASP 3
AutoCad 2008 - De la conception au dessin et à la présentation détaillée
AutoCad 2007 - Tous les outils, de la conception jusqu'au dessin et à la présentation détaillée
AutoCad 2006
AutoCad 2005
AutoCad 2004
AutoCad 2002
AutoCad LT 2008 - De la conception au dessin et à la présentation détaillée
Autocad LT 2007 - Tous les outils, de la conception jusqu'au dessin et à la présentation détaillée
Autocad LT 2006
Autocad LT 2005
Autocad LT 2004
Autocad LT 2002
Business Intelligence avec Oracle 10 g - (ETL, Data warehouse, Data mining, rapports...)
Business Objects 6
Business Objects 5
Business Objects Designer 6.5 et XI
Business Objects XI - Desktop Intelligence
C#2.0 - Le Framework .Net 2.0 avec Visual C#
C++ - Développement d'applications MFC et .Net
Cisco - Interconnexion de réseau à l'aide de routeurs et de commutateurs
Citrix Metaframe XP (FR3) - Présentation Server - Administration
Conception et programmation objet - Applications de gestion en environnement graphique
Citrix Presentation Server (versions 3 et 4) - Installation, configuration, administration
Crystal Reports XI
Crystal Reports 9
CSS 1 et CSS 2.1 - Adoptez les feuilles de style pour maîtriser les standards du Web
DB2 Universal Database et SQL (version 8.2 pour Windows)
Debian GNU / Linux - Version 3.1 (Sarge) - Administration du système
Delphi 7 et Kylix 3 - Développement sous Windows et Linux
Des CSS au DHTLM - JavaScript appliqué aux feuilles de style
Développement Java sous STRUTS (version 1.2)
Exchange Server 2007 – Conception de l'infrastructure, implémentation, administration
Exchange Server 2003 - Implémentation et gestion
Exchange Server 2000 - Administration et configuration
HTML 4 - Maîtriser le code source
Infopath 2007 - Optimisez le travail collaboratif
Infopath 2003 - Pour des solutions collaboratives via XML, de la bureautique au développement
Infrastructure d'annuaire - Conception sous Windows Server 2003
Internet Information Server V.6
ISA Server 2004 - Protégez votre système d'information
ISA Server 2000 Proxy et Firewall - Optimiser l'accès Internet et sécuriser son réseau d'entreprise
J2SE - Les fondamentaux de la programmation Java
J2EE - Développement d'applications Web
Langage C++
LDAP - Maîtrise du protocole - exploitation d'un service d'annuaire (OpenLADP, Active Directory)
Linux - Administration système
Linux - Principes de base de l'utilisation système
Linux Debian - TCP/IP - Les services réseaux
Linux Fedora Core 6 - Administration du système
Linux Fedora Core 4 - Administration du système
Linux Red Hat Fedora TCP/IP - Les services réseaux
Lotus Notes et Domino 7 - Administration de serveurs Domino
Lotus Notes et Domino 7 - Développement d'applications Notes et Web
Lotus Notes 6 - Administration de serveurs Domino
Lotus Notes 6 - Développement d'applications Notes et Web
LotusScript et JavaScript - Développement sous Lotus Notes 6
Maintenance et dépannage d'un PC en réseau
Mandriva Linux 2007 - Administration du système
Mandriva Linux 2006 - Administration du système

Merise - Concepts et mise en œuvre
Microsoft Office SharePoint Server 2007 - MOSS 2007 - De l'intégration au développement
MySQL 5 - Installation, mise en œuvre, administration et programmation
MySQL 4 - Installation, mise en œuvre et programmation
.Net, Framework, ADO et services Web
Novell Netware 6 - Installation, configuration et administration
Oracle 8i - Administration
Oracle 9i - Administration
Oracle 9i - SQL, PL/SQL, SQL*PLUS
Oracle 10 g - Administration
Oracle 10 g - Optimisation d'une base de données
Oracle 10 g - SQL, PL/SQL, SQL*PLUS
Perl 5
PHP 5.2 - Développer un site Web dynamique et interactif
PHP 5 - Développer un site Web dynamique et interactif
PHP 4 - Développer un site Web dynamique et interactif
PostgreSQL 8.1 - Administration et exploitation d'une base de données
PowerBuilder - Techniques avancées de développement (pour les versions 7, 8 et 9)
Programmation Shell sous Unix/Linux - sh (Bourne), ksh, bash
Project Server 2003 - Solution pour la gestion de projets d'entreprise
PSNext (version 1.9) - La gestion de projets
PYTHON – Les fondamentaux du langage – La programmation pour les scientifiques
Réseaux Informatiques - Notions fondamentales
Samba - Installation, mise en œuvre et administration
Serveurs LAMP - Administration de la plate-forme Web
SharePoint Portal Server 2003 - Personnalisation et Développement
SharePoint Portal Server - Conception et mise en œuvre de solutions
Solaris 10 - Administration d'un système Unix
SQL Server 2008 - SQL, Transact SQL
SQL Server 2005 - Administration d'une base de données avec SQL Server Management Studio
SQL Server 2005 - SQL, Transact SQL
SQL Server 2000 - Mise en œuvre
SQL Server 2000 - Administration
Suse Linux 10.1 - de Windows à Linux par la pratique
Symantec GHOST - Guide pratique du clonage d'ordinateurs
TCP/IP sous Windows 2000
TSE 2003 - Terminal Server Edition
Ubuntu Linux - Création, configuration et gestion d'un réseau local d'entreprise
UML 2 - Initiation, exemples et exercices corrigés
Unix Administration système - AIX, HP-UX, Solaris, Linux
Unix - Les bases indispensables
VB.NET
VBA Access 2003 - Programmer sous Access
VBA Access 2002 - Programmer sous Access
VBA Excel 2007 - Programmer sous Excel : Macros et Langage VBA
VBA Excel 2003 - Programmer sous Excel : Macros et Langage VBA
VBA Excel 2002 - Programmer sous Excel : Macros et Langage VBA
Visual Basic 2005 (VB.NET) - Développez pour le Framework .NET 2.0 avec Visual Studio 2005
Visual C # - Concept et mise en œuvre
WebDev 11 - Mise en œuvre d'applications Web
WebDev 10 - Mise en œuvre d'applications Web
WebDev (V. 7 et 9) - Mise en œuvre d'applications Web
WebSphere 5 - Développement JSP/EJB et administration du serveur
Wi-Fi - Mise en place de 6 solutions entreprise
Wi-Fi - Réseaux sans fil 802.11 - Technologie,déploiement, sécurité
WinDev 11 - Les fondamentaux du développement avec WinDev - Présentation de WinDev Mobile
WinDev 10 - De l'objet au composant d'architecture
WinDev 10 - Les fondamentaux du développement avec WinDev
WinDev 9 - Implémentation de méthodes décisionnelles
WinDev 9 - Les fondamentaux du développement WinDev
Windows Scripting Host (WSH) - Automatiser les tâches d'administration sous Windows 2000 et XP
Windows XP - Dépannage des applications
Windows XP Professionnel - Installation, configuration et administration
Windows Server 2003 - Administration de la sécurité
Windows Server 2003 - Les services réseaux TCP/IP
Windows Server 2003 - Mise à jour des compétences NT4
Windows Server 2003 - Installation, configuration et administration
Windows Server 2003 - Planifier et optimiser une infrastructure réseau
Windows Vista - Installation, configuration et administration
Windows Vista - Toute l'information que vous attendez
Windows 2000 Server - Installation, configuration et administration
XML et les services Web
XML et XSL - Les feuilles de style XML
XML par la pratique - Bases indispensables, concepts et cas pratiques